Tax

经济管理类课程教材

税收系列

税法

SHUIFA

主编 王政

中国人民大学出版社

·北京·

总 序

为了促进我国经济管理类学科建设，提高教学质量，规范教学内容，编写出一套高水平、高质量、上台阶，融理论与实务、知识性与启发性于一体，适合我国经济管理类各专业教学需要的真正的“21世纪课程教材”，在教育部高教司的直接领导下，我们组织国家税务总局、中国社会科学院、中国人民大学、中央财经大学、中南财经政法大学、东北财经大学、厦门大学、会计师事务所等“政、产、学”界的专家和教授积极开展调查研究，征求各方意见，讨论教材编写大纲和知识点。在教材初稿完成后，我们分别审查了各门教材的初稿，并进行了认真修改和完善，最后定稿。这套教材是教育部重点项目“财税课程主要教学内容改革研究与实践”的重要成果之一。它倾注了专家和教授的智慧，是集体智慧的结晶。

这套教材与同类教材、出版物相比，具有很高的权威性、准确性、实用性和针对性。我们希望全国各高等院校经济管理专业的广大教师继续关心和支持这项工作，同时将使用这套教材中遇到的问题和改进意见向各位主编反映，以供修订参考。

教学指导委员会

前 言

税收是国家财政最重要的支柱，古今中外几乎没有例外。随着我国经济体制改革和对外开放的逐步深化，以及我国社会主义市场经济体制的逐步建立和不断完善，税收的作用日益突出，并成为国家经济生活的重要组成部分之一。与此同时，税收逐渐深入人们日常工作、生活的方方面面。党的十八大和十九大都强调依法治国的理念，国家依法征税和纳税人依法纳税是经济形势发展的必然要求，也是我国成为法治国家的一个基本标志。这里所说的依法就是依据税法。税法是国家制定的、用以调整国家与纳税人之间在征纳税方面的权利与义务关系的法律规范的总称。税法是国家依法征税、纳税人依法纳税的行为准则，其目的是保障国家的利益和纳税人的合法权益，维护正常的税收秩序，保证国家的财政收入。税法作为国家法律体系的一个重要组成部分，是国家意志的体现。因此，无论是从经济角度还是政治角度来看，人们都迫切要求了解税法的内容，掌握税法的精神，学会正确运用税法以及熟练计算应纳税额等。

自 2012 年实施“营改增”以来，中国税制的变化较快。为了便于人们学习和掌握中国税法的要求，我们编写了《税法》一书。本书由广东外语外贸大学王政教授担任主编，任芷慧、李可、黎若君、王硕、邓晶、徐桂艳参加了编写工作。本书主要介绍了我国现行税收实体法和税收程序法的主要内容。在编写的过程中，我们尽量体现“全面”“实用”“新颖”的精神，做到深入浅出、通俗易懂。本书除介绍了税收的基本法规制度外，更注重理论与实际的结合，主要介绍了国家最新颁布实施的税收法律法规以及税收计算实例，以便使用本书的读者能在较短的时间内对中国现行的税法有一个比较全面的了解，并将学到的知识在税务实践中加以运用。

我们参照了截至 2018 年 4 月全国人民代表大会、国务院、财政部、国家税务总局、海关总署发布的最新法规，并借鉴了注册会计师、税务师考试教材和国内外学者的一些研究成果，谨在此表示感谢。由于编写时间仓促，同时我国的税收法规又在不断的发展完善之中，书中难免存在疏误之处，敬请读者不吝指正。

编　者

目 录

第一章 税法概论

［内容简介］ 本章主要介绍税收与税法的关系、税法的作用和分类以及税法的构成要素和税收的分类。本章的重点是对基础概念的理解，学生在学习时要注意对基础概念的内涵和外延进行把握。

第一节 税法概述

一、税收与税法

税收是国家为了行使职能，凭借其政治权力，依据一定的法律标准，强制、无偿地参与国民收入分配，取得财政收入的一种方式。税收既是一个古老的经济范畴，又是一个历史范畴，它是随着国家的形成而产生的。税收与国家有着本质的联系，它的特征主要表现在三个方面：

（1）强制性。强制性主要是指国家以社会管理者的身份，用法律、法规等形式对征收税款加以规定，并依照法律强制征税。对此，任何单位和个人都必须遵守，不依法纳税者要受到法律的制裁。税收的强制性说明，依法纳税是人们不能回避的法律义务。我国宪法明确规定，我国公民“有依照法律纳税的义务”。正因为税收具有强制性的特点，所以它是国家取得财政收入最普遍、最可靠的一种形式。

（2）无偿性。无偿性主要是指国家在征税后，税款就成为财政收入，不再归还纳税人，也不支付任何报酬。税收的无偿性是相对的，对具体的纳税人来说，他在纳税后并未获得任何报酬，从这个意义上说，税收不具有偿还性或返还性。然而，若从财政活动的整体来看问题，税收是对政府提供公共物品和服务成本的补偿，这里又反映出有偿性的一面，即“取之于民，用之于民”。当然，就具体的纳税人来说，他所缴纳的税款与他从公共物品或服务的消费中所得到的利益并不一定是对等的。

(3) 固定性。固定性主要是指国家在征税之前，以法的形式预先规定了征税对象、征税额度和征税方法等。同理，我们对税收固定性的认知也不能绝对化，即不能认为征税标准在确定后永远不能改变。随着社会经济条件的变化，具体的征税标准是可以改变的。例如，国家可以修订税法，调高或调低税率等，但这只是变动征收标准，而不是取消征收标准。所以，这与税收的固定性并不矛盾。

税收具有的这三个特征是互相联系、缺一不可的，同时具备这三个特征的才叫税收。税收的强制性取决于征收的无偿性，而无偿性与纳税人的经济利益关系极大，因而要求征收的固定性，这样纳税人比较容易接受，国家也可以保证财政收入的稳定。税收的特征是税收区别于其他财政收入形式（如上缴利润、国债收入、规费收入、罚没收入等）的基本标志。税收的特征反映了不同社会形态下税收的共性。

税法是国家制定的用以调整国家与纳税人之间在征纳税方面的权利与义务关系的法律规范的总称。税法是国家依法征税、纳税人依法纳税的行为准则，其目的是保障国家的利益和纳税人的合法权益，维护正常的税收秩序，保证国家的财政收入。税法与税收密不可分，税法是税收的法律表现形式，是法学概念；税收是税法确定的具体内容，是经济学概念。国家征税所依据的一定法律标准就是指税法，因此税法的本质就是国家凭借其权力，同时利用税收工具的强制性、无偿性、固定性的特征参与社会产品和国民收入分配的法律规范的总称。

二、税法的作用

税法的作用是指实施税法所产生的社会影响，主要包括规范作用和经济作用两个方面。

（一）税法的规范作用

税法的规范作用是指税法调整、规范人们行为的作用，其实质是法律的基本作用在税法上的体现与延伸，具体可以分为：

1. 指引作用

税法为人们的行为提供了一个模式、标准和方向，即起到了一种指引作用。通过国家颁布的税法，人们可以知道国家在税收领域要求什么、反对什么，什么是必须做的，什么是可以做或不可以做的。

2. 评价作用

税法作为法律规范，具有判断、衡量人们的行为是否合法的作用。税法是法律体系的组成部分，其评价有较突出的客观性和普遍有效性，税法对人们纳税行为的评价通常不会因人而异，如果不想受到法律的制裁，人们的行为就必须在客观上与税法协调起来。

3. 预测作用

根据税法指引的方向和提供的评价标准，人们可以预先估计到相互间将如何行事，从而在税法许可的范围内，对自己的行为做出最合理的安排。例如，企业根据税法进行税收筹划，就是合理利用税法的预测作用为自己服务的典型例子。从整个社会看，税法提供了税收活动中公认的、权威的行为规则，可以减少人们税收活动的盲目性和无序性，提高整个社会税收活动的整体效果。

4. 强制作用

税法的强制作用是指对违反税法的行为进行制裁而产生的法律保证，是税收强制性的法律依据。税法强制的对象是已经发生的违反税法行为。由于税法对违法行为的制裁而产生的对征纳双方履行自己应尽纳税义务的强制力，其强制作用不仅在于惩罚违法犯罪行为、提高税法的权威性，而且在于预防违法犯罪行为，保护人们在税收活动中的正当权益，增强人们在进行合法征（纳）税活动时的安全感。

5. 教育作用

税法的实施可以对此后人们的行为产生一定的影响，这种作用可以说是税法的评价作用与强制作用的延伸。它借助税法提供的行为模式，使人们调整自己的行为，使之逐渐与税法的要求相一致，养成守法的习惯。与此同时，税法对违法行为的制裁不仅对违法者，而且对其他人也将起到教育作用，即此后谁再做出此类行为也将受到同样的惩罚。反之，税法对合法行为的鼓励、保护也可以对一般人的行为起到示范和促进作用。税法的这种教育作用对公民纳税意识的培养是必不可少的。

（二）税法的经济作用

税法是调整经济分配关系的法律，因此它必然会产生各种经济职能，从而使税收的经济功能在法律的保障下得以充分发挥。

1. 税法是国家取得财政收入的重要保证

保证国家的财政收入是税法最根本的职能。税法为取得税收收入提供的保证作用，一方面体现在税法作为义务性法规，设定了各种纳税义务，如果纳税人没有履行纳税义务，就是违反了国家法律，就要受到相应的法律制裁。这样就使税收的强制性上升为法律的强制性，并且税法的强制性在诸多法律中仅次于刑法，成为取得税收收入的根本保证。另一方面，法律要求相对的稳定性，不能朝令夕改，因此税收制度一旦成为法律，其固定性就有了法律保证，即使国家也不能对基本的税制要素随意改动。从长远看，这是国家及时、稳定地取得财政收入的又一重要保证。

2. 税法是正确处理税收分配关系的法律依据

税收分配是社会剩余产品由纳税人向国家无偿、单向的转移，因此税收征纳关系始终是一对矛盾，否定这一点，也就否认了税收的强制性。为了调节这种矛盾，更好地进行税收分配，需要一套具备权威性、对征纳双方都有约束力的规范标准。没有这样一套客观公正的标准，就不能判定纳税人是否及时、足额纳税，国家则不能保证及时、稳定地取得财政收入，纳税人的合法权益也不能得到有力的保护。此外，如果国家的征税权不受任何约束，还容易导致征收无度或无序，进而激化征纳矛盾，不利于税收分配关系的稳定。而在现有的各种规范及标准中，最权威、最公正、最客观、最具约束力的就是税收的法律形式，即税法。

3. 税法是国家调控宏观经济的重要手段

调节宏观经济是税收的基本职能之一。税收采用法的形式，可以将税收的经济优势与法律优势结合起来，使税收杠杆在宏观经济调控中更为灵敏、有力。市场经济是法制经济，税收采用法的形式，可以为调控宏观经济提供最具权威性的规则和效力最高的保证体系，使调节的力度与预期的一致，防止税收杠杆的软化。另外，法律具有评价、预测和教育作用，税收借助法律的这些作用，可以增强税收杠杆的导向性，使其对宏观经济的调控更为灵敏。

4. 税法是监督管理的有力武器

税收采用法的形式，使其对经济活动的监督上升到法律的高度，成为法律监督的组成部分，其约束力无疑大为增强了。在已有的法律中，尚没有哪部法律像税法那样对经济活动的监督具有如此的广度和深度以及全面性和经常性，从而使税法监督具有特别的意义：一方面，可以及时发现一般性违反税法的行为，并依法予以纠正，保证税收作用的正常发挥；另一方面，税法也是打击税收领域犯罪活动的有力武器，据此可以对逃税、欠税、抗税、骗税等行为予以最有力的打击，这在税收没有成为法律的情况下是无法做到的。在市场经济条件下，税法的监督还有另一层意义，即市场经济作为法制经济，一切经济活动都是在一定法律规范的保护和约束下有规则地进行。这样，税法对经济活动的监督管理就更为重要了。因为国家要实施宏观控制，必须建立较完备的监督体系，对市场及经营者的活动实施直接或间接的监督管理，这样才能维护市场规则、健全经济法制。

5. 税法是维护国家权益的重要手段

在对外经济交往中，税法是维护国家权益的基本手段之一。例如，关税的征收可以改变进出口商品的实际销售价格，对进口商品征税，可使其销售价格提高、竞争力削弱；对出口商品免税，可以使其无税进入国际市场，进而竞争力得到加强。这就是保护关税政策，它对落后的发展中国家特别有意义。又如，对跨国纳税人征收所得税可以防止国家的税收利益向国外流失。另外，征收所得税和其他税种可使国内纳税人与跨国纳税人获得相同的税收待遇，防止税收歧视。税收采用法的形式，无疑有助于提高税收维护国家权益的权威性和总体效力，便于在签订双边或多边国际税收协定时坚持国际通用的法律原则和法律规范，对等地处理税收利益关系。与此同时，税收采用法的形式也有利于消除外商对我国税收政策稳定性的疑虑，使我国能够更好地吸引外资。

三、税法的分类

从法学的角度，税法可以做如下分类。

（一）按税法内容分类

按照税法内容的不同，可以将税法分为税收实体法和税收程序法。

税收实体法是规定税收法律关系主体的实体权利、义务的法律规范的总称，其主要内容包括纳税主体、征税客体、计税依据、税目、税率、减（免）税和违章处理等，是国家向纳税人行使征税权和纳税人负担纳税义务的要件。只有具备这些要件时，纳税人才负有纳税义务，国家才能向纳税人征税。税收实体法直接影响到国家与纳税人之间权利和义务的分配，是税法的核心部分，没有税收实体法，税法体系就不能成立。《中华人民共和国企业所得税法》和《中华人民共和国个人所得税法》就属于税收实体法。

税收程序法是税收实体法的对称，是指以国家税收活动中发生的程序关系为调整对象的税法，是规定国家征税权行使程序和纳税人纳税义务履行程序的法律规范的总称。税收程序法的内容主要包括税收确定程序、税收征收程序、税收检查程序和税务争议的解决程序。税收程序法是指如何具体实施税法的规定，是税法体系的基本组成部分。2001 年 5 月 1 日实施的《中华人民共和国税收征收管理法》就属于税收程序法。

（二）按税法效力分类

按照税法效力的不同，可以将税法分为税收法律、税收法规、税收规章。

税收法律是指享有国家立法权的国家最高权力机关，依照法律程序制定的规范性税收文件。我国的税收法律是由全国人民代表大会及其常务委员会制定的，其法律地位和法律效力仅次于宪法而高于税收法规和税收规章。在我国现行的税法体系中，《中华人民共和国个人所得税法》、《中华人民共和国企业所得税法》、《中华人民共和国车船税法》和《中华人民共和国税收征收管理法》等属于税收法律。

税收法规是指国家最高行政机关、地方立法机关根据其职权或国家最高权力机关的授权，依据宪法和税收法律，通过一定法律程序制定的规范性税收文件。目前，我国税法体系的主要组成部分就是税收法规，由国务院制定的税收行政法规和由地方立法机关制定的地方税收法规两部分构成，其具体形式主要是“条例”或“暂行条例”。税收法规的效力低于宪法、税收法律而高于税收规章。《中华人民共和国增值税暂行条例》和《中华人民共和国消费税暂行条例》均属于税收法规。

税收规章是指国家税收管理职能部门、地方政府根据其职权和国家最高行政机关的授权，依据有关法律、法规制定的规范性税收文件。在我国，具体是指财政部、国家税务总局、海关总署以及地方政府在其权限内制定的有关税收的“办法”、“规则”和“规定”，如《税务行政复议规则》和《海洋工程环境保护税申报征收办法》等。税收规章可以增强税法的灵活性和可操作性，是税法体系的必要组成部分，但其法律效力较低。在一般情况下，税收规章不作为税收司法的直接依据，只具有参考效力。

（三）按税收管辖权分类

按照税收管辖权的不同，可以将税法分为国内税法与国际税法。

国内税法是指一国在其税收管辖权范围内调整税收分配过程中形成的权利与义务关系的法律规范的总称，是由国家最高权力机关和经由授权或依法律规定的国家行政机关制定的税收法律、法规、规章等规范性文件，其效力范围在地域上和对人上均以国家税收管辖权所能达到的管辖范围为准。我们通常所说的税法就是国内税法。

国际税法是指调整国家与国家之间税收权益分配的法律规范的总称，包括政府间的双边或多边税收协定、关税互惠公约、《经合组织范本》、《联合国范本》以及国际税收惯例等。国际税法的内容涉及税收管辖权的确定、税收抵免、最惠国待遇以及无差别待遇等。国际税法是国际法的特殊组成部分，一旦得到一国政府和立法机关的法律承认，国际税法的效力就高于国内税法。

四、税收法律关系

（一）税收法律关系的概念

税收法律关系是税法所确认和调整的、国家与纳税人之间在税收分配过程中形成的权利与义务关系。税收法律关系是法律关系的一种具体形式，因此具有法律关系的一般特征。任何法律关系都是由主体、内容、客体三个要素构成的，税收法律关系也不例外，这三个要素之间互相联系、不可分割，形成了统一的整体。税收法律关系的主体（即税收法律关系的参加者）由存在税收权利与义务关系的双方（即征税主体和纳税主体）组成，其主体资格由国家通过法律直接规定。

1. 征税主体

征税主体是指税收法律关系中享有征税权利的一方当事人。由于国家的征税权是通过税务行政执法机关行使的，征税的有关权利与义务都是由其承担的，因此征税主体只能是税务行政执法机关。在我国税务行政执法机关这个大系统中，国务院作为国家最高行政机关，负责全面领导和管理税收工作、组织实施各种税法。财政部和国家税务总局是国务院管理税收工作的职能部门，一般是由财政部制定一部分税收政策，而由国家税务总局负责制定比较具体的税收政策，并负责具体实施税法、组织征收管理工作。1994 年按照分税制的要求，我国税务机关分为国家税务局与地方税务局两套行政执法系统。国家税务局直接代表中央政府组织中央税收收入。地方税务局作为各级地方政府的职能机构负责组织本地区的税收征收活动，各级地方税务机关接受国家税务总局的业务领导。2018 年 3 月 17 日，第十三届全国人民代表大会第一次会议表决通过了关于国务院机构改革方案的决定。该方案提出：改革国税、地税的征管体制，将省级和省级以下的国税、地税机构合并，具体承担所辖区域内的各项税收、非税收入征管等职责。在国税、地税机构合并后，实行以国家税务总局为主和国家税务总局与省（区、市）人民政府双重领导的管理体制。此外，海关负责关税的征收管理，因而也享有征税主体的权利与义务，是征税主体的组成部分。

2. 纳税主体

纳税主体是指在税收法律关系中负有纳税义务的一方当事人。纳税主体在一般情况下是指纳税人，即税法规定负有纳税义务的主体。按照纳税人身份的不同，纳税主体可以分为法人和自然人两类；按照承担纳税义务的不同程度，可以分为无限纳税义务人与有限纳税义务人。在纳税人之外，纳税主体还应包括纳税担保人，即以自己的信誉和财产或第三人的信誉和财产保证纳税人履行纳税义务的主体。

（二）税收法律关系的内容

税收法律关系的内容是指税收法律关系主体双方在征纳活动中依法享有的权利和承担的义务，它决定了税收法律关系的实质，是税法体系的核心。税收法律关系的内容包括征税主体的权利与义务和纳税主体的权利与义务两大方面，既有基本税法和单行税法中规定的实体性权利与义务，又有征收管理类税法中规定的程序性权利与义务，还有诉讼类税法中规定的诉讼权利与义务。由于税法属于义务性法规，所以税收法律关系的内容是以纳税主体的纳税义务为核心组织的。然而，依照权利与义务的对应关系，税收法律关系对纳税主体的权利与义务和征税主体的权利与义务也做了相应的规定。在税收法律关系中，征税主体的权利与纳税主体的义务，征税主体的义务与纳税主体的权利往往是相互对应的。

（三）税收法律关系的客体

税收法律关系的客体是指税收法律关系主体双方的权利与义务所共同指向、影响和作用的客观对象，它是税收法律关系产生的前提和存在的载体，又是权利与义务的联系中介。税收法律关系的客体包括应税的商品、财产、资源、所得等物质财富和主体的应税行为。从物质实体看，税收法律关系的客体与征税对象较为接近，但两者又有所不同：税收法律关系的客体侧重于其连接征税主体和纳税主体之间权利与义务关系的作用，不注重其具体形态及数量关系，较为抽象；而征税对象侧重于表明国家与纳税人之间物质利益转移的形式、数量关系及其范围，较为具体。税收法律关系的客体与征税对象在许多情况下是重叠的，但有时两者并不一样，这在实体税法中表现得较为明显。例如，财产税的法律关系客体是纳税人所有的某些财产，而征税对象却是这些财产的价值额。

（四）税收法律关系的产生、变更和消灭

与其他社会关系一样，税收法律关系也是处于不断发展变化之中的，我们可以将这一发展变化过程概括为税收法律关系的产生、变更和消灭。税收法律关系的产生是指在税收法律关系主体之间形成了权利与义务关系。由于税法属于义务性法规，所以税收法律关系的产生以引起纳税义务成立的法律事实为基础和标志。纳税义务产生的标志是纳税主体进行的应税行为，如销售货物、取得应税收入等，而非征税主体或其他主体的行为。国家颁布新税法、出现新的纳税主体都可能引发新的纳税行为出现，但其本身并不直接产生纳税义务，税收法律关系的产生只能以纳税主体应税行为的出现为标志。

税收法律关系的变更是由于某一法律事实的发生，使税收法律关系的主体、内容和客体发生变化。引起税收法律关系变更的原因是多方面的，归纳起来，主要有以下几点：

（1）纳税人自身的组织状况发生变化。例如，纳税人发生改组、分设、合并、联营、迁移等情况，需要向税务机关申报办理变更登记或重新登记，从而引起税收法律关系的变更。

（2）纳税人的经营或财产情况发生变化。例如，某纳税人由合伙企业变更为有限责任制企业，则该企业由缴纳个人所得税改为缴纳企业所得税，相应的税收法律关系因此而变更。

（3）税务机关组织结构或管理方式的变化。例如，2018 年在国家税务局、地方税务局合并后，某些纳税人需要变更税务登记，从而带来税收法律关系的某些变更。

（4）税法的修订或调整。例如，1994 年实行新税制以后，原有的许多减免税政策被取消，纳税人由享受一定的减免税照顾变为正常纳税，类似的税法修订或调整都会使税收法律关系发生量或质的变更。

（5）因不可抗力造成的破坏。例如，由于自然灾害等原因，往往给纳税人造成重大财产损失，迫使纳税人停产、减产。纳税人向主管税务机关申请减税得到批准的，税收法律关系就会发生变更。

税收法律关系的消灭是指这一法律关系的终止，即其主体间权利与义务关系的终止。税收法律关系消灭的原因主要有以下几个方面：

（1）纳税人履行纳税义务。这是最常见的税收法律关系消灭原因，包括纳税人依法如期履行纳税义务和税务机关采取必要的法律手段，使纳税人的纳税义务得到强制履行这两类情况。

（2）纳税义务因超过期限而消灭。我国税法规定，未征、少征税款的一般追缴期限为三年。超过三年，除法定的特殊情况外，即使纳税人没有履行纳税义务，税务机关也不能再追缴税款，即税收法律关系消灭。

（3）纳税义务的免除。例如，如果纳税人符合免税条件并经税务机关审核确认，则其纳税义务得以免除，即税收法律关系消灭。

（4）某些税法的废止。例如，2016 年 5 月 1 日我国全面推开"营改增"试点，2017 年 11 月 19 日国务院公布废止《中华人民共和国营业税暂行条例》，原有的营业税退出历史舞台，由此产生的税收法律关系归于消灭。

（5）纳税主体的消失。没有纳税主体，纳税无法进行，税收法律关系因此消灭。

第二节　税法的构成要素

税法是税收制度的核心。在征税过程中，国家依据税法征税，纳税人按照税法纳税，因此税法既是征纳双方共同遵守的准则，也是征税的基本依据。在税法中，不仅要规定对谁征税，对什么东西征税，征多少税，而且还要规定征税的程序和征管的方法。虽然税法涉及的内容较多、范围广泛，而且各个税种的税法内容也不大相同，但税法都是由一些必不可少的要素所构成的。这些要素包括纳税义务人、征税对象、税率、纳税环节、纳税期限、减（免）税和违章处理等。其中，纳税人、征税对象和税率是三个最重要的基本要素。

一、纳税义务人

纳税义务人简称纳税人，是税法中规定的直接负有纳税义务的单位和个人，又称纳税主体。无论征收什么税，其税负总要由有关的纳税人来承担。每种税都有关于纳税人的规定，并通过规定纳税人来落实税收任务和法律责任。纳税人一般分为两类：一类是自然人，即依法享有民事权利并承担民事义务的公民个人。例如，在我国从事工商业活动的个人以及工资和劳务报酬的获得者等，都是以个人身份来承担法律规定的民事责任及纳税义务的。另一类是法人，即依法成立、能够独立地支配财产，并能以自己的名义享受民事权利和承担民事义务的社会组织。例如，我国的国有企业、集体企业、合资企业等都是以其社会组织的名义承担民事责任的，称为法人。法人与自然人一样，负有依法向国家纳税的义务。具备法人资格的条件有：一是依法成立，即经过有关部门登记并批准，为法律所承认；二是有一定的财产和资金，并能独立地进行核算；三是有自己的名称、组织场所或机构；四是能够独立承担民事上的财产义务以及能以自己的名义参加民事活动和诉讼。

与纳税人相关的概念有负税人、扣缴义务人。

1. 负税人

纳税人与负税人是两个既有联系又有区别的概念。纳税人是直接向税务机关缴纳税款的单位和个人，属于法学的概念。负税人是实际负担税款的单位和个人，属于经济学的概念。如果纳税人能够通过一定途径把税款转嫁或转移出去，那么纳税人就不是负税人；否则，纳税人就是负税人。在我国造成纳税人与负税人不一致主要是由于税负转移或转嫁现象的存在。

2. 扣缴义务人

扣缴义务包括代扣代缴和代收代缴。代扣代缴是指有义务从持有的纳税人收入中扣除其应纳税款并代为缴纳的企业、单位或个人。代收代缴是指与纳税人有经济业务往来的单位和个人在向纳税人收取款项时，依法收取税款并代为缴纳。对于税法规定的扣缴义务人，税务机关应向其颁发扣缴证书，明确其扣缴义务。扣缴义务人必须严格履行扣缴义务。对于不履行扣缴义务的扣缴义务人，税务机关应视情节轻重予以适当处置，并责令其补缴税款。例如，《中华人民共和国个人所得税法》规定：个人所得税以所得人为纳税义务人，以支付所得的单位或个人为扣缴义务人。再如，《中华人民共和国企业所得税法》规定，外国企业在中国境内未设立机构、场所而有来源于中国境内的利润、利息、租金、特许权使用费和其他所得，或者虽设立机构、场所，但上述所得与其机构、场所没有实际联系的，都应当缴纳预提所得税。预提所得税以支付人为扣缴义务人，相应的税款由支付人在每次支付的款项中扣缴。《中华人民共和国消费税暂行条例》规定：委托加工的应税消费品，除受托方为个人外，由受托方在向委托方交货时代收代缴税款。

二、征税对象

征税对象又称课税对象，是税法中规定的征税目的物，也是纳税的客体，还是国家据以征税的依据。通过规定征税对象，可以解决对什么征税这一问题。

每种税都有自己的征税对象，否则这一税种就失去了存在的意义。凡是列为征税对象的，就属于该税种的征收范围；凡是未列为征税对象的，就不属于该税种的征收范围。例如，我国增值税的征税对象是货物、应税劳务和应税服务在生产、流通过程中的增值额；所得税的征税对象是企业的利润和个人的工资、薪金所得等收入；房产税的征税对象是房屋；等等。总之，每种税首先要选择确定它的征税对象，因为它体现了不同税种征税的基本界限，决定着不同税种名称的由来以及各税种在性质上的差别，并对税源、税收负担问题产生直接影响。

征税对象随着社会生产力的发展变化而变化。在自然经济中，土地和人是主要的征税对象。在商品经济中，商品的流转额、企业利润和个人所得成为主要的征税对象。在可以作为征税对象的客体比较广泛的情况下，选择征税对象一般应遵循有利于保证财政收入、调节经济和适当简化的原则，要保证财政收入就必须选择经常且普遍存在的经济活动及其成果作为征税对象。要调节国民经济中的生产、流通、分配和消费，征税对象就不能是单一的，而应该多样化。然而，为了节省税收成本和避免税收负担的重复，又必须注意适当的简化。

与征税对象相关的概念有计税依据、税源和税目。

1. 计税依据

计税依据又称税基，是指税法中规定的据以计算各种应征税款的依据或标准。正确掌握计税依据，是税务机关贯彻执行税收政策、法令，保证国家财政收入的重要方面，也是纳税人正确履行纳税义务、合理负担税收的重要标志。

不同税种的计税依据是不同的：我国增值税的计税依据是货物、应税劳务和应税服务的增值额；所得税的计税依据是企业的利润和个人的工资、薪金所得额；消费税的计税依据是应税消费品的销售额；等等。需要注意的是，计税依据在表现形态上一般有两种：一种是价值形态，即以征税对象的价值作为计税依据，在这种情况下，征税对象和计税依据通常是一致的，如所得税的征税对象和计税依据均是所得额；另一种是实物形态，就是以征税对象的数量、重量、容积、面积等作为计税依据，在这种情况下，征税对象和计税依据通常是不一致的，如车船税的征税对象是各种车辆、船舶，而计税依据是车船的辆数或者吨位。

征税对象与计税依据的关系是：征税对象是指征税的目的物，计税依据则是在目的物已经确定的前提下，对目的物据以计算税款的依据或标准；征税对象是从质的方面对征税所做的规定，而计税依据则是从量的方面对征税所做的规定，是征税对象量的表现。

2. 税 源

税源是指税款的最终来源，或者说是税收负担的最终归宿。税源的大小体现了纳税人的负担能力。纳税人缴纳税款的直接来源是一定的货币收入，而一切货币收入都是由社会产品的价值派生出来的。在社会产品的价值中，能够成为税源的只能是国民收入分配中形成的各种收入，如工资、奖金、利润、利息等。当某些税种以国民收入分配中形成的各种收入为征税对象时，税源和征税对象就是一致的，如各种所得税，但很多税种的征税对象并不是或不完全是国民收入分配中形成的各种收入，如消费税、房产税等。可见，只在少数情况下，征税对象与税源才是一致的。对于大多数税种来说，两者并不一致，即税源并不等于征税对象。征税对象是据以征税的依据，税源则表明纳税人的负担能力。

3. 税 目

税目是征税对象的具体化，反映具体的征税范围，代表征税的广度。然而，并非所有的税种都要规定税目，有些税种的征税对象简单、明确，没有另行规定税目的必要，如房产税等。但是，从大多数税种来看，一般它们的征税对象都比较复杂，而且税种内部不同征税对象之间往往需要采取不同的税率档次进行调节。这样，就需要对征税对象做进一步的划分，也就是做出具体的界限规定，而这样规定的界限范围就是税目。

税目一般可分为列举税目和概括税目。

(1) 列举税目。列举税目就是对每一种商品或经营项目采用一一列举的方法，分别规定税目，必要时还可以在税目之下划分若干细目，如关税税目。制定列举税目的优点是界限明确，便于征管人员掌握；其缺点是税目过多，因此不便于查找，也不利于征管。

(2) 概括税目。概括税目就是按照商品大类或行业采用概括法设计税目。制定概括税目的优点是税目较少、查找方便；其缺点是税目过粗，不便于贯彻合理负担的政策目的。

在税法中适当采用概括税目，可以极大地简化税种的复杂性，但过于概括，又不利于充分发挥税收的经济杠杆作用，所以在具体运用上，应注意把概括税目与列举税目有机地结合起来。

三、税　率

税率是应纳税额与征税对象之间的关系或比例，它是计算税额的尺度，代表征税的深度，关系着国家财政收入的多少和纳税人的负担程度，因而它是体现税收政策的中心环节。各税种的职能作用主要是通过税率来体现的，因此税率是税收制度的核心和灵魂。合理地设计税率，正确地执行有关税率的规定，是依法治税的重要内容。目前，我国税法实行的税率有比例税率、累进税率和定额税率三种。

（一）比例税率

比例税率是指对同一征税对象或同一税目，不论数额大小只规定一个比例税率，也就是税额与征税对象成正比关系。在具体运用上，比例税率又可分为以下几种：

1. 单一比例税率

单一比例税率是指对同一征税对象的所有纳税人都使用同一比例税率。

2. 差别比例税率

差别比例税率是指对同一征税对象的不同纳税人使用不同的比例税率。我国现行的税法又将差别比例税率按产品、行业和地区的不同分为三类：一是产品差别比例税率，即对不同产品分别采用不同的比例税率，也就是对同一产品采用同一比例税率，如消费税、关税等；二是行业差别比例税率，即对不同行业采用不同的税率，也就是对同一行业采用同一比例税率，如增值税等；三是地区差别比例税率，即对同一征税对象依据不同地区的生产力水平和收益水平采用不同的税率，我国现行的城市建设维护税采用了地区差别比例税率。

比例税率的基本特点是税率不随征税对象数额的变动而变动。这就便于按不同的产品设计不同的税率，有利于调整产业（产品）结构，实现资源的合理配置。与此同时，征税对象的数额越大，纳税人的直接负担相对越轻，从而能在一定程度上推动经济的发展。但是，从另一个角度看，上述情况有悖于税收公平的原则。比例税率调节纳税人收入的能力不及累进税率，这是它的不足。比例税率的另一个优点是计算简便。

（二）累进税率

累进税率是指同一征税对象的数额越大，征收的比例也会随之提高的税率，表现为将征税对象按数额大小分为若干等级，不同等级适用由低到高的不同税率，包括最低税率、最高税率和若干等级的中间税率。一般来说，累进税率主要在收益税中使用，它可以更有效地调节纳税人的收入，正确处理税收负担的纵向公平问题。累进税率因计算方法和计税依据的不同，又可分为以下几种：

1. 全额累进税率

全额累进税率是指以征税对象的全部数额为基础计征税款的累进税率，在征税对象的数额提高一个级距时，对征税对象全额都按提高一级的税率征税。全额累进税率有两个特点：一是对具体纳税人来说，在应纳税所得额确定以后，相当于按照比例税率计征，因而计算方法简单。二是税收负担不合理，特别是在各级征税对象的数额分界处，税收负担相差悬殊，甚至会出现增加的税额超过增加的征税对象数额的现象，因而不利于鼓励纳税人增加收入，一般较少采用。

2. 超额累进税率

超额累进税率是指分别以征税对象的数额超过上一级限额的部分为基础计算应纳税额的累进税率。超额累进税率有两个特点：一是计算方法比较复杂，征税对象的数额越大，包括等级越多，计算步骤也越多。二是累进幅度比较缓和，税收负担较为合理。特别是在征税对象级次分界点上下，只就超过部分按高一级税率计算，一般不会发生增加的税额超过增加的征税对象数额的不合理现象，有利于鼓励纳税人增产增收，如个人所得税中综合所得适用的七级超额累进税率。

超额累进税率是各国普遍采用的一种税率。为了解决超额累进税率计算应纳税额比较复杂的问题，在实际工作中引进了速算扣除数的概念，通过预先计算出的速算扣除数，即可直接计算应纳税额，不必再分级分段计算，两者的计算结果完全一样，但后者简便得多。采用速算扣除数计算应纳税额的公式为：

应纳税额=应税所得额×适用税率−速算扣除数

速算扣除数反映了按全额累进税率和超额累进税率计算的应纳税额的差额。

3. 全率累进税率

全率累进税率与全额累进税率的原理相同，只是税率累进的依据不同，全率累进税率的对象是某种比率，一般较少采用。

4. 超率累进税率

它与超额累进税率的原理相同，只是税率累进的计税依据不是征税对象的数额，而是征税对象的某种比率。例如，土地增值税的税率就是超率累进税率，其累进的计税依据是增值额与扣除项目金额的比率。

(三) 定额税率

定额税率又称固定税额。定额税率是根据征税对象的计量单位直接规定固定的征税数额。征税对象的计量单位是重量、数量、面积、体积等自然单位。税额的多少只与征税对象的数量有关，与价格无关。定额税率适用于从量计征的税种。

定额税率有以下几种表现形式：

1. 地区差别定额税率

地区差别定额税率是指对同一征税对象按照不同地区分别规定不同的征税数额。该税率具有调节地区之间级差收入的作用。在现行税制中，资源税的税率就属于这种税率。

2. 幅度税额

幅度税额是指税法只规定一个税额幅度，由各地根据本地区的实际情况，在税法规定的幅度内确定一个执行税额。在现行税制中，城镇土地使用税和耕地占用税的税率就属于这种税率。

3. 分类分项定额税率

分类分项定额税率是指首先按某种标准把征税对象分为几类，每一类再按一定标准分为若干项，然后对每一项分别规定不同的征税数额。在现行税制中，车船税的税率就属于这种税率。

定额税率的基本特点是：定额税率与征税对象的价值量脱离了联系，不受征税对象价值量变化的影响，适用于对价格稳定、质量等级和品种规格单一的大宗物品征税的税种。

四、纳税环节

纳税环节是指征税对象在运动过程中需要缴纳税款的环节。任何一种税都要确定纳税环节，有些税种的纳税环节比较明确、固定，有些税种则需要在许多流转环节中选择和确定适当的纳税环节。比如对于一种商品来说，在其生产、批发、零售环节中，可以选择只在生产环节征税，称为一次课征制；也可以选择在两个环节征税，称为两次课征制；还可以实行在所有流转环节都征税，称为多次课征制。

确定纳税环节是征税制度的一个重要问题，它关系到税制结构和税种的布局，关系到税款能否及时、足额入库，关系到地区间税收收入的分配，同时关系到企业的经济核算和是否便利纳税人缴纳税款等问题。所以，选择确定纳税环节的原则是：既要有利于及时、稳妥地集中税款，又要符合纳税人的纳税规律且便于征纳，还要有利于经济发展和控制税源。

五、纳税期限

纳税期限是指税法规定的纳税人缴纳税款的期限，它是税收的固定性、强制性在时间上的体现。从原则上讲，纳税人在取得应税收入或发生纳税义务后，应当立即向国家缴纳税款。但是，由于纳税人取得应税收入或发生纳税义务具有阶段性，不可能每取得一次应税收入或发生一次纳税义务就立即缴纳一次税，为了简化纳税手续、便于纳税人经营管理，同时有利于税款及时缴入国库，有必要根据各种税的不同特点以及纳税人的具体情况分别规定不同的纳税期限。

纳税期限的确立要有利于保证财政收入、加强监督管理和给纳税人提供适当的便利性。在具体做法上，可以分为按期纳税和按次纳税两种。按期纳税是指以纳税人发生纳税义务的一定时期（如1天、3天、5天、10天、1个月、1年等）作为纳税期限。按次纳税是指以纳税人发生纳税义务的次数作为纳税期限。由于纳税人对于在纳税期限内取得的应税收入和应纳税款需要一定时间进行结算并办理纳税手续，因此还必须规定一个报缴税款的期限，比如限定在纳税期满后的什么时间内将税款缴入国库，到期未缴就要作为违章处理。

六、减（免）税

减（免）税是税收制度中对某些纳税人和征税对象给予鼓励与照顾的一种规定。减税是对应纳税额少征收一部分，免税是对应纳税额全部免征。从某种意义上说，减税和免税也是税收制度的一种辅助和补充手段。由于税率是根据社会经济发展的一般情况和社会平均负担能力来确定的，它可以适应普遍性、一般性的要求，但不能适应个别性、特殊性的要求。具体情况不同的纳税人和征税对象，由于受各种客观因素的影响，其负担能力往往有差别，此时就需要在统一税法的基础上，发挥与这种差别相适应的灵活性来加以补充。因此，减（免）税是税法的严肃性和必要性相结合的体现，是因地制宜、因事制宜原则的体现，是对特殊情况进行特殊调节的一种手段。

减（免）税作为税法的一个特殊组成部分，要注重经济效益和社会效益，并严格按照税收法规和税收管理体制的规定执行。减（免）税包括以下三项内容：

1. 起征点

起征点是税法规定的开始征税的起点。征税对象的数额未达到起征点的不征税，达到或超过起征点的，就征税对象的全部数额征税。起征点的高低关系到征税面的扩大或缩小。规定起征点可以将一部分收入较低的人排除在征税范围以外，用以体现合理负担的税收政策。

2. 免征额

免征额是在征税对象总额中免予征税的数额，它是按照一定标准从全部征税对象总额中预先减除的部分。免征额部分不征税，只就超过免征额的部分征税。免征额的高低体现着征税面和税收负担量的变化。规定免征额是对不同收入纳税人的一种普遍照顾，有利于降低税收负担。

3. 减（免）税规定

减（免）税规定是对特定的纳税人和征税对象所做的某种程度的减征税款或全部免征税款的规定。在具体运用上，减（免）税规定一般可分为两种类型：一种是根据国家的政策需要所做的统一的减（免）税规定。在税法上，这类减免有明确的范围和期限，通常是列举项目、统一实行。另一种是根据某些纳税人的情况做临时性或个别性的减（免）税规定。这类减（免）税大多属于统一减（免）税规定所不能解决的特殊问题，不宜在税法中做出具体规定或统一规定，而且随着客观情况的发展变化，需要及时做出调整和补充，以保证减（免）税的机动性和灵活性。

七、违章处理

违章处理是对纳税人违反税法的行为所采取的教育处罚措施，它体现了税收的强制性，是保证税法正确贯彻执行的重要手段。通过违章处理，可以加强纳税人的法制观念，提高纳税人依法纳税的自觉性，确保国家的财政收入并充分发挥税收的职能作用。

纳税人违反税法的行为主要有：

（1）违反税收管理程序的行为。例如，纳税人不按规定办理税务登记；不按规定设置、保管账簿或者记账凭证和有关资料；不按规定将财务、会计制度或财务、会计处理办法报送税务机关备查；不按规定申报纳税等。

（2）妨碍税款征收的行为。妨碍税款征收的行为主要包括偷税、漏税、欠税、骗税和抗税行为。

1）偷税是指纳税人采取伪造、变造、隐匿、擅自销毁账簿、记账凭证，在账簿上多列支出或者不列、少列收入，或者进行虚假的纳税申报，不缴或者少缴应纳税款的行为。

2）漏税是指纳税人无意识地少缴或漏缴税款的行为。

3）欠税是指纳税人未按规定期限缴纳税款的行为。

4）骗税是指企业、事业单位对生产经营的商品采取假报出口等欺骗手段，用以骗取国家出口退税的行为。

5）抗税是指以暴力、威胁的手段公开拒绝履行纳税义务，拒不缴纳税款的行为。

（3）妨碍发票管理的行为。妨碍发票管理的行为主要包括伪造发票、使用伪造的发票、虚开增值税专用发票等。

（4）其他违法行为。国家对纳税人发生违法行为规定的处罚措施主要包括强制执行、征收滞纳金、罚款、判处有期徒刑或拘役等。

第三节 税收的分类

一、税收分类的意义

税收分类是按照一定的标准对税收制度的内部构成进行归类的方法。税收分类是研究税制结构的基本方法。由于研究的不同目的，税收分类可以采用不同的标准，从而形成了不同的税收类别。

概括起来，税收分类的意义有如下几个方面：

（1）通过税收分类，有助于分析和研究各种税制的结构及各税种的特点、性质、作用以及它们之间的内在联系，为建立适合我国经济情况、体现税收多种功能的税收制度以及相应的征收管理制度创造条件。

（2）通过税收分类，有助于分析税源的分布和税收负担的状况以及税收对国民经济各部门的影响，为贯彻公平税负的原则提供依据。

（3）通过税收分类，既可以分析比较各国税制的发展演变过程，以便从中吸取经验教训，又可以为正确划分中央、地方税收管理权限和加强税收管理提供依据。

二、税收分类的主要方法

对不同的税种可以按照不同的需要，从不同的角度进行比较研究，税收分类的方法是多种多样的。

（一）按征税对象的分类

按征税对象分类，可将各税种划分为流转税、收益税、资源税、财产税和行为税。

1. 流转税

流转税是以货物或劳务的流转额为征税对象征收的一个税类。我国现行的增值税、消费税、关税等都属于流转税。流转税是我国现行税制中最大的一个税类。流转税的特点是以商品货币交换为前提，只要纳税人销售货物或提供了劳务和服务，并取得了销售收入，就应依法纳税。它既可以保证国家财政收入的及时、可靠获得和稳定增长，又可以配合国家经济政策，灵活发挥调节经济的作用，还可以促进市场的公平竞争，充分发挥市场的资源配置作用。

2. 收益税

收益税又称所得税，是以所得额或收益额为征税对象征收的一个税类。我国现行的企业所得税、个人所得税等都属于收益税。所得税的特点是税额的多少与成本的高低、盈余的多少有密切联系，税负比较公平，有利于调节纳税人的收入水平，正确处理国家与不同纳税人之间的分配关系。

3. 资源税

资源税是以各种自然资源及其级差收入为征税对象征收的一个税类。我国现行的资源税、耕地占用税、城镇土地使用税等都属于资源税。对资源征税有利于对利用自然资源取得的级差收入进行直接有效的调节，促使企业在大致相同的外部条件下开展竞争；有利于保护和合理使用土地、矿藏等各种宝贵资源，取得最大的经济效益，避免挤占耕地和浪费资源。

4. 财产税

财产税是以特定财产或资产为征税对象征收的一个税类。我国现行的房产税、车船税、契税、土地增值税等都属于财产税。财产税的特点是税额与财产的价值有一定的联系，有利于促使纳税人提高财产的经济效益和调节部分级差收入。

5. 行为税

行为税是以特定行为作为征税对象征收的一个税类。我国现行的印花税、城市维护建设税、环境保护税等都属于行为税。行为税大多因国家为实行某种政策、达到一定的政治经济目的而开征，具有较强的目的性。

（二）按税负能否转嫁的分类

按税负能否转嫁，可将各税种划分为直接税和间接税。

1. 直接税

直接税是指税收由纳税人直接负担的税种，如所得税、财产税等。直接税的特点是纳税人与负税人是同一主体，税负不发生转嫁。

2. 间接税

间接税是指国家向纳税人征税但由购买者负担的税种，如消费税、增值税等。间接税的特点是纳税人与负税人发生分离，纳税人通常将税款附加在商品的销售价格上并转嫁给购买者负担。

（三）按税收与计税依据的关系的分类

按税收与计税依据的关系，可将各税种划分为价内税和价外税。

1. 价内税

价内税是指税款为计税依据的组成部分，必须以含税价格作为计税依据的税种。现行消费税属于价内税。价内税的特点是税随价转，即税收收入随价格的变化而变化；税收与价格相配合，可以直接调节生产、间接调节消费。

2. 价外税

价外税是指税款为价格的一个附加值，必须以不含税价格作为计税依据的税种。在我国现行税制中，增值税属于价外税。价外税的特点是价随税转，即税负直接转嫁；税收与价格相配合，可以直接调节消费、间接调节生产。

价内税与价外税的划分，主要是对流转税而言。从商品经济的角度看，价内税容易造成对价格的扭曲，给市场主体以失真的信号，不利于社会资源的优化配置；而价外税的优点主要体现在价格和税款是分开的，在价格变动中是价动还是税动，两者的界限分明、责任清楚，既有利于制约纳税人提价的动机，又便于消费者对价格的监督；价外税的税负可以直接转嫁，因而不影响纳税人的成本和利润，有利于更准确地反映其经营成果，不致因征税而影响公平竞争；采用价外税的形式后，商品价格和税款的透明度高，消费者可以由此掌握国家调节消费的方向，从而相应修正自己的消费行为。所以，价外税比价内税更适应市场经济的要求。

【本章习题】

1. 什么是税法？我国税法对社会主义市场经济发展有何重要作用？
2. 税法的构成要素有哪些？
3. 我国现行税法中的税率有几种形式？它们有哪些优缺点？
4. 纳税人违反税法的行为有哪些？
5. 价内税和价外税有何区别？
6. 某纳税人 7 月取得收入 1 600 元。

(1) 若规定的免征额为 1 000 元，采用超额累进税率，当应税收入为 0～1 000 元时，适用税率为 5%，当应税收入为 1 000～2 000 元时，适用税率为 10%，则该纳税人的应纳税额为多少？

(2) 若规定的起征点为 1 000 元，采用全额累进税率，当应税收入为 0～1 000 元时，适用税率为 5%，当应税收入为 1 000～2 000 元时，适用税率为 10%，则该纳税人的应纳税额为多少？

第二章

增值税

［**内容简介**］　本章主要介绍增值税的概念和基本原理、征税范围、纳税人、征税对象和税率等。本章的重点是增值税应纳税额的计算、纳税人的判定、增值税的征税范围和税率、进口增值税的计算和出口退（免）税制度。此外，本章还详细说明了增值税的税收优惠、征收管理、发票管理等方面的内容。

第一节　增值税概述

一、增值税的概念

增值税是以商品在流转过程中产生的增值额为计税依据而征收的一种流转税。从计税原理上说，增值税是对商品生产、流通、劳务服务中多个环节的新增价值或商品的附加值进行征收。我国现行增值税的基本规范是1993年12月13日国务院颁布的《中华人民共和国增值税暂行条例》，该条例经过2008年、2016年、2017年三次修订。

要理解增值税，先要了解什么是增值额。从理论上讲，增值额是企业在生产经营过程中新创造的那部分价值，即货物或劳务价值中v+m的部分，在我国相当于净产值或国民收入部分。在现实经济生活中，对增值额这一概念可以从以下两个方面理解：①从一个生产经营单位来看，增值额是指该单位销售货物或提供劳务的收入额扣除为生产经营这种货物（包括劳务，下同）而外购的那部分货物价款后的余额；②从某货物来看，增值额是该货物经历的生产和流通各个环节所创造的增值额之和，也就是该货物的最终销售价值。

例如，某货物的最终销售价格为380元，这380元是由三个生产经营环节共同创造的。那么，该货物在三个生产经营环节中创造的增值额之和就是该货物的全部销售额。该货物每个环节的增值额和销售额的数量及关系见表2-1（为了便于计算，假定第一个环节没有物质消耗，都是该环节自己新创造的价值）。

表2-1　货物在各环节的增值与价格关系表

单位：元

环节	进价	售价	增值额
生产环节	0	200	200
批发环节	200	280	80
零售环节	280	380	100
合计	—	—	380

该货物在上述三个环节创造的增值额之和为380元，因此该货物的最终销售价格也是380元。这种情况说明，如果实行增值税，则在税率一定的情况下，对每一生产流通环节征收的增值税之和，实际上就是按货物最终销售额征收的增值税。对于实行增值税的国家来说，它们据以征税的增值额都是一种法定增值额，而非理论增值额。法定增值额是指各国政府根据各自的国情、政策要求，在增值税制度中人为确定的增值额。法定增值额可以等于理论增值额，也可以大于或小于理论增值额。造成法定增值额与理论增值额不一致的原因主要为：一个国家在具体的税收制度设计上，都是以本国的经济发展水平和国家财政收入的需要作为客观基础。经济发展水平较高的国家可能把扣除范围定得宽一些，从而缩小了应纳税增值额；经济发展水平较低的国家从财政收入的需要出发，可能把扣除范围定得窄一些，从而使应纳税增值额相应扩大。

但在各国的实践中，增值税一般不直接以增值额作为计税依据。各国在计算增值税时都不是先求出各生产经营环节的增值额，然后再据此计算增值税，而是采取从销售总额的应纳税款中扣除外购项目已纳税款的税款抵扣法。可见，增值额这一概念只有从理论角度看才具有现实意义，在实际计税中并不直接发挥作用。不直接通过增值额计算增值税是因为在实际工作中确定增值额是一件很困难的事，甚至难以做到。

二、增值税的产生和发展

早在第一次世界大战结束时，美国耶鲁大学的教授托马斯·S. 亚当斯以及担任政府顾问的德国商人威尔海姆和万·西蒙斯博士就曾提出过增值税的设想。随后，一些国家也曾进行过具有某些增值税性质的销售税改革设想，但由于各种原因，都未形成真正的增值税制度。直至第二次世界大战结束后，在1954年才由法国率先采用增值税并取得成功。法国对增值税的成功采用，引起了世界各国的重视，人们认为增值税是一个很科学的税制。从20世纪70年代开始，增值税制度在全世界迅速推广，并在一些国家成为主体税种。

在我国，为了解决经济体制改革中重复征税的问题，从1979年开始，我国在认真总结商品劳务税发展经验的基础上，借鉴国外的经验，研究增值税在我国实行的可行性问题。1980年，财政部决定在柳州、长沙、襄樊、上海等城市，选择重复征税矛盾较突出的机器机械和农业机具两个行业进行试点。1982年，财政部制定了《增值税暂行办法》，决定从1982年起在全国范围内对上述两个行业的产品以及对电风扇、缝纫机、自行车三种产品试行增值税。1984年，在工商税制全面改革中，国务院正式颁发了《中华人民共和国增值税条例（草案）》，使增值税正式成为我国的一个独立税种。随后，我国又根据实际情况进一步扩大了增值税的征税范围，使增值税覆盖了绝大部分工业品。1987 年，我国对增值税的计算方法和扣除项目做出统一规定，使增值税制度向规范化迈进了一大步。在社会主义市场经济体制确立以后，改革和完善增值税愈显迫切。1993 年年底，国务院颁布了《中华人民共和国增值税暂行条例》，规定对产制环节，商品流通环节，加工、修理修配环节实行普遍征收，凭发票注明税款抵扣的增值税，这标志着较为规范的增值税制度在我国的确立和开始实施。1994 年，我国的分税制改革在探索中运行，增值税在此期间再次扩围，扩大到所有的货物及加工、修理修配劳务，但基本不包含第三产业。当时的增值税属于生产型增值税，即纳税人购买机器设备的税款不能抵扣。2009 年是我国增值税发生重要改革的一年，开始由生产型增值税向消费型增值税转型。2011 年，我国的“营改增”开始试点，2016 年 5 月 1 日开始全面实施“营改增”，营业税全面退出历史舞台。2017 年 11 月 19 日，国务院决定废止《中华人民共和国营业税暂行条例》和再次修改《中华人民共和国增值税暂行条例》。

三、增值税的类型

目前，各国实行的增值税可以按不同的标准进行分类。其中，以扣除项目中对外购固定资产的处理方式为标准，可将增值税划分为生产型增值税、收入型增值税和消费型增值税。这三种类型的增值税在确定扣除项目时都允许扣除外购流动资产的价款，但对外购固定资产的价款扣除，各国的规定有所不同。

1. 生产型增值税

生产型增值税是指在计算增值税时，不允许扣除任何外购固定资产的价款，作为计税基数的法定增值额除包括纳税人新创造的价值外，还包括当期计入成本的外购固定资产的价款部分，即法定增值额相当于当期工资、利息、租金、利润等理论增值额及折旧额之和。从整个国民经济来看，这一计税基数大体相当于国民生产总值的统计口径，故称为生产型增值税。这种类型增值税的法定增值额大于理论增值额，对固定资产存在重复征税，而且越是资本有机构成高的行业，重复征税就越严重。虽然这种类型的增值税不利于鼓励投资，但可以保证财政收入。目前，我国实行的就是消费型增值税。

2. 收入型增值税

收入型增值税是指在计算增值税时，对外购固定资产的价款只允许扣除当期计入产品价值的折旧部分，作为计税基数的法定增值额相当于当期工资、利息、租金及利润等各增值项目之和。从整个国民经济来看，这一计税基数相当于国民收入部分，故称为收入型增值税。这种类型增值税的法定增值额与理论增值额一致，从理论上讲是一种标准的增值税。然而，由于外购固定资产的价款是以计提折旧的方式分期转入产品价值的，且转入部分没有合法的外购凭证，因而给凭发票扣税的计算方法带来了困难，从而影响了这种方法的广泛采用。

3. 消费型增值税

消费型增值税是指在计算增值税时，允许将当期购入的固定资产价款一次性全部扣除，作为计税基数的法定增值额相当于纳税人当期的全部销售额扣除外购的全部生产资料价款后的余额。从整个国民经济来看，这一计税基数仅限于消费资料价值的部分，故称为消费型增值税。这种类型的增值税在购进固定资产的当期因扣除额大大增加，会减少财政收入。然而，这种方法最适合规范凭发票扣税的计算方法，因为凭固定资产的外购发票可以一次将其已纳税款全部扣除，既便于操作，也便于管理，因而是三种增值税类型中最先进、最能体现增值税优越性的。目前，已开征增值税的发达国家大多采用这种类型的增值税。

四、增值税的特点

作为一种流转税，增值税有特殊的征税对象，这使其具有自身的特点和优点。

（1）不重复征税，具有中性税收的特征。中性税收是指国家在设计税制时不考虑或基本不考虑税收对经济的宏观调控作用，而是由市场对资源进行配置，政府不施加任何干预，即政府在建立税制时完全以不干扰经营者的投资决策和消费者的消费选择为原则。增值税具有中性税收的特征是因为增值税只对货物或劳务销售额中没有征过税的那部分增值额征税，对销售额中属于转移过来的、以前环节已征过税的那部分销售额不再征税，从而有效地排除了重复征税因素。

增值税不重复征税的特征使得该税能够彻底解决同一种货物由全能厂生产和由非全能厂生产所产生的税负不平衡问题：同一种货物无论是由几个、十几个甚至几十个企业共同完成，还是自始至终由一个企业完成，对这种货物来说，只要最终的销售价格相同，那么该货物所负担的增值税税负就相同，从而彻底解决了过去在产品税条件下同一货物由全能厂生产和由非全能厂生产所产生的税负不平衡问题；与此同时，该特征既便于对出口货物退税，又可避免对进口货物征税不足。各国对出口货物普遍实行退税政策，使出口货物以不含税价格进入国际市场。在这种政策下，若按全部销售额征税，由于存在重复征税，所以在货物出口时，究竟缴了多少税是很难计算清楚的。这样，在出口退税工作中就不可避免地存在两个问题：一是退税不足，从而影响货物在国际市场上的竞争力；二是退税过多，形成国家对出口货物的补贴。实行增值税可以避免上述问题，因为货物的出口价格就是其全部增值额，用出口价格乘以增值税税率，即可准确地计算出出口货物的应退税款，从而做到将已征税款正确地全部退还给企业，使出口货物以不含税价格进入国际市场。对进口货物实行增值税，有利于贯彻国家间同等纳税的原则，避免产生进口货物的税负轻于国内同类货物，以及进口货物的利润大于国内相同货物的利润的假象。因为按全部流转额征税时，同一货物在国内因经历的流转环节多而存在重复征税，因此税负较重。而一国对进口货物只能在进口环节按进口货物总值征一次税，不存在重复征税问题，因而使进口货物的税负轻于国内同类货物的税负，这是对进口货物征税不足引起的。在实行增值税后，排除了国内货物重复征税因素，使进口货物和国内同类货物承担相同的税负，能够正确比较和衡量进口货物的得失，既体现了国家间同等纳税的原则，又维护了国家的经济权益。

（2）逐环节征税和扣税，最终消费者是全部税款的承担者。作为一种新型的流转税，增值税保留了传统营业税按流转额全额计税和道道征税的特点，同时还实行税款抵扣制度，即在逐环节征税的同时，还实行逐环节扣税。在这里，各环节的经营者作为纳税人只是把从买方收取的税款转给政府，而经营者本身实际上并没有承担增值税税款。这样，随着各环节交易活动的进行，经营者在出售货物的同时也出售了该货物所承担的增值税税款，直到货物卖给最终消费者，该货物在以前环节已缴纳的税款连同本环节的税款一并转给了最终消费者。由此可见，增值税税负具有逐环节向前推移的特点，作为纳税人的生产经营者并不是增值税的真正负担者——只有最终消费者才是全部税款的负担者。为此，一些人认为，增值税实际上是一种零售税，货物的全部税款实际上都集中在零售环节，并通过零售环节将税款转嫁给消费者。

(3) 税基广阔，具有征收的普遍性和连续性。无论是从横向上看还是从纵向上看，增值税都有广阔的税基。从生产经营的横向关系看，无论工业、商业还是劳务服务活动，只要有增值收入就要纳税；从生产经营的纵向关系看，无论每一种货物经过多少生产经营环节，都要按各环节发生的增值额逐一纳税。征税范围的广阔性，征收的普遍性和连续性，使增值税有着充足的税源和为数众多的纳税人，从而使通过增值税组织的财政收入具有稳定性和可靠性。

(4) 在税收征管上可以互相制约、交叉审计，避免发生偷税。与增值税实行税款抵扣的计税方法相适应，各国都实行凭发票扣税的征收制度，通过发票把买卖双方连为一体，并形成一个有机的扣税链条。也就是说，销售方销售货物开具的增值税发票既是销货方计算销项税额的凭证，也是购货方据以扣税的凭证。正是通过发票才得以把货物承担的税款从一个经营环节传递到下一个经营环节，最后传递到最终消费者身上。在这一纳税链条中，若有哪一个环节少缴了税款，必然导致下一个环节多缴税款。可见，增值税发票使买卖双方在纳税上形成了一种利益制约关系，这种制约关系一方面可以避免纳税人偷税、漏税和错计税款，另一方面也有助于税务机关进行检查和监督。

增值税的不足之处主要是计算、审核比较复杂，征收管理的难度大，征收成本高，特别是对发票的控制、管理难度更大。这些问题在一定程度上阻碍了增值税制度的推广。

五、增值税的计税方法

增值税的计税方法是以每一生产经营环节发生的货物或劳务的销售额为计税依据，然后按规定税率计算出货物或劳务的整体税负，同时通过税款抵扣方式将外购项目在以前环节已缴纳的税款予以扣除，从而完全避免了重复征税。增值税的计税方法分为直接计算法和间接计算法两种类型。

(一) 直接计算法

直接计算法是指首先计算出应税货物或劳务的增值额，然后用增值额乘以适用税率求出应纳税额。直接计算法按计算增值额的不同，又可分为加法和减法。

1. 加 法

加法是把企业在计算期内实现的各种增值项目逐一相加，求出全部增值额，然后再按适用税率计算增值税。增值项目包括工资、奖金、利润、利息、租金以及其他增值项目。这种加法只是一种理论方法，在实际中应用的可能性很小，甚至不可能。这是因为：①由于企业实行的财会制度不同，确定增值项目与非增值项目的标准也不相同，在实际工作中容易造成争执，难于执行。②增值额本身就是一个比较模糊的概念，很难准确计算。例如，企业支付的各种罚款、没收的财物或接收的捐赠等是否属于增值额就难以确定。

2. 减　法

减法是以企业在计算期内实现的应税货物或劳务的全部销售额减去规定的外购项目金额后的余额作为增值额，然后再按适用税率计算增值税。这种方法又叫购进扣额法。当采取购进扣额法时，该计算方法与扣税法没有什么区别，但必须有一个前提条件，即只在采用一档税率的情况下，这种计算方法才有实际意义，如果要实行多档税率的增值税制度，就不能采用这种方法计税。

（二）间接计算法

间接计算法是指不直接根据增值额计算增值税，而是首先计算出应税货物的整体税负，然后从整体税负中扣除法定的外购项目已纳税款。由于这种方法是以外购项目的实际已纳税额作为依据，所以又叫购进扣税法或发票扣税法。这种方法不仅简便易行，而且计算准确，既适用于单一税率又适用于多档税率，因此是实行增值税的国家唯一采用的计税方法。

第二节　征税范围、纳税人和税率

一、征税范围

（一）一般规定

我国现行的增值税征税范围包括货物的生产、批发、零售和进口四个环节。此外，提供加工、修理修配劳务，销售服务、无形资产、不动产也属于增值税的征税范围。凡在上述四环节中销售货物，提供劳务、服务，销售无形资产、不动产（以下统称“应税销售行为”）的，都要按规定缴纳增值税。上述征税范围的具体内容如下：

1. 销售货物

货物是指除土地、房屋和其他建筑物等一切不动产之外的有形动产，包括电力、热力和气体在内。销售货物是指有偿转让货物的所有权。

2. 提供加工、修理修配劳务

加工、修理修配都属于工业性劳务，加工是指接收来料、承做货物，加工后货物的所有权仍属于委托者的业务，即通常所说的委托加工业务。委托加工业务是由委托方提供原料及主要材料，受托方按照委托方的要求制造货物并收取加工费的业务。修理修配是指受托对损伤和丧失功能的货物进行修复，使其恢复原状和功能的业务。

[注意] 这里的“提供加工、修理修配劳务”是指有偿提供加工、修理修配劳务，但单位或个体经营者聘用的员工为本单位或雇主提供加工、修理修配劳务不包括在内。有偿

不仅是指从购买方取得货币，还包括取得货物或其他经济利益。

3. 进口货物

进口货物是指申报进入我国境内的货物。确定某货物是否属于进口货物，必须看其是否办理了报关进口手续。通常说来，境外产品要输入境内，必须向我国海关申报进口并办理有关报关手续。只要是报关进口的应税货物，均属于增值税征税范围。

4. 销售服务、无形资产、不动产

销售服务是指提供交通运输服务、邮政服务、电信服务、建筑服务、金融服务、现代服务、生活服务。销售无形资产是指转让无形资产所有权或者使用权的业务活动。无形资产是指不具实物形态，但能带来经济利益的资产，包括技术、商标、著作权、商誉、自然资源使用权和其他权益性无形资产。销售不动产是指转让不动产所有权的业务活动。不动产是指不能移动或者移动后会引起性质、形状改变的财产，包括建筑物、构筑物等。

（二）增值税视同销售行为

1. 视同销售货物行为

单位或个体经营者的下列行为，视同销售货物，征收增值税：

（1）将货物交付他人代销。

（2）销售代销货物。

（3）设有两个以上机构并实行统一核算的纳税人，将货物从一个机构移送到其他机构用于销售，但相关机构设在同一县（市）的除外。

（4）将自产、委托加工或购买的货物作为投资，提供给其他单位或个体经营者。

（5）将自产、委托加工或购买的货物分配给股东或投资者。

（6）将自产、委托加工的货物用于集体福利或个人消费。

（7）将自产、委托加工或购买的货物无偿赠送他人。

2. 视同销售服务、无形资产或者不动产

（1）单位或者个体工商户向其他单位或者个人无偿提供服务，但用于公益事业或者以社会公众为对象的除外。

（2）单位或者个人向其他单位或者个人无偿转让无形资产或者不动产，但用于公益事业或者以社会公众为对象的除外。

（3）财政部和国家税务总局规定的其他情形。

对上述视同销售行为按规定计算征收增值税：一是为了防止通过这些行为逃避纳税，造成税款流失；二是为了避免税款抵扣链条的中断，导致各环节间税负的不均衡。

[注意] 视同销售的特点如下。

第一类特点：所有权发生了变化或应税服务已实施并被接受，如视同销售货物行为的第（1）、（2）点。

第二类特点：所有权没有变化，但将自产或委托加工的货物从生产领域转移到增值税征税范围以外或者转移到消费领域，如视同销售货物行为的第（4）、（5）、（6）、（7）点。

第三类特点：所有权或许没有变化，但基于堵塞管理漏洞的需要而视同销售计征增值税，如视同销售货物行为的第（3）点。

货物的视同销售与“营改增”应税服务的视同销售有区别：

- 自产或委托加工货物用于职工福利、个人消费的，视同销售。
- 本企业员工为雇主或本企业雇主为员工提供应税服务项目的，不必视同销售。

（三）混合销售行为

1. 混合销售的定义

在“营改增”前，增值税法规定，一项销售行为如果既涉及货物又涉及非增值税应税劳务，为混合销售行为。营业税法规定，一项销售行为如果既涉及应税劳务又涉及货物，为混合销售行为。

在“营改增”后，从根本意义上说，对原来用来区分增值税和营业税的混合销售概念加以沿用，但定义有所改变：一项销售行为如果既涉及服务又涉及货物，为混合销售。由此，增值税的混合销售由同一纳税人在同一项销售业务中跨越增值税和营业税两个税种，既涉及货物又涉及非增值税应税劳务的行为，改变为同一纳税人在同一项销售业务中混杂增值税不同税目的业务，既涉及货物又涉及“营改增”应税服务的行为。例如，某钢结构生产单位向A企业销售钢结构并负责安装；某酒店向客人提供餐饮服务，同时售卖烟酒。如果某钢结构生产单位向A企业销售货物，向B企业提供安装服务，则为兼营，不属于混合销售。

2. 混合销售的处理

在“营改增”前，税法规定，纳税人的下列混合销售行为，应当分别核算货物的销售额和非增值税应税劳务的营业额，并根据其销售货物的销售额计算缴纳增值税，非增值税应税劳务的营业额不缴纳增值税；未分别核算的，由主管税务机关核定其货物的销售额：①销售自产货物，同时提供建筑业劳务的行为；②财政部、国家税务总局规定的其他情形。

在“营改增”后，通常是按照“经营主业”划分的原则，从事货物的生产、批发或者零售的单位和个体工商户的混合销售行为，按照销售货物缴纳增值税；其他单位和个体工商户的混合销售行为，按照销售服务缴纳增值税。从事货物的生产、批发或者零售的单位和个体工商户包括以从事货物的生产、批发或者零售为主，并兼营销售服务的单位和个体工商户。

3. 混合销售的特殊政策

该特殊政策明确了与建筑业相关的两种不属于混合销售的情形：

（1）纳税人在销售活动板房、机器设备、钢结构件等自产货物的同时提供建筑、安装服务，不属于混合销售，应分别核算货物和建筑服务的销售额，分别适用不同的税率或者征收率。

［例2-1］ 2019年5月，甲企业向乙企业销售自产设备，同时提供安装服务。合同约定销售设备款含税价为113万元，安装服务款含税价为32.7万元。假定销售货物适用13%的税率，安装服务适用9%的税率。

解：这种情况不属于混合销售：

$$\text{销售设备的销项税额}=113\times\frac{13\%}{1+13\%}=13(\text{万元})$$

$$\text{销售安装服务的销项税额}=32.7\times\frac{9\%}{1+9\%}=2.7(\text{万元})$$

$$\text{销项税额合计}=13+2.7=15.7(\text{万元})$$

如果纳税人全部适用销售货物计征增值税，则有

$$销项税额=(113+32.7)\times\frac{13\%}{1+13\%}=16.76(万元)$$

(2) 一般纳税人销售电梯的同时提供安装服务，其安装服务可以按照甲供工程选择适用简易计税方法计税。纳税人对安装运行后的电梯提供的维护保养服务，按照“其他现代服务”缴纳增值税。

(3) 一般纳税人销售自产机器设备的同时提供安装服务，应分别核算机器设备和安装服务的销售额，安装服务可以按照甲供工程选择适用简易计税方法计税。

一般纳税人销售外购机器设备的同时提供安装服务，如果已经按照兼营的有关规定，分别核算机器设备和安装服务的销售额，安装服务可以按照甲供工程选择适用简易计税方法计税。

(四) 兼营行为

1. 兼营的含义

兼营的范围包括：

(1) 兼营不同税率货物或应税劳务。

(2) 兼营非应税劳务。

(3) 兼营免税、减税项目。

[注意] 在2012年“营改增”试点后，根据原增值税纳税人兼营应税服务的情况，单独定义了混业经营：兼有不同税率或者征收率的销售货物，提供加工、修理修配劳务或者应税服务。直到全面“营改增”后，我国又对兼营进行了重新定义，将“混业经营”并入了“兼营”，包括：

(1) 兼营不同税率或者征收率的货物、劳务或者应税服务、无形资产或者不动产。

(2) 兼营免税、减税项目。

兼营是指销售不同税率或者征收率的货物、劳务或者应税服务、无形资产或者不动产不同时发生在同一购买者身上的同一销售行为。兼营行为中的货物、劳务、服务、无形资产和不动产没有主次、从属关系，即它们属于“业务平行关系”；兼营行为是由多项销售行为引起的，其款项来自不同客户。例如，酒店既提供住宿、餐饮，又在大堂设立商品销售店，该酒店的住宿、餐饮和销售商品相互之间业务平行，各项业务分开核算，所以以上业务是兼营关系。

兼营行为有两种情况：

(1) 在一项销售行为中包含销售两种以上不同税率的服务或销售两种以上不同税率的货物的行为。例如，既有设计资质也有建筑资质的企业与发包方签订的总承包合同中，有设计服务（2019年4月1日后适用6%的增值税税率）和建筑服务（2019年4月1日后适用9%的增值税税率），应分别按适用税率申报缴纳增值税。

(2) 发生两项以上的销售行为，各销售行为之间就是兼营行为。例如，某既有销售资质又有安装资质的设备厂家与设备购买方签订一份销售合同，只发生销售设备的行为，而没有对其销售的设备提供安装服务。但是，该设备厂家为其他客户提供了安装服务，该客

户是从其他厂家购买的设备，并签订了一份安装合同，则该既有销售资质又有安装资质的设备厂家就发生了兼营行为，应分别按适用税率申报缴纳增值税。

2. 兼营的处理

纳税人兼营销售货物、劳务、服务、无形资产或者不动产，适用不同税率或者征收率的，应当分别核算适用不同税率或者征收率的销售额，即会计上的“分别核算销售”；未分别核算的，从高适用税率。

[例 2-2] 某酒店管理有限公司为增值税一般纳税人，既提供住宿、餐饮，又在大堂设立商品销售店。2019 年 5 月，该酒店实现营业额 25 万元（含税），其中住宿收入 15 万元、餐饮收入 8 万元、商品销售收入 2 万元。该酒店应缴纳的增值税销项税额是多少？

解： 该酒店的住宿、餐饮和销售商品之间业务平行，相互之间没有必然联系，同时财务部分开核算，并且款项源于不同的客户，所以我们认为以上业务是兼营关系，适用各自的税率，其中住宿的税率为 6%（可以开具专用发票），餐饮的税率为 6%（只能开具普通发票），销售商品的税率为 13%（客户为单位的，可以开具专用发票；客户为个人的，只能开具普通发票）。

$$\text{增值税的销项税额}=150\,000\times\frac{6\%}{1+6\%}+80\,000\times\frac{6\%}{1+6\%}+20\,000\times\frac{13\%}{1+13\%}$$
$$=8\,490.57+4\,528.30+2\,300.88=15\,319.75(\text{元})$$

[注意] 如果企业的兼营没有分别核算，应按最高税率征收，即

$$\text{增值税的销项税额}=250\,000\times\frac{13\%}{1+13\%}=28\,761.06(\text{元})$$

3. 兼营行为和混合销售行为的联系与区别

混合销售行为与兼营行为既有相同的方面，又有明显的区别。两者的相同点是：它们的经营范围都有销售货物和提供服务这两类经营项目。两者的区别是：混合销售强调在同一销售行为中存在两类经营项目的混合，销售货款及服务价款是从一个购买方同时取得的；兼营行为强调在同一纳税人的经营活动中存在两类经营项目，但这两类经营项目不是在同一销售行为中发生的。

混合销售与兼营既然是两个不同的税收概念，因此它们在税务处理上的规定也不同。混合销售的纳税原则是按“经营主业”划分，只按照一种税率计算增值税。兼营的纳税原则是分别核算、分别征税，即按照不同税率或者征收率计算增值税；未分别核算的，从高适用税率。

二、纳税人

（一）纳税人和扣缴义务人的一般规定

在中华人民共和国境内销售货物或者加工、修理修配劳务（以下简称“劳务”），销售服务、无形资产、不动产以及进口货物的单位和个人，为增值税的纳税人。

在我国境内从事上述各项业务活动的单位是指国有企业、集体企业、私有企业、股份制企业、外商投资企业和外国企业、其他企业和行政单位、事业单位、军事单位、社会团

体及其他单位。个人是指个体经营者及其他个人，包括外国人。境内是指销售货物的起运地或所在地在境内，以及销售的应税服务等发生在境内。

增值税的扣缴义务人：中华人民共和国境外（以下简称“境外”）单位或者个人在境内发生应税行为，在境内未设有经营机构的，以购买方为增值税扣缴义务人。

由于增值税的实施面广、情况复杂、纳税人多且核算水平差距很大，为了配合增值税专用发票的管理，以保证对增值税专用发票的正确使用和安全管理，根据《中华人民共和国增值税暂行条例》（以下简称《增值税暂行条例》）的规定，增值税纳税人分为一般纳税人和小规模纳税人，这两类纳税人在税款计算方法、适用税率以及管理办法上都有所不同。对一般纳税人实行凭发票扣税的计税方法，对小规模纳税人规定简便易行的计税方法和征收管理办法，这样有利于增值税制度的推行。根据《增值税暂行条例》和实施细则的规定，划分一般纳税人和小规模纳税人的基本依据是纳税人的会计核算是否健全，能否提供准确的税务资料以及企业规模的大小，而衡量企业规模的大小一般以年销售额为依据。因此，现行增值税制度是以纳税人年销售额的大小和会计核算水平这两个标准为依据来划分一般纳税人和小规模纳税人的。

（二）小规模纳税人的认定

小规模纳税人是指年销售额在规定标准以下，并且会计核算不健全，不能按规定报送有关税务资料的增值税纳税人。凡符合下列条件可认定为小规模纳税人：

（1）自 2018 年 5 月 1 日起，年应征增值税销售额未超过 500 万元（≤500 万元）的纳税人。

（2）年应税销售额超过小规模纳税人标准的个人。

（3）年应税销售额超过小规模纳税人标准的非企业性单位。

（4）不经常发生应税行为的企业、非企业性单位和个体工商户，可选择按照小规模纳税人纳税。

（三）一般纳税人的认定

根据规定，下列纳税人可认定为一般纳税人：

（1）凡年应税销售额超过小规模纳税人标准的企业和企业性单位，均为一般纳税人。

（2）年应税销售额未超过小规模纳税人标准，但会计核算健全，能够提供准确税务资料的纳税人，可以向主管税务机关办理一般纳税人登记。

（3）年应税销售额未超过小规模纳税人标准以及新开业的纳税人，能够按照国家统一的会计制度设置账簿，根据合法、有效凭证核算，能够提供准确税务资料的，可以向主管税务机关办理一般纳税人登记。

（4）纳税人在办理增值税一般纳税人登记后，发生增值税偷税、骗取出口退税和虚开增值税扣税凭证等行为的，主管税务机关可以对其实行不少于 6 个月的纳税辅导期管理。

根据规定，下列纳税人无须办理一般纳税人资格登记：

（1）年应税销售额超过小规模纳税人标准的个人。

（2）按照政策规定，选择按照小规模纳税人纳税的，包括年应税销售额超过小规模纳税人标准的非企业性单位以及不经常发生应税行为的企业、非企业性单位和个体工商户。

(3) 在“营改增”试点实施前已取得增值税一般纳税人资格并兼有应税行为的试点纳税人，不需要重新办理增值税一般纳税人资格登记手续，由主管税务机关制作、送达《税务事项通知书》，告知纳税人。

三、税 率

目前，增值税的计征方式主要有两类：一是增值税的税率，适用于一般纳税人。二是增值税的征收率，适用于小规模纳税人和特定的一般纳税人。

增值税税率历经多次变化，在 2019 年 4 月 1 日后，增值税税率主要包括：

(一) 基本税率

增值税一般纳税人销售或者进口货物（除适用 9%的货物外），提供加工、修理修配应税劳务，发生应税行为（包括有形动产租赁），除下面列举的情形外，增值税税率一律为 13%。该税率就是通常所说的基本税率。

(二) 低税率

增值税一般纳税人销售或者进口下列货物的，税率为 9%。该税率就是通常所说的低税率。

(1) 粮食、食用植物油。

(2) 自来水、暖气、冷气、热水、煤气、石油液化气、天然气、沼气、居民用煤炭制品。

(3) 图书、报纸、杂志。

(4) 饲料、化肥、农药、农机、农膜。

(5) 国务院规定的其他货物。

增值税一般纳税人提供交通运输服务、邮政服务、基础电信服务、建筑服务、不动产租赁服务，销售不动产，转让土地使用权，税率为 9%。

纳税人发生提供增值电信服务、金融服务、现代服务（租赁服务除外，不动产租赁服务为 9%，有形动产租赁服务为 13%）、生活服务、销售无形资产（转让土地使用权除外）的应税行为，税率为 6%。

在 2019 年 4 月 1 日后，制造业等行业的增值税税率从 16%降至 13%，交通运输业、建筑业、基础电信服务业等行业及农产品等货物的增值税税率从 10%降至 9%。

(三) 零税率

纳税人出口货物，境内单位和个人发生符合规定的跨境应税行为，税率为零。在计算缴纳增值税时，销项税额按照零税率计算，进项税额允许抵扣，但国务院另有规定的除外。

根据规定，中华人民共和国境内的单位和个人销售的下列服务和无形资产，适用增值税零税率：

(1) 国际运输服务。

1) 在境内载运旅客或者货物出境。

2) 在境外载运旅客或者货物入境。

3）在境外载运旅客或者货物。

（2）航天运输服务。

（3）向境外单位提供的完全在境外消费的下列服务。

1）研发服务。

2）合同能源管理服务。

3）设计服务。

4）广播影视节目（作品）的制作和发行服务。

5）软件服务。

6）电路设计及测试服务。

7）信息系统服务。

8）业务流程管理服务。

9）离岸服务外包业务。离岸服务外包业务包括信息技术外包服务（ITO）、技术性业务流程外包服务（BPO）、技术性知识流程外包服务（KPO），其涉及的具体业务活动按照《销售服务、无形资产、不动产注释》相对应的业务活动执行。

10）转让技术。

（4）财政部和国家税务总局规定的其他服务。

（四）增值税征收率

增值税征收率是指对特定的货物或特定的纳税人销售货物、提供应税劳务、发生应税行为在某生产流通环节的应纳税额与销售额的比率。这种方式属于简易计税方法，并且不得抵扣进项税额。增值税征收率适用于两种情况：一是小规模纳税人；二是一般纳税人销售货物、提供应税劳务、发生应税行为按规定可以选择简易计税方法的。

1. 适用5%征收率的项目

（1）销售不动产。

1）一般纳税人销售其2016年4月30日前取得的不动产，可以选择适用简易计税方法，按照5%的征收率计税。

2）小规模纳税人销售取得的不动产（不含个体工商户销售购买的住房和其他个人销售不动产），按照5%的征收率计税。

3）房地产开发企业中的一般纳税人销售自行开发的房地产老项目，可以选择适用简易计税方法，按照5%的征收率计税。

4）房地产开发企业中的小规模纳税人销售自行开发的房地产项目，按照5%的征收率计税。

5）其他个人销售其取得（不含自建）的不动产（不含其购买的住房），按照5%的征收率计税。

（2）不动产经营租赁服务。

1）一般纳税人出租其2016年4月30日前取得的不动产，可以选择适用简易计税方法，按照5%的征收率计税。

2）小规模纳税人出租其取得的不动产（不含个人出租住房），应按照5%的征收率计税。

3）其他个人出租其取得的不动产（不含住房），应按照5%的征收率计税。

（3）中外合作开采的原油、天然气。

（4）一般纳税人和小规模纳税人提供劳务派遣服务选择差额纳税的。

（5）一般纳税人在2016年4月30日前签订的不动产融资租赁合同，或以2016年4月30日前取得的不动产提供的融资租赁服务，选择适用简易计税方法的。

（6）财政部和国家税务总局规定的其他情形。

2. 适用3%征收率的项目

（1）小规模纳税人。根据目前税法的规定，增值税小规模纳税人适用简易计税方法征收，一般的征收率为3%（销售和出租不动产除外）。

（2）固定业户临时外出经营。

（3）拍卖行取得的拍卖收入。根据规定，对拍卖行受托拍卖增值税应税货物，向买方收取的全部价款和价外费用，应按照3%的征收率征收增值税。

（4）一般纳税人销售自产货物。自2014年7月1日起，一般纳税人销售自产的下列货物，可选择按照简易计税方法依照3%的征收率计算缴纳增值税：

1）县级及县级以下小型水力发电单位生产的电力。

2）建筑用和生产建筑材料所用的砂、土、石料。

3）以自己采掘的砂、土、石料或其他矿物连续生产的砖、瓦、石灰（不含黏土实心砖、瓦）。

4）用微生物、微生物代谢产物、动物毒素、人或者动物的血液或组织制成的生物制品。

5）自来水。

6）商品混凝土（仅限于以水泥为原料生产的水泥混凝土）。

（5）一般纳税人销售非自产货物。自2014年7月1日起，一般纳税人销售货物属于下列情形之一的，暂按简易计税方法依照3%的征收率计算缴纳增值税：

1）寄售商店代销寄售物品（包括居民个人寄售的物品在内）。

2）典当业销售绝当物品。

3）经国务院或国务院授权机关批准的免税商店零售的免税品。

（6）一般纳税人销售非自产自来水、供应非临床用血。

（7）药品经营企业销售生物制品。

（8）光伏发电项目发电户销售电力产品。

（9）"营改增"纳税人的部分项目。

一般纳税人发生下列应税行为，可以选择适用简易计税方法计税：

1）公共交通运输服务。

2）动漫企业开发动漫产品。

3）电影放映服务、仓储服务、装卸搬运服务、收派服务和文化体育服务。

4）以纳入"营改增"试点之日前取得的有形动产为标的物提供的经营租赁服务。

5）在纳入"营改增"试点之日前签订的尚未执行完毕的有形动产租赁合同。

6）一般纳税人以清包工方式提供的建筑服务，可以选择适用简易计税方法计税。

7）一般纳税人为甲供工程提供的建筑服务，可以选择适用简易计税方法计税。

8）一般纳税人为建筑工程老项目提供的建筑服务，可以选择适用简易计税方法计税。

9）公路经营企业中的一般纳税人收取“营改增”试点前开工的高速公路的车辆通行费，可以选择适用简易计税方法，减按3%的征收率计算应纳税额。

10）税法规定的其他项目。

3. 征收率的特殊政策

个人出租住房，应按照5%的征收率减按1.5%计算应纳税额。

根据增值税法的有关规定，适用3%征收率的某些一般纳税人和小规模纳税人可以减按2%计征增值税：

（1）小规模纳税人（除其他个人）销售自己使用过的固定资产。

（2）一般纳税人销售自己使用过的固定资产。

1）在2008年以前购进或者自制的固定资产。

2）在“营改增”试点前购进或者自制的固定资产。

3）销售不得抵扣且未抵扣的固定资产。

“使用过的固定资产”是指纳税人根据财务会计制度已经计提折旧的固定资产。

4）销售其他情形的固定资产。纳税人购进或者自制固定资产时为小规模纳税人，被认定为一般纳税人后销售该固定资产；增值税一般纳税人发生按简易计税方法征收增值税的应税行为，销售其按照规定不得抵扣且未抵扣进项税额的固定资产。一般纳税人销售自己使用过的固定资产，应开具普通发票，不得开具增值税专用发票；小规模纳税人销售自己使用过的固定资产，应开具普通发票，不得由税务机关代开增值税专用发票。

（3）销售旧货。纳税人销售旧货，按照简易计税方法依照3%的征收率减按2%征收增值税。

旧货是指进入二次流通的具有部分使用价值的货物（含旧汽车、旧摩托车和旧游艇），但不包括纳税人自己使用过的物品。该货物纳税人自己并没有使用过，一般是以经营为目的，主要是针对旧货经营单位。

（4）“营改增”一般纳税人销售固定资产。一般纳税人销售自己使用过的、在纳入“营改增”试点之日前取得的固定资产，按照现行旧货的相关增值税政策执行。

［注意］纳税人兼营销售货物、劳务、服务、无形资产或者不动产，适用不同税率或者征收率的，应当分别核算适用不同税率或者征收率的销售额，即会计上的“分别核算销售”；未分别核算的，从高适用税率。

第三节 销项税额与进项税额

一、销项税额

（一）销项税额的含义

销项税额是纳税人销售货物或者提供应税劳务和应税服务等应税行为，按照销售额和法定税率计算并向购买方收取的增值税税额。相应的计算公式为：

销项税额＝销售额×增值税税率

从销项税额的计算公式可以知道，对属于一般纳税人的销售方来讲，在没有依法抵扣其进项税额前，销项税额不是其增值税的应纳税额，而是销售货物或应税劳务的整体税负。

（二）销售额的确定

由于销项税额＝销售额×增值税税率，因而在增值税税率一定的情况下，计算销项税额的关键在于正确、合理地确定作为增值税计税依据的销售额。其中，公式中的销售额是不含销项税额的销售额，该销项税额是从购买方收取的，体现了价外税的性质。

1．销售额的一般规定

销售额为纳税人销售货物或者提供应税劳务和应税服务向购买方收取的全部价款和价外费用。具体说来，应税销售额包括以下内容：

（1）销售货物或应税劳务向购买方收取的全部价款。

（2）向购买方收取的各种价外费用。

销售额主要包括手续费、补贴、基金、集资费、返还利润、奖励费、违约金（延期付款利息）、包装费、包装物租金、储备费、优质费、运输装卸费、代收款项、代垫款项及其他各种性质的价外收费。但是，上述价外费用不包括以下费用：

1）向购买方收取的销项税额。因为增值税属于价外税，其税款不应包含在销售货物的价款之中。增值税的销售额是指不含销项税额的销售额。

2）受托加工应征消费税的货物，而由受托方向委托方代收代缴的消费税。

3）同时符合以下两个条件的代垫运费。承运部门的运费发票开具给购货方且由纳税人将该项发票转交给购货方的，在这种情况下，纳税人只是为购货人代办运输业务，而未从中收取额外费用。

4）同时符合以下条件代收代缴的政府性基金或者行政事业性收费。由国务院或者财政部批准设立的政府性基金；由国务院或者省级人民政府及其财政、价格主管部门批准设立的行政事业性收费；收取时开具省级以上财政部门印制的财政票据，且所收款项全额上缴财政。

5）因在销售货物的同时代办保险等而向购买方收取的保险费，以及向购买方收取的代购买方缴纳的车辆购置税、车辆牌照费。

对于价外费用来说，无论其会计制度怎样核算，都应并入销售额计税，其目的是防止以各种名目的收费减少销售额并逃避纳税的现象。上述5项费用允许不计入价外费用是因为销售方在满足了相关条件后，可以认为销售方在其中只是代为收取了有关费用，这些费用并不构成销售方的收入。

（3）消费税税额。由于消费税属于价内税，因此，凡征收消费税的货物在计征增值税税额时，其应税销售额应包括消费税税额。该货物的增值税销售额是含消费税而不含增值税的销售额，

2．混合销售的销售额

对属于征收增值税的混合销售，其销售额为货物和应税服务销售额的合计数。

3. 兼营行为的销售额

对于兼营行为，即销售不同税率或者征收率的货物、劳务或者应税服务、无形资产或者不动产的，其销售额为货物、提供劳务或者应税服务、销售无形资产或者不动产的销售额的合计数。

4. 价款和税款合并收取情况下的销售额

现行增值税实行价外税，即纳税人向购买方销售货物或提供应税服务等应税行为所收取的价款中不应包含增值税税款，价款和税款在增值税专用发票上分别注明。作为增值税税基的只是增值税专用发票上单独列明的不含增值税税款的销售额。但是，税法规定，有些一般纳税人（如商品零售企业或其他企业）将货物或应税服务出售给消费者、使用单位或小规模纳税人，只能开具普通发票，而不能开具增值税专用发票；小规模纳税人发生的销售货物或提供应税服务的行为，因其不享受增值税专用发票的使用权，因此只能向购买方开具普通发票（在某些情况下，可由税务所代开增值税专用发票）。

[注意] 由于在普通发票上价款和税款不能分别注明，因此一部分纳税人（包括一般纳税人和小规模纳税人）在发生销售货物或提供应税服务等应税销售行为时，就会将价款和税款合并定价，发生销售额和增值税税额合并收取的情况。在这种情况下，必须将开具在普通发票上的含税销售额换算成不含税销售额，而后将其作为增值税的计税依据。相应的计算公式为：

不含税销售额＝含税销售额÷(1＋税率或征收率)

在上式中，采用简易计税方法征收增值税的纳税人适用征收率。

[例 2－3] 2019 年 5 月，某商店（小规模纳税人）销售一批食品，收取的全部货款为 1 236 元，适用的征收率为 3%，则该商店的计税销售额是多少？

解：

计税销售额＝1 236÷(1＋3%)＝1 200(元)

5. 视同销售货物和发生应税行为的销售额

视同销售行为是增值税法规定的特殊销售行为之一，由于规定的这类销售行为大多不是以现金形式反映出来的，除部分销售行为能反映出销售额外，大多数销售行为不能直接反映出销售额。

纳税人销售货物、提供应税服务等应税行为的价格明显偏低且无正当理由的，或者是纳税人发生了视同销售货物或视同发生应税行为的情形的，主管税务机关有权核定其销售额。其确定顺序及方法如下：

(1) 按纳税人最近时期销售同类货物或发生应税行为的平均价格确定。

(2) 按其他纳税人最近时期销售同类货物或发生应税行为的平均价格确定。

(3) 在用以上两种方法均不能确定其销售额的情况下，可按组成计税价格确定销售额。相应的计算公式为：

组成计税价格＝成本×(1＋成本利润率)

属于应征消费税的货物，其组成计税价格应加计消费税税额。相应的计算公式为：

组成计税价格＝成本×(1＋成本利润率)＋消费税税额

或

组成计税价格＝成本×(1＋成本利润率)÷(1－消费税税率)

［注意］在上式中，成本分为两种情况：属于销售自产货物的为实际生产成本；属于销售外购货物的为实际采购成本。

在不征收消费税、只征收增值税的情况下，增值税的组成计税价格中的成本利润率为10%（一般增值税的成本利润率为10%）。对于从价计征和复合计征消费税的消费品来说，在同时征收增值税和消费税的环节，增值税和消费税的组成计税价格公式中的成本利润率都使用消费税的成本利润率。此外，组成计税价格公式中的成本利润率均由国家税务总局确定。

［例2-4］ 2019年5月，某饮料厂（一般纳税人）将自产的饮料作为福利发给本厂职工，共发放汽水200箱，每箱汽水的市场售价为24元（不含税）；发放新口味果茶饮料100箱，无同类产品的市场销售价格。已知生产该果茶饮料的总成本为3 600元，则视同销售的自产饮料的计税销售额是多少？

解：

计税销售额＝200×24＋3 600×(1＋10%)＝8 760(元)

6．特殊销售方式的销售额

在销售活动中，为了达到促销的目的，纳税人可以选择多种销售方式。在不同的销售方式下，纳税人取得的销售额有所不同。税法对以下几种销售方式分别做了规定：

（1）采取折扣方式销售货物。纳税人在销售货物、提供应税劳务和发生应税行为过程中的折扣分为两种：一种是折扣销售，或称价格折扣（会计上习惯称为商业折扣）。它是销货方为鼓励购买方多买以及由于市场价格下降、产品或服务质量等原因而给予的价格优惠或者价格折让。折扣销售一般都从销售价格中直接扣算，即购买方所付的价款和销售方所收的货款都是按打折后的售价来计算的。另一种是销售折扣（会计上习惯称为现金折扣）。它是销货方为鼓励购买方在一定期限内早日偿还货款而给予的一种折让优惠。由于这种折让优惠发生在销售行为之后，实际上属于为了融资目的而发生的理财费用，因此不得从销售额中扣除。企业应当在确定销售额时严格区分这两种方式。

［注意］根据规定，纳税人采取折扣方式销售货物、提供应税劳务或者发生应税行为，如果销售额和折扣额在同一张发票上的“金额”栏分别注明的，可以按折扣后的销售额征收增值税；如果未在同一张发票上的“金额”栏分别注明折扣额的，不论其在财务上如何处理，均不得从销售额中减除折扣额。对于销售折扣，无论给予与否，在计税时都应按未减除折扣额的销售额计算。

（2）采取以旧换新方式销售货物。以旧换新销售是纳税人在销售过程中折价收回同类旧货物，并以折价款部分冲减货物价款的一种销售方式。税法规定，纳税人采取以旧换新方式销售货物的，应按新货物的同期销售价格确定销售额，不得扣减旧货物的收购价格。这样规定是因为销售货物与收购货物是两个不同的业务活动，也是为了严格增值税的计算征收，防止出现销售额不实、减少纳税的现象。

［注意］对金银首饰以旧换新业务，可以按照销售方实际收到的价款确定销售额。

［例2-5］ 2019年5月，某商场（一般纳税人）采取“以旧换新”方式销售电视机，开出普通发票，收到货款75万元，并注明已扣除旧货折价15万元。假定增值税税率

为 13%，则 5 月该商场的计税销售额是多少?

解：

计税销售额=(750 000+150 000)÷(1+13%)=796 460.18(元)

(3) 采取还本销售方式销售货物。还本销售是指销货方在将货物出售之后，按约定的时间，一次或分次将购货款部分或全部退还给购货方，退还的货款就是还本支出。纳税人采取还本销售方式销售货物的，不得从销售额中减除还本支出。因为这种销售方式实际上是一种筹资行为，它是以货物换取资金的使用价值，而后到期还本不付息的方法。

(4) 采取以物易物方式销售货物。以物易物是一种较为特殊的购销活动，是指购销双方不是以货币结算，而是以同等价款的货物（包括应税劳务和应税行为）相互结算，实现货物购销的一种方式。在实际工作中，有的纳税人认为以物易物不是购销行为：销货方收到购货方抵顶货款的货物，认为自己不是购物；购货方发出抵顶货款的货物，认为自己不是销货。这两种认识都是错误的。正确的方法应当是：以物易物双方都应做购销处理，以各自发出的货物核算销售额并计算销项税额，以各自收到的货物核算购货额并计算进项税额。

(5) 在出租、出借包装物情况下销售额的确定。纳税人为销售货物而出租、出借包装物收取的押金，单独记账核算的，时间在 1 年以内且未过期的，不并入销售额征税。但对逾期未收回的包装物押金，无论是否退还，均应并入销售额征税。个别包装物周转使用期限较长的，报经税务机关批准后，可适当放宽逾期期限。

从 1995 年 6 月 1 日起，对销售除啤酒、黄酒外的其他酒类产品收取的包装物押金，无论是否返还以及会计上如何核算，均应并入当期销售额征税。

增值税一般纳税人因销货退回或折让而退还给购买方的增值税税额，有销货退回或折让证明单的，应从发生销货退回或折让当期的销项税额中扣减。小规模纳税人因销货退回或折让退还给购买方的销售额，应从发生销货退回或折让当期的销售额中扣减。

(6) 直销的销售额。直销企业先把货物销售给直销员，直销员再将货物销售给消费者的，直销企业的销售额为其向直销员收取的全部价款和价外费用。直销员再将货物销售给消费者时，应按照现行规定缴纳增值税。

直销企业通过销售员向消费者销售货物，直接向消费者收取货款的，直销企业的销售额为其向消费者收取的全部价款和价外费用。

(7) 贷款服务的销售额。贷款服务以提供贷款服务取得的全部利息及利息性质的收入为销售额。

银行提供贷款服务按期计收利息的，结息日当日计收的全部利息收入，均应计入结息日所属期的销售额，按照现行规定计算缴纳增值税。

(8) 直接收费金融服务的销售额。直接收费金融服务以提供直接收费金融服务收取的手续费、佣金、酬金、管理费、服务费、经手费、开户费、过户费、结算费、转托管费等各类费用为销售额。

7. 按差额确定销售额

在“营改增”全面推行后，所有行业均被纳入了增值税的征收范围，但目前仍有无法通过抵扣机制避免重复征税的情况存在，因此引入了差额征税的办法，用以解决纳税人税收负担增加的问题，比如金融商品转让、经纪代理服务、融资租赁和融资性售后回租业务、航空运输企业的业务以及纳税人转让不动产、提供旅游服务等。

[注意] 差额征税项目及税率需要参照国家税务总局的最新政策。纳税人按照规定从全部价款和价外费用中扣除的价款，应当取得符合法律、行政法规和国家税务总局规定的有效凭证，否则不得扣除。

上述凭证是指：

(1) 支付给境内单位或者个人的款项，以发票为合格有效凭证。

(2) 支付给境外单位或者个人的款项，以该单位或者个人的签收单据为合法有效凭证。税务机关对签收单据有疑义的，可以要求其提供境外公证机构的确认证明。

(3) 缴纳的税款，以完税凭证为合法有效凭证。

(4) 扣除的政府性基金、行政事业性收费或者向政府支付的土地价款，以省级以上(含省级)财政部门监(印)制的财政票据为合法有效凭证。

(5) 国家税务总局规定的其他凭证。

纳税人取得的上述凭证属于增值税扣税凭证的，其进项税额不得从销项税额中抵扣。此外，对于购买方来说，适用差额征税的纳税人开出的增值税发票是否能够进行抵扣以及抵扣多少要根据税法规定的不同开票方式分析。

[例 2-6] 某旅游公司为一般纳税人，某月共收取价款 106 万元，其中扣除项目为 63.6 万元。假设税率为 6%，不考虑其他因素。该旅游公司可抵扣的增值税应纳税额是多少？

解： 假设根据当地税务机关的规定，该旅游公司选择属于自己收入的部分开具增值税专用发票，属于代收费用的部分开具增值税普通发票，享受差额征税。该旅游公司的含税金额为 106 万元，但属于公司的不含税销售额为 40 万元 [$=(106-63.6)\div(1+6\%)$]，增值税应纳税额为 2.4 万元 ($=40\times6\%$)。根据税法的规定，其下游企业只能就增值税专用发票部分抵扣进项税额，即受票方只能抵扣差额征税后的 2.4 万元。

二、进项税额

(一) 进项税额的含义

进项税额是指纳税人购进货物，加工、修理修配劳务，服务，无形资产或者不动产所支付或者负担的增值税税额。进项税额是与销项税额相对应的一个概念。在开具增值税专用发票的情况下，它们之间的对应关系是，销售方收取的销项税额就是购买方支付的进项税额。对于一般纳税人来说，由于其在经营活动中既会发生销售货物、提供应税劳务或应税行为，又会发生购进货物、接受应税劳务或应税行为，因此每个一般纳税人都会有收取的销项税额和支付的进项税额。增值税的核心就是用纳税人收取的销项税额抵扣其支付的进项税额，其余额为纳税人实际缴纳的增值税税额。这样，进项税额作为可抵扣的部分，对于纳税人的实际纳税额就产生了举足轻重的影响。

(二) 进项税额的确定

正确审定进项税额，严格按照税法规定计算可抵扣的进项税额，是保证增值税制度贯彻实施和确保国家财政收入的重要环节。对企业来说，严格把握进项税额的抵扣项目十分重要，这些方面也是纳税人在纳税实务中容易出错的地方，可能带来逃税风险。

在确定增值税进项税额抵扣时，必须按增值税法的规定依法计算应抵扣税额，不是所有的进项税额都可以抵扣。对此，增值税的相关法律法规对进项税额的抵扣范围、条件、数额及方法做了专门规定。另外，准予抵扣进项税额的只限增值税一般纳税人，增值税小规模纳税人在计算应缴增值税时不得抵扣进项税额。

1. 准予从销项税额中抵扣的进项税额

（1）从销售方取得的增值税专用发票（含税控《机动车销售统一发票》）上注明的增值税税额。

（2）从海关取得的完税凭证上注明的增值税税额。

上述（1）、（2）两款规定是指增值税一般纳税人取得对方的增值税专用发票或海关完税凭证上已按规定税率或征收率计算的增值税税额，不需要纳税人计算，但要注意其增值税专用发票及海关完税凭证的合法性，对不符合规定的扣税凭证一律不准抵扣。

（3）从境外单位或个人购进服务、无形资产或者不动产，为税务机关或者扣缴义务人取得的解缴税款的完税凭证上注明的增值税税额。

（4）购进农产品进项税额的确定与抵扣。从一般纳税人取得增值税专用发票或者海关进口增值税专用缴款书的，以增值税专用发票或海关进口增值税专用缴款书上注明的增值税税额为进项税额。

从按照简易计税方法依照3%的征收率计算缴纳增值税的小规模纳税人取得增值税专用发票的，以增值税专用发票上注明的金额和规定的扣除率计算进项税额。

取得（开具）农产品销售发票或收购发票的，以农产品销售发票或收购发票上注明的农产品买价和规定的扣除率计算进项税额，即

进项税额＝买价×扣除率

在2019年4月1日后，纳税人购进农产品，原适用10%扣除率的，扣除率调整为9%。

纳税人购进用于生产销售或委托加工13%税率货物（原来是16%税率）的农产品，按照10%的扣除率计算进项税额。

对于以上关于农产品进项税额的抵扣规定，需要说明的是：

1）农产品是指直接从事植物的种植、收割以及动物的饲养、捕捞的单位和个人销售的自产且免征增值税的农业产品。

2）对烟叶税的纳税人按规定缴纳的烟叶税，准予并入烟叶产品的买价计算增值税的进项税额并予以抵扣。

购进农产品，按照《农产品增值税进项税额核定扣除试点实施办法》抵扣进项税额的，不再以取得增值税专用发票上注明和自行计算的进项税额为抵扣依据，而是按规定方法核定扣除。

（5）不动产进项税额的确定与抵扣。根据2016年5月全面“营改增”的政策，增值税一般纳税人在2016年5月1日后取得并在会计制度上按固定资产核算的不动产，以及2016年5月1日后发生的不动产在建工程，按照规定进行抵扣，一般分两年抵扣，第一年的抵扣比例为60%，第二年的抵扣比例为40%。

纳税人取得的不动产，包括以直接购买、接受捐赠、接受投资入股以及抵债等各种形式取得的不动产。纳税人新建、改建、扩建、修缮、装饰不动产，属于不动产在建工程。

房地产开发企业自行开发的房地产项目、融资租入的不动产以及在施工现场修建的临时建筑物、构筑物，其进项税额不适用上述分两年抵扣的规定。

纳税人按照规定从销项税额中抵扣进项税额，应取得 2016 年 5 月 1 日后开具的合法有效的增值税扣税凭证。

［注意］根据 2019 年最新的增值税改革政策，有以下几点需要关注：

第一，取得不动产或者不动产在建工程的进项税额不再分两年抵扣，而是一次性全额抵扣。

第二，生产、生活性服务业按当期可抵扣进项税额的 10%加计抵减应纳税额，即按照可抵扣进项税额×10%计提加计抵减额。

第三，在 2018 年部分行业实施一次性留、抵、退税的基础上，试行增值税期末留抵税额退税制度。

(6) 不得抵扣且未抵扣进项税额的固定资产、无形资产、不动产，发生用途改变，用于允许抵扣进项税额的应税项目，可在用途改变的次月按照下列公式计算可以抵扣的进项税额：

$$可以抵扣的进项税额=固定资产、无形资产、不动产净值\times\frac{适用税率}{1+适用税率}$$

上述可以抵扣的进项税额应取得合法有效的增值税扣税凭证。

(7) 原增值税一般纳税人自用的应征消费税的摩托车、汽车、游艇，其进项税额准予抵扣。

(8) 原增值税一般纳税人购进服务、无形资产或者不动产，取得的增值税专用发票上注明的增值税税额为进项税额，准予从销项税额中抵扣。

(9) 原增值税一般纳税人购进货物或者接受加工、修理修配劳务，用于《销售服务、无形资产或者不动产注释》所列项目的，不属于《增值税暂行条例》第十条所称的用于非增值税应税项目，其进项税额准予从销项税额中抵扣。

(10) 收费公路通行费抵扣。增值税一般纳税人支付的道路、桥、闸通行费，暂凭取得的通行费发票（不含财政票据）上注明的增值税税额或者以发票上注明的收费金额按照公式计算可抵扣的进项税额。

(11) 国内旅客运输服务。从 2019 年 4 月 1 日起，纳税人购进国内旅客运输服务，其进项税额允许从销项税额中抵扣。

2. 不得从销项税额中抵扣的进项税额

纳税人购进货物或者应税劳务以及发生其他应税行为，未按照规定取得并保存增值税扣税凭证，或者增值税扣税凭证上未按照规定注明增值税税额及其他有关事项的，其进项税额不得从销项税额中抵扣。上述增值税扣税凭证包括增值税专用发票、海关进口增值税专用缴款书、农产品收购发票和销售发票以及从税务机关或者扣缴义务人取得的解缴税款的税收缴款凭证。

此外，下列项目的进项税额不得从销项税额中抵扣：

(1) 一般纳税人有下列情形之一者，应按销售额依照增值税税率计算应纳税额，不得抵扣进项税额，也不得使用增值税专用发票：

1) 会计核算不健全，或者不能够提供准确税务资料的。

2) 符合一般纳税人条件，但不申请办理一般纳税人认定手续的。

经税务机关核准，纳税人在恢复抵扣进项税额的资格后，其在停止抵扣进项税额期间发生的全部进项税额不得抵扣。

(2) 用于简易计税方法计税项目、免征增值税项目、集体福利或者个人消费（包括纳税人的交际应酬消费）的购进货物，加工、修理修配劳务，服务，无形资产和不动产。其中，涉及的固定资产、无形资产、不动产仅指专用于上述项目的固定资产、无形资产（不包括其他权益性无形资产）、不动产。

集体福利或者个人消费是指企业内部设置的供职工使用的食堂、浴室、理发室、宿舍、幼儿园等福利设施及其设备、物品，或者以福利、奖励、津贴等形式发给职工的个人物品。

交际应酬消费不属于生产经营中的生产投入和支出，是一种生活性消费活动，而增值税是对消费行为征税的，消费者就是负税者，因此交际应酬消费需要负担对应的进项税额。与此同时，交际应酬消费和个人消费难以准确划分，在征管中不宜掌握界限，如果对交际应酬消费和个人消费分别适用不同的税收政策，容易诱发偷避税行为。因此，为了简化操作、公平税负，对交际应酬消费所用的货物，加工、修理修配劳务，服务，无形资产和不动产不得抵扣进项税额。

(3) 非正常损失的购进货物，以及相关的加工、修理修配劳务和交通运输服务。

(4) 非正常损失的在产品、产成品所耗用的购进货物（不包括固定资产），加工、修理修配劳务和交通运输服务。

(5) 非正常损失的不动产，以及该不动产所耗用的购进货物、设计服务和建筑服务。

(6) 非正常损失的不动产在建工程所耗用的购进货物、设计服务和建筑服务。纳税人新建、改建、扩建、修缮、装饰不动产，均属于不动产在建工程。

上述 (5)、(6) 所称的货物，是指构成不动产实体的材料和设备，包括建筑装饰材料和给排水、采暖、卫生、通风、照明、通信、煤气、消防、中央空调、电梯、电气、智能化楼宇设备及配套设施。

非正常损失是指因管理不善造成货物被盗、丢失、霉烂变质，以及因违反法律法规造成货物或者不动产被依法没收、销毁、拆除的情形。为保证税负公平，这类损失不应由国家承担。

(7) 购进的贷款服务、餐饮服务、居民日常服务和娱乐服务。

贷款服务的进项税额不得抵扣，也就是利息支出的进项税额不得抵扣的规定，主要是考虑：如果允许抵扣借款利息，从根本上打通融资行为的增值税抵扣链条，按照增值税"道道征、道道扣"的原则，首先就应当对存款利息征税。但在现有条件下，对存款利息征税的难度很大，一方面涉及对居民存款征税，但无法解决增值税专用发票的开具问题，另一方面也与当下实际存款利率为负的现状不符。

从一般意义上说，餐饮服务、居民日常服务和娱乐服务的主要接受对象是个人。对于一般纳税人购买的餐饮服务、居民日常服务和娱乐服务，难以准确界定接受劳务的对象是企业还是个人。

住宿服务和旅游服务未列入不得抵扣项目，主要是考虑到这两个行业属于公私消费参半的行业，因而用个人消费进行规范。

（8）财政部和国家税务总局规定的其他情形。

（9）适用一般计税方法的纳税人，兼营简易计税方法计税项目、免征增值税项目而无法划分不得抵扣进项税额，按下列公式计算：

$$\text{不得抵扣的进项税额}=\text{当期无法划分的全部进项税额}\times\left(\text{当期简易计税方法计税项目销售额}+\text{免税销售额}\right)\div\text{当期全部销售额}$$

（10）一般纳税人已抵扣进项税额的固定资产、无形资产或者不动产，发生《营业税改征增值税试点实施办法》第二十七条规定的不得从销项税额中抵扣进项税额情形的，按照下列公式计算：

$$\text{不得抵扣的进项税额}=\text{固定资产、无形资产或者不动产净值}\times\text{适用税率}$$

3. 进货退出或折让的税务处理

一般纳税人因进货退出或折让而收回的增值税税额，应从发生进货退出或折让当期的进项税额中扣减。不按规定扣减，造成进项税额虚增，不纳或少纳增值税的，属于偷税行为，应按偷税予以处罚。

第四节 税收优惠

增值税优惠政策主要包括直接免税、减征税款、起征点、即征即退等方式。

一、免税项目

1. 原增值税免税项目

《增值税暂行条例》规定的免征增值税项目为：

（1）农业生产者销售的自产初级农业产品。农业是指种植业、养殖业、林业、牧业、水产业。农业生产者是指从事农业生产的单位和个人。农产品是指初级农产品，具体范围由财政部和国家税务总局规定。需要注意的是，上述单位和个人销售的外购农产品，以及单位和个人外购农产品生产、加工后销售的不属于免税范围的产品，应当按照规定的税率征收增值税。例如，农业生产者直接销售的小麦属于增值税免税范围，但以小麦为原料加工后制成的速冻食品、方便面等产品不属于增值税免税范围，应当按照规定税率征收增值税。如果农业生产者销售的小麦不是自产的，也要按规定征收增值税。

（2）避孕药品和用具。

（3）古旧图书。

（4）直接用于科学研究、科学试验和教学的进口仪器、设备。

（5）外国政府、国际组织无偿援助的进口物资和设备。

（6）由残疾人组织直接进口供残疾人专用的物品。

（7）销售自己使用过的物品。

（8）财政部和国家税务总局规定的其他免税项目。

除上述规定外，增值税的免税、减税项目由国务院规定，任何地区、部门均不得规定免税、减税项目。

[注意] 纳税人兼营免税、减税项目的，应当分别核算免税、减税项目的销售额；未分别核算销售额的，不得免税、减税。

2."营改增"规定的免征增值税项目

（1）托儿所、幼儿园提供的保育和教育服务。

（2）养老机构提供的养老服务。

（3）残疾人福利机构提供的育养服务。

（4）婚姻介绍服务。

（5）殡葬服务。

（6）残疾人员本人为社会提供的服务。

（7）医疗机构提供的医疗服务。

（8）从事学历教育的学校提供的教育服务。

（9）学生勤工俭学提供的服务。

（10）农业机耕、排灌、病虫害防治、植物保护、农牧保险以及相关技术培训业务，家禽、牲畜、水生动物的配种和疾病防治。

（11）纪念馆、博物馆、文化馆、文物保护单位管理机构、美术馆、展览馆、书画院、图书馆在自己的场所提供文化体育服务取得的第一道门票收入。

（12）寺院、宫观、清真寺和教堂举办文化、宗教活动的门票收入。

（13）行政单位之外的其他单位收取的符合《营业税改征增值税试点实施办法》第十条规定条件的政府性基金和行政事业性收费。

（14）个人转让著作权。

（15）个人销售自建自用住房。

（16）在2018年12月31日前，公共租赁住房经营管理单位出租公共租赁住房。

（17）台湾航运公司、航空公司从事海峡两岸海上直航、空中直航业务在大陆取得的运输收入。

（18）纳税人提供的直接或者间接国际货物运输代理服务。

3.小微企业免征增值税政策

自2019年1月1日到2020年12月31日，对月销售额不超过10万元（以一个季度为纳税期的，季度销售额不超过30万元）的小规模纳税人，免征增值税。

[注意] 增值税免税和零税率政策的结果都是纳税人不用缴纳税款，其实，这两种政策是存在一定区别的：对于零税率政策来说，进项税额可以抵扣（形式上表现为退税）；对于免税政策来说，进项税额不能抵扣。

（1）根据税法规定，纳税人销售零税率货物具有纳税义务，但由于规定税率为零，所以纳税人不用负担税款。免税是指国家根据政策的需要，免除纳税人缴纳税款的义务。

（2）纳税人销售零税率货物既然有纳税义务，同样具有抵扣税额的权利，从形式上表现为退给纳税人在各流转环节已缴纳的税款。免税是免除了纳税人的纳税义务，同时也规定生产销售免税货物不得抵扣进项税额，即纳税人必须放弃抵扣税款的权利。

二、即征即退项目

现行增值税即征即退优惠政策主要有：

（1）自2011年1月1日起，对增值税一般纳税人销售其自行开发生产的软件产品，按17%的法定税率征收增值税后，对其增值税实际税负超过3%的部分实行即征即退政策。增值税一般纳税人将进口的软件进行转换等本地化改造后对外销售，其销售的软件可按照自行开发生产的软件产品的有关规定享受即征即退的税收优惠政策。

（2）自2007年7月1日起，对安置残疾人的单位，按实际安置残疾人数，限额即征即退增值税。

（3）“营改增”试点纳税人提供的国内货物运输服务、仓储服务和装卸搬运服务（限注册在洋山保税港区内的试点纳税人），安置残疾人的单位，提供管道运输服务（实际税负超过3%的部分），提供有形动产融资租赁服务（实际税负超过3%的部分）等实行增值税即征即退政策。

（4）一般纳税人销售自产的资源综合利用产品和提供资源综合利用劳务，享受增值税即征即退政策。

（5）自2000年1月1日起，对飞机维修劳务增值税实际税负超过6%的部分实行由税务机关即征即退的政策。

即征即退政策中的增值税实际税负，是指纳税人当期提供应税服务实际缴纳的增值税税额占纳税人当期提供应税服务取得的全部价款和价外费用的比例。

即征即退是由税务机关先足额征收增值税，再将已征的全部或部分增值税税款退还给纳税人。

纳税人提供应税服务享受增值税即征即退优惠政策的，纳税人可以开具增值税专用发票，并照常计算销项税额、进项税额和应纳税额。纳税人准确核算即征即退货物、劳务和应税服务的销售额、应纳税额、应退税额，在正常进行纳税申报后，再向主管税务机关提交资料申请办理退税，也就是纳税人要先上缴增值税，再取得返还额。

三、起征点制度

个人销售货物、劳务、服务或者不动产的销售额未达到财政部规定起征点的，免征增值税；达到起征点的，全额计算缴纳增值税。

起征点的幅度规定如下：按期纳税的，起征点为月销售额5 000～20 000元（含本数）；按次纳税的，起征点为每次（日）销售额300～500元（含本数）。起征点的调整由财政部和国家税务总局规定，具体起征点由省、自治区、直辖市财政厅（局）和国家税务机关在规定幅度内确定。

四、其他有关规定

（1）纳税人兼营免税、减税项目的，应当单独核算减税、免税项目的销售额；未单独核算销售额的，不得减税、免税。

（2）纳税人销售货物、劳务、服务或者不动产适用免税规定的，可以放弃免税，依照《增值税暂行条例》的规定缴纳增值税。纳税人在放弃免税后，36 个月内不得再申请免税。

（3）纳税人销售货物、劳务、服务或者不动产，同时适用免税和零税率规定的，优先适用零税率。

（4）纳税人在免税期内购进用于免税项目的货物、劳务、服务或者不动产所取得的增值税扣税凭证，一律不得抵扣，有特殊规定的除外。

（5）在免税货物恢复征税后，在其免税期间外购货物所支付的款项，一律不得作为当期进项税额抵扣。在免税货物恢复征税后收到的该货物免税期间的增值税专用发票上所注明的税额，应当从当期进项税额中剔除。

第五节 应纳税额的计算

一、应纳税额的计算方法

增值税的计税方法包括一般计税方法和简易计税方法。

（一）一般计税方法应纳税额的计算

一般纳税人销售货物或者提供应税劳务和应税服务适用一般计税方法，即国际上通用的购进扣税法，也就是先按照销售额和适用税率计算出销项税额（这里对销售额全额征税），然后对当期购进项目向对方支付的税款进行抵扣，从而间接计算出当期增值额部分的应纳税款。

增值税一般纳税人销售货物或者提供应税劳务和应税服务的应纳税额取决于当期销项税额和进项税额，当期销项税额的多少关键在于确定当期销售额，但在实际操作时，还应特别注意计算应纳税额的时间。具体说来，就是销项税额的确定时间及进项税额的抵扣时限。如前所述，一般纳税人可抵扣的进项税额凭证包括增值税专用发票、海关进口增值税专用缴款书、农产品收购发票和销售发票以及从税务机关或者境内代理人取得的解缴税款的税收缴款凭证。

1. 销项税额的确定时间

纳税人在什么时间计算销项税额，《增值税暂行条例》以及“营改增”相关文件等都做了严格的规定。例如，采取直接收款方式销售货物，不论货物是否发出，均为收到销售款或者取得索取销售款凭据的当天；采取托收承付和委托银行收款方式销售货物，为发出货物并办妥托收手续的当天。

2. 防伪税控专用发票进项税额的抵扣时限

自 2017 年 7 月 1 日起，增值税一般纳税人取得的 2017 年 7 月 1 日及以后开具的增值税专用发票和机动车销售统一发票，应自开具之日起 360 日内认证或登录增值税发票选择确认平台进行确认，并在规定的纳税申报期内，向主管税务机关申报抵扣进项税额。

3. 海关进口增值税专用缴款书进项税额的抵扣时限

增值税一般纳税人取得的 2017 年 7 月 1 日及以后开具的海关进口增值税专用缴款书，应自开具之日起 360 日内向主管税务机关报送《海关完税凭证抵扣清单》，申请稽核比对。

4. 未按期申报抵扣增值税扣税凭证抵扣管理办法

增值税一般纳税人取得的增值税专用发票以及海关进口增值税专用缴款书，未在规定期限内到税务机关办理认证（按规定不用认证的纳税人除外）或者申报抵扣的，不得作为合法的增值税扣税凭证，不得计算进项税额抵扣。

若增值税一般纳税人取得的增值税扣税凭证稽核比对的结果相符，但未按照规定期限申报抵扣，属于发生真实交易且符合规定的客观原因的，经主管税务机关审核，允许纳税人继续申报抵扣进项税额。除了客观原因以外的其他原因造成未按期申报抵扣的，仍按照现行增值税扣税凭证申报抵扣的有关规定执行。

符合规定的客观原因如下：

(1) 因自然灾害、社会突发事件等不可抗力原因造成增值税扣税凭证未按期申报抵扣。

(2) 有关司法、行政机关在办理业务或者检查中扣押、封存纳税人账簿资料，导致增值税扣税凭证未按期申报抵扣。

(3) 税务机关信息系统、网络故障，导致纳税人未能及时取得认证结果通知书或稽核结果通知书，未能及时办理申报抵扣。

(4) 由于企业办税人员伤亡、突发危重疾病或者擅自离职，未能办理交接手续，导致未能按期申报抵扣。

(5) 国家税务总局规定的其他情形。

一般纳税人销售货物或者提供应税劳务和应税服务，应纳税额为当期销项税额抵扣当期进项税额后的余额。应纳税额的计算公式为：

应纳税额＝当期销项税额－当期进项税额

[**注意**] 因当期销项税额小于当期进项税额而不足抵扣的，其不足部分可以结转下期继续抵扣。

[**例 2-7**] 某商场为增值税一般纳税人，假定销售的产品适用 13%的税率。2019 年

5月发生如下购销业务：

（1）采购免税农产品凭证上注明的收购金额总计50万元。

（2）销售化肥，开具的增值税专用发票上注明的价款为200万元。

（3）销售冰箱5台，价税合计2.26万元。

试根据以上资料计算该商场5月应纳增值税税额。

解： 该商场作为增值税一般纳税人，向农业生产者购进免税农产品且向对方开具农产品收购凭证。（自2019年4月1日起，农产品适用的扣除率为9%，销售化肥的税率从原来的11%下降到9%。）

$$5月的进项税额=50\times9\%=4.5(万元)$$

$$5月的销项税额=200\times9\%+2.26\times\frac{13\%}{1+13\%}=18.26(万元)$$

$$5月的应纳增值税税额=18.26-4.5=13.76(万元)$$

（二）简易计税方法应纳税额的计算

小规模纳税人销售货物、应税劳务或者应税服务，应采用简易计税方法计算增值税应纳税额。选择按照简易计税方法计税的一般纳税人，应按照销售额和规定的征收率计算应纳税额，不得抵扣进项税额。应纳税额的计算公式为：

$$应纳税额=销售额\times征收率$$

［例2-8］ A、B为小规模纳税人，C为一般纳税人。2019年5月发生以下业务：A卖给B一批免税农产品，开具的普通发票上注明的价款为5.3万元。B卖给C一批货物，开具的普通发票上注明的价款为10万元。当月C销售货物（非农产品）的不含税价款共计50万元，购进货物50万元，其中40万元的货款取得增值税专用发票，该增值税专用发票上注明的税款为5.2万元。C又为某客户加工一批零件，收取加工费和增值税税额共计0.702万元并开具了增值税专用发票。根据以上业务，计算A、B、C三个纳税人各自应缴纳的增值税。（假定增值税税率为13%，征收率为3%。）

解： A纳税人销售的是免税产品，所以当月不纳税。

$$B纳税人的应纳税额=10\times\frac{3\%}{1+3\%}=0.29(万元)$$

$$C纳税人的应纳税额=50\times13\%+0.702\times\frac{13\%}{1+13\%}-5.2=1.381(万元)$$

（三）进口货物增值税应纳税额的计算

纳税人进口货物，应按照组成计税价格和《增值税暂行条例》规定的税率计算应纳税额，不得抵扣任何税额。组成计税价格和应纳税额的计算公式为：

$$组成计税价格=关税完税价格+关税+消费税$$

$$应纳税额=组成计税价格\times税率$$

［注意］如果进口货物属于消费税的应税消费品，其组成计税价格中还应包括已缴纳

的消费税税额。

[例2-9] 2019年5月，某外贸进出口公司进口卷烟一批，到岸价格是380 000元，在海关应缴纳的关税是160 000元，应缴纳的消费税是221 583.46元。假定增值税税率为13%，计算该批货物应缴纳的进口环节增值税。

解：按照增值税政策的规定，纳税人进口货物，应按照组成计税价格和规定的税率计算应纳税额，不得抵扣进项税额。

组成计税价格＝380 000＋160 000＋221 583.46
＝761 583.46(元)

应纳增值税税额＝761 583.46×13%
＝99 005.85(元)

增值税的计税依据以人民币计算，纳税人以外汇结算销售额的，应当按外汇市场价格折合成人民币计算。折合率可以选择销售额发生的当天或当月1日的外汇市场价格（原则上为中间价）。纳税人应事先确定采用何种折合率，确定后1年内不得变更。

二、案例分析

[例2-10] 某企业为增值税一般纳税人，假定增值税适用税率为13%。2019年5月发生下列业务：

（1）销售产品，已开具增值税专用发票，销售额为800万元。

（2）购进原材料一批，取得增值税专用发票，进项税额为10万元。

（3）从国外购进一台机器，海关代征进口环节的增值税4万元，已取得海关的完税凭证。

（4）从农民手中购入农产品，作为本企业的原料，支付20万元。

（5）外购生产用水，价款为8万元（不含税），取得增值税专用发票。

（6）外购生产用电，价款为15万元（不含税），取得增值税专用发票。

请根据以上资料计算企业当期应缴纳的增值税税额。

解：

销项税额＝800×13%＝104(万元)

购进原材料的进项税额为10万元

向农业生产者购进免税农产品且向对方开具农产品收购凭证，适用9%的抵扣税率，因而有

从农民手中购进农产品准予抵扣的进项税额＝20×9%＝1.8(万元)

外购生产用水的进项税额＝8×9%＝0.72(万元)

外购生产用电的进项税额＝15×13%＝1.95(万元)

按照现行政策，从国外进口的固定资产，进项税额允许从销项税额中抵扣。

进项税额合计＝10＋1.8＋0.72＋1.95＋4＝18.47(万元)

应纳增值税税额＝104—18.47＝85.53(万元)

第六节　进口环节征税制度

对进口货物征税是国际上大多数国家的通常做法。根据《增值税暂行条例》的规定，在中华人民共和国境内，一切进口货物的单位和个人都应当按照规定缴纳增值税。

一、进口货物的征税范围及纳税人

（一）进口货物的征税范围

1. 根据《国家税务总局、海关总署关于进口货物征收增值税、消费税有关问题的通知》（国税发［1993］155 号）的规定，申报进入中华人民共和国海关境内的货物，均应缴纳增值税。

确定一项货物是否属于进口货物，必须首先看其是否有报关进口手续。一般来说，境外产品要输入境内，必须向我国海关申报进口，并办理有关报关手续。只要是报关进口的应税货物，不论其是国外产制还是我国出口转内销的货物，是进口者自行采购还是国外捐赠的货物，是进口者自用还是作为贸易或其他用途等，均应按照规定缴纳进口环节的增值税。

2. 跨境电商零售进口

财政部、海关总署、国家税务总局三部门联合下发的《关于跨境电子商务零售进口税收政策的通知》（财关税［2016］18 号）规定，自 2016 年 4 月 8 日起，实施跨境电商零售进口新税收政策。

从其他国家或地区进口《跨境电子商务零售进口商品清单》（以下简称《清单》）范围内的商品，适用于跨境电商零售进口新税收政策。《清单》内的商品将免于向海关提交许可证件，检验检疫监督管理按照国家相关法律法规的规定执行；直购商品免于验核通关单，网购保税商品“一线”进区时需要按货物验核通关单、“二线”出区时免于验核通关单。《清单》将根据跨境电子商务发展、消费者需求变化等因素适时进行调整。

国家在对进口货物征税的同时，对某些进口货物制定了减免税的特殊规定。例如，对于以“来料加工、进料加工”贸易方式进口国外的原材料、零部件等在国内加工后复出口的，对进口的料件按规定给予免税或减税；但是，对于这些实行进口免、减税的料件若不能加工复出口，而是销往国内，就要予以补税。对进口货物是否减（免）税由国务院统一规定，任何地方、部门都无权规定减（免）税项目。

（二）进口环节增值税的纳税人

进口货物的收货人或办理报关手续的单位和个人，为进口货物增值税的纳税人。也就是说，进口货物增值税纳税人的范围较宽，包括了国内一切从事进口业务的企业、事业单位、机关团体和个人。

对于企业、单位和个人委托代理进口应征增值税的货物，鉴于代理进口货物的海关完税凭证，有的开具给委托方，有的开具给受托方的特殊性，对代理进口货物以海关开具的完税凭证上的纳税人为增值税纳税人。在实际工作中一般由进口代理代缴进口环节的增值税。在纳税后，由进口代理将已纳税款和进口货物的价款、费用等与委托方结算，由委托者承担已纳税款。

跨境电子商务零售进口商品按照货物征收关税和进口环节增值税、消费税，购买跨境电子商务零售进口商品的个人为纳税人，电子商务企业、电子商务交易平台企业或物流企业可作为代收代缴义务人。

二、进口货物的适用税率

进口货物的增值税税率与前文有关增值税税率的内容相同。但是，对跨境电子商务零售进口商品的单次交易限额为人民币 5 000 元，个人在年度交易限额人民币 26 000 元以内进口的跨境电子商务零售进口商品，关税税率暂设为 0。

三、进口货物应纳税额的计算

纳税人进口货物，按照组成计税价格和《中华人民共和国进出口关税条例》（以下简称《进出口关税条例》）规定的税率计算应纳税额，不得抵扣任何税额。组成计税价格和应纳税额的计算公式为：

组成计税价格＝关税完税价格＋关税＋消费税

应纳税额＝组成计税价格×税率

［**注意**］这里的组成计税价格不能直接使用计算增值税销项税额时的销售额。

（1）进口货物增值税的组成计税价格中包括已缴纳的关税税额，如果进口货物属于消费税应税消费品，其组成计税价格中还要包括已缴纳的消费税税额。

（2）不得抵扣任何税额是指在计算进口环节的增值税应纳税额时，不得抵扣发生在我国境外的各种税款。由于出口国在货物出口时并没有征收流转税，因此在进口环节计算增值税时就不用进行进项税额抵扣。

以上两点实际上贯彻了出口货物的目的地原则（或称“消费地原则”），即对出口货物原则上是在实际消费地征收商品税或货物税。因为对进口货物来说，出口国在出口时并没有征收出口关税和增值税、消费税，到我国口岸时货物的价格基本就是到岸价格，即关税完税价格。此时，如果不征关税和其他税收，则进口货物与国内相同货物的税负差异很大。所以，在进口时首先要对其征收进口关税和消费税（应征消费税商品），形成组成计税价格。

（3）按照《中华人民共和国海关法》（以下简称《海关法》）和《进出口关税条例》的规定，在一般贸易项下进口货物的关税完税价格是以海关审定的成交价格为基础的到岸价格。成交价格是一般贸易项下进口货物的买方为购买该货物向卖方实际支付或应当支付的价格；到岸价格是指货价加上货物运抵我国关境内输入地点起卸前的包装费、运费、保险费和其他劳务费等费用。在特殊贸易项下进口的货物，由于进口时没有“成交价格”作为依据，所以《进出口关税条例》对这些进口货物制定了确定其完税价格的具体办法。

(4) 跨境电子商务零售进口商品按照货物征收关税和进口环节增值税、消费税，以实际交易价格（包括货物零售价格、运费、保险费）作为完税价格。

四、进口货物的税收管理

进口货物的增值税纳税义务发生时间为报关进口的当天，增值税的纳税地点应当是进口商或其代理进行申报纳税的报关地海关，增值税的纳税期限应当自海关填发税款缴款书之日起 15 日内；进口货物的增值税由海关代征。

进口货物增值税的征收管理依据《中华人民共和国税收征收管理法》（以下简称《税收征管法》）、《海关法》、《进出口关税条例》和《中华人民共和国海关进出口税则》（以下简称《进出口税则》）的有关规定执行。

［**例 2－11**］ 某商场于 2019 年 5 月进口一批货物。该货物在国外的买价为 40 万元。另外，该货物运抵我国海关前发生的包装费、运输费、保险费等共计 20 万元。在货物报关后，该商场按规定缴纳了进口环节的增值税并取得了海关开具的完税凭证。假定该货物在国内全部销售，取得不含税销售额 80 万元。

计算该货物在进口环节、国内销售环节应缴纳的增值税税额（假定货物进口的关税税率为 15%，增值税税率为 13%）。

解：

关税的组成计税价格＝40＋20＝60(万元)

应缴纳的进口关税＝60×15%＝9(万元)

进口环节的增值税组成计税价格＝60＋9＝69(万元)

进口环节应缴纳的增值税税额＝69×13%≐8.97(万元)

国内销售环节的销项税额＝80×13%＝10.4(万元)

国内销售环节应缴纳的增值税税额＝10.4－8.97＝1.43(万元)

第七节　出口退（免）税制度

出口货物、劳务和跨境应税行为退（免）税是国际贸易中普遍采用的、目的在于鼓励各国出口货物公平竞争的一种退还或免征间接税的税收措施。具体说来，出口退税是指对货物在出口前实际承担或应承担的间接税，按规定的退税率计征后予以退还。出口免税是指对货物在出口环节应负担的增值税、消费税予以免征。

因为增值税、消费税有转嫁性质，若进入国际市场的商品含有流转税，那么外国的最终消费者势必承担出口国政府的税收负担，这种税收负担的转嫁不符合税收公平原则。此外，含流转税的商品进入国际市场，必然增加商品的成本、降低其竞争能力。因此，出口国对出口货物的退（免）税已成为各进口国普遍接受的一种国际惯例，世界贸易组织也就此制定了具有约束力的法律条文。

一、出口货物、劳务和跨境应税行为退（免）增值税的基本政策

目前，我国出口环节准予退（免）的税种仅限于已征收的增值税、消费税。

出口货物、劳务和跨境应税行为退（免）增值税是指在国际贸易中，对报关出口的货物、劳务和跨境应税行为退还或免征其在国内各生产及流转环节按税法规定缴纳的增值税，即对应征收增值税的出口货物、劳务和跨境应税行为实行零税率，国务院另有规定的除外。

目前，世界上大部分国家都实行出口退税制度。我国为鼓励货物出口，增强国际市场竞争能力，从1985年起也实行了出口退税制度。目前，我国出口退（免）税制度有三种情况：既免又退、只免不退和不免不退。

1. 既免又退

既免又退，即相关规定中所说的“适用增值税退（免）税政策的范围”。出口免税是指对货物、劳务和跨境应税行为在出口销售环节免征增值税，这是把货物、劳务和跨境应税行为的出口环节与出口前的销售环节视为一个征税环节；出口退税是指对货物、劳务和跨境应税行为在出口前实际承担的税收负担，按规定的退税率计算后予以退还。

2. 只免不退

只免不退，即相关规定中所说的“适用增值税免税政策的范围”。出口免税与即免又退的含义相同。出口不退税是指出口货物、劳务和跨境应税行为因在前一道生产、销售环节或者进口环节是免税的，因此在出口时该货物、劳务和跨境应税行为的价格中本身就不含税，也无须退税。

3. 不免不退

不免不退，即相关规定中所说的“适用增值税征税政策的范围”。出口不免税是指对国家限制或禁止出口的某些货物、劳务和跨境应税行为的出口环节视同内销环节，照常征税；出口不退税是指对这些货物、劳务和跨境应税行为不退还出口前所负担的税款。

二、出口货物、劳务和跨境应税行为增值税退（免）税政策

1. 适用增值税退（免）税政策的范围

对于以下符合条件的出口货物、劳务和跨境应税行为，除适用增值税免税政策的出口货物、劳务和跨境应税行为以及适用增值税征税政策的出口货物、劳务和跨境应税行为外，实行免征和退还增值税［以下简称“增值税退（免）税”］政策。

（1）出口企业出口货物。出口企业是指依法办理工商登记、税务登记、对外贸易经营者备案登记，自营或委托出口货物的单位或个体工商户，以及依法办理工商登记、税务登记但未办理对外贸易经营者备案登记，委托出口货物的生产企业。

出口货物是指向海关报关后实际离境并销售给境外单位或个人的货物，分为自营出口货物和委托出口货物两类。

生产企业是指具有生产能力（包括加工、修理修配能力）的单位或个体工商户。

根据规定，自2014年以后，企业出口给外商的新造集装箱，交付到境内指定堆场，并取得出口货物报关单（出口退税专用），同时符合其他出口退（免）税规定的，准予按照现行规定办理出口退（免）税。

（2）出口企业或其他单位视同出口货物。

（3）出口企业对外提供加工、修理修配劳务。

对外提供加工、修理修配劳务是指对进境复出口货物或从事国际运输的运输工具进行的加工、修理修配。

（4）融资租赁出口货物的退税。我国对融资租赁出口货物试行退税政策。对融资租赁企业、金融租赁公司及其设立的项目子公司，以融资租赁方式租赁给境外承租人且租赁期限在5年（含）以上，并向海关报关后实际离境的货物，试行增值税、消费税出口退税政策。

2. 增值税退（免）税办法

适用增值税退（免）税政策的出口货物、劳务，按照下列规定实行增值税免、抵、退税办法或免、退税办法。

（1）免、抵、退税办法。适用增值税一般计税方法的生产企业出口自产货物和视同自产货物及对外提供加工、修理修配劳务，以及列名的74家生产企业出口非自产货物，免征增值税，相应的进项税额抵减增值税应纳税额（不包括适用增值税即征即退、先征后退政策的增值税应纳税额），未抵减完的部分予以退还。

在跨境应税行为中适用增值税零税率政策的服务和无形资产情况，见前文关于税率的相关内容。

境内的单位和个人提供适用增值税零税率的服务或者无形资产，如果属于适用增值税一般计税方法的生产企业，实行免、抵、退税办法，外贸企业直接将服务或自行研发的无形资产出口，视同生产企业，连同其出口货物统一实行免、抵、退税办法。

实行退（免）税办法的服务和无形资产，如果主管税务机关认定出口价格偏高的，有权按照核定的出口价格计算退（免）税，核定的出口价格低于外贸企业购进价格的，低于部分对应的进项税额不予退税，转入成本。

境内的单位和个人销售适用增值税零税率的服务或无形资产的，可以放弃适用增值税零税率，选择免税或按规定缴纳增值税。在放弃适用增值税零税率后，36个月内不得再申请适用增值税零税率。

（2）免、退税办法。不具有生产能力的出口企业（以下称为“外贸企业”）或其他单位出口货物、劳务，免征增值税，相应的进项税额予以退还。

适用增值税一般计税方法的外贸企业外购服务或者无形资产出口，实行免、退税办法。

外贸企业外购研发服务和设计服务，免征增值税，其对应的外购应税服务的进项税额予以退还。

3. 增值税出口退税率

（1）除财政部和国家税务总局根据国务院决定而明确的增值税出口退税率（以下简称“退税率”）外，出口货物的退税率为其适用税率。服务和无形资产的退税率为其按照《增值税暂行条例》规定适用的增值税税率。

（2）退税率的特殊规定：

1）外贸企业购进按简易计税方法征税的出口货物、从小规模纳税人购进的出口货物，其退税率分别为简易计税方法实际执行的征收率、小规模纳税人的征收率。上述出口货物取得增值税专用发票的，退税率按照增值税专用发票上的税率和出口货物退税率孰低的原则确定。

2）出口企业委托加工、修理修配货物，其加工、修理修配费用的退税率为出口货物的退税率。

3）中标机电产品出口企业向海关报关进入特殊区域并销售给特殊区域内生产企业生产耗用的列名原材料，输入特殊区域的水、电、气，其退税率为适用税率。如果国家调整列名原材料的退税率，列名原材料应当自调整之日起按调整后的退税率执行。

（3）适用不同退税率的货物、劳务，应分开报关、核算并申报退（免）税，未分开报关、核算或划分不清的，从低适用退税率。

4. 增值税退（免）税的计税依据

出口货物、劳务的增值税退（免）税的计税依据，按出口货物、劳务的出口发票（外销发票）、其他普通发票或购进出口货物、劳务的增值税专用发票、海关进口增值税专用缴款书确定。

跨境应税行为的计税依据按照《国家税务总局关于发布〈适用增值税零税率应税服务退（免）税管理办法〉的公告》（国家税务总局公告 2014 年第 11 号）执行。

5. 增值税免、抵、退税和免、退税的计算

只有在适用既免税又退税的政策时，才会涉及如何计算退税的问题。由于各类出口企业的会计核算办法不同，有对出口货物单独核算的，有对出口货物和内销货物统一核算成本的。为了与出口企业的会计核算办法相一致，我国的《出口货物退（免）税管理办法》规定了两种退税计算办法：第一种办法是免、抵、退税办法，主要适用于自营和委托出口自产货物的生产企业；第二种办法是免、退税办法，目前主要用于收购货物出口的外贸企业。

（1）生产企业出口货物、劳务、服务和无形资产的增值税免、抵、退税的计算方法。

1）当期应纳税额的计算：

$$\text{当期应纳税额}=\text{当期销项税额}-\left(\text{当期进项税额}-\text{当期不得免征和抵扣税额}\right)-\text{上期末留抵税额}$$

$$\text{当期不得免征和抵扣税额}=\text{当期出口货物离岸价}\times\text{外汇人民币牌价}\times\left(\text{出口货物征税率}-\text{出口货物退税率}\right)-\text{当期不得免征和抵扣税额抵减额}$$

$$\text{当期不得免征和抵扣税额抵减额}=\text{当期免税购进原材料价格}\times\left(\text{出口货物征税率}-\text{出口货物退税率}\right)$$

［注意］从上述计算公式看，出口退税并非真正的零税率，而是一种超低税率，也就是征税率与退税率之差。

2）当期免、抵、退税额的计算：

$$\text{当期免、抵、退税额}=\text{当期出口货物离岸价}\times\text{外汇人民币牌价}\times\text{出口货物退税率}-\text{当期免、抵、退税额抵减额}$$

$$\text{当期免、抵、退税额抵减额}=\text{当期免税购进原材料价格}\times\text{出口货物退税率}$$

当期免税购进原材料价格包括当期国内购进的无进项税额且不计提进项税额的免税原材料的价格和当期进料加工保税进口料件价格。

3）当期应退税额和免、抵税额的计算：

①若当期期末留抵税额≤当期免、抵、退税额，则

当期应退税额=当期期末留抵税额

当期免、抵税额=当期免、抵、退税额-当期应退税额

②若当期期末留抵税额>当期免、抵、退税额，则

当期应退税额=当期免、抵、退税额

当期免、抵税额=0

当期期末留抵税额根据当期《增值税纳税申报表》中“期末留抵税额”确定。

[例2-12] 某自营出口生产企业是增值税一般纳税人，假定出口货物的征税率为13%，退税率为11%。2019年5月，该企业的有关经营业务为：购入原材料一批，取得的增值税专用发票上注明的准予抵扣的进项税额为34万元，货已验收入库；当月进料加工免税进口料件的组成计税价格为100万元；上期末留抵税款为6万元；本月内销货物不含税销售额为100万元，收款113万元存入银行；本月出口货物的销售额折合人民币200万元。试计算该企业当期的免、抵、退税额。

解：

$$\begin{array}{c}\text{当期不得免征}\\\text{和抵扣税额抵减额}\end{array}=\begin{array}{c}\text{当期免税进口料件的}\\\text{组成计税价格}\end{array}\times\left(\begin{array}{c}\text{出口货物}\\\text{征税率}\end{array}-\begin{array}{c}\text{出口货物}\\\text{退税率}\end{array}\right)$$

$$=100\times(13\%-11\%)=2(\text{万元})$$

$$\begin{array}{c}\text{当期不得免征}\\\text{和抵扣税额}\end{array}=\begin{array}{c}\text{当期出口}\\\text{货物离岸价}\end{array}\times\begin{array}{c}\text{外汇人民币}\\\text{牌价}\end{array}\times\left(\begin{array}{c}\text{出口货物}\\\text{征税率}\end{array}-\begin{array}{c}\text{出口货物}\\\text{退税率}\end{array}\right)-\begin{array}{c}\text{当期不得免征}\\\text{和抵扣税额抵减额}\end{array}$$

$$=200\times(13\%-11\%)-2=4-2=2(\text{万元})$$

当期应纳税额$=100\times13\%-(34-2)-6=-25$(万元)

当期免、抵、退税额抵减额=免税购进原材料×出口货物退税率

$=100\times11\%=11$(万元)

当期免、抵、退税额$=200\times11\%-11=11$(万元)

按规定，若当期期末留抵税额>当期免、抵、退税额时，则

当期应退税额=当期免、抵、退税额

即该企业的应退税额为11万元。

当期免、抵税额=当期免、抵、退税额-当期应退税额

当期该企业的免、抵税额$=11-11=0$

5月期末留抵结转下期继续抵扣税额$=25-11=14$(万元)

（2）外贸企业出口货物、劳务的增值税免、退税，依下列公式计算。

1）外贸企业出口委托加工、修理修配货物以外的货物：

增值税应退税额＝增值税退(免)税计税依据×出口货物退税率

2）外贸企业出口委托加工、修理修配货物：

$$\text{出口委托加工、修理修配货物的增值税应退税额}=\text{委托加工、修理修配的增值税退(免)税计税依据}\times\text{出口货物退税率}$$

3）外贸企业兼营的零税率应税行为的增值税免、退税的计算：

$$\text{外贸企业兼营的零税率应税行为的应退税额}=\text{外贸企业兼营的零税率应税行为的免、退税计税依据}\times\text{零税率应税行为增值税退税率}$$

［例 2－13］ 2019 年 5 月，某进出口公司出口平纹布 2 000 米，进货的增值税专用发票上列明的单价为 20 元/米，计税金额为 40 000 元，增值税出口退税率为 13%。试计算当期的增值税应退税额。

解：

应退税额＝2 000×20×13%＝5 200(元)

（3）退税率低于适用税率的，相应计算出的差额部分的税款计入出口货物的劳务成本。

（4）出口企业既有适用增值税免、抵、退税项目，也有增值税即征即退、先征后退项目的，增值税即征即退和先征后退项目不参与出口项目免、抵、退税计算。出口企业应分别核算增值税免、抵、退税项目和增值税即征即退、先征后退项目，并分别申请享受增值税即征即退、先征后退和免、抵、退税政策。

用于增值税即征即退或者先征后退项目的进项税额无法划分的，按照下列公式计算：

$$\text{无法划分进项税额中用于增值税即征即退或者先征后退项目的部分}=\text{当月无法划分的全部进项税额}\times\text{当月增值税即征即退或者先征后退项目销售额}\div\text{当月全部销售额、营业额合计}$$

（5）如果实行免、抵、退税办法的零税率应税行为提供者还有货物，对外加工、修理修配劳务出口且未分别计算的，可一并计算免、抵、退税额。税务机关在审批时，按照出口货物、劳务、零税率应税行为免、抵、退税额的比例划分出口货物、劳务、零税率应税行为的退税额和免、抵税额。

［注意］ 在 2019 年 4 月 1 日后，根据增值税最新改革政策，同步调整出口退税率，原适用 16%的税率且出口退税率为 16%的出口货物、劳务的税率降为 13%，原适用 10%的税率且出口退税率为 10%的出口货物、跨境应税行为的税率降为 9%。另外，同步调整离境退税物品的退税率，适用 13%税率的离境退税物品，退税率降为 11%，适用 9%税率的离境退税物品，退税率降为 8%。

三、出口货物、劳务和跨境应税行为的增值税免税政策

1. 适用增值税免税政策的范围

根据相关规定，对于以下符合条件的出口货物、劳务和跨境应税行为，除适用增值税征税政策的出口货物、劳务和跨境应税行为外，实行免征增值税（以下称为“增值税免

税”）政策。

（1）出口企业或其他单位出口规定的货物。

（2）出口企业或其他单位视同出口的货物、劳务。

（3）出口企业或其他单位未按规定申报或未补齐增值税退（免）税凭证的出口货物、劳务。

（4）跨境服务和无形资产免征增值税，但财政部和国家税务总局规定适用增值税零税率的除外。

2. 进项税额的处理

（1）适用增值税免税政策的出口货物、劳务，其进项税额不得抵扣和退税，应当转入成本。

（2）出口卷烟，依下列公式计算：

$$\text{不得抵扣的进项税额}=\frac{\text{出口卷烟含消费税金额}}{\text{出口卷烟含消费税金额}+\text{内销卷烟销售额}}\times\text{当期全部进项税额}$$

1）当生产企业销售的出口卷烟在国内有同类产品销售价格时，则

出口卷烟含消费税金额＝出口销售数量×销售价格

销售价格为同类产品生产企业的国内实际调拨价格。若实际调拨价格低于税务机关公示的计税价格，销售价格为税务机关公示的计税价格；若实际调拨价格高于公示计税价格，销售价格为实际调拨价格。

2）当生产企业销售的出口卷烟在国内没有同类产品的销售价格时，则

$$\text{出口卷烟含税金额}=\left(\text{出口销售额}+\text{出口销售数量}\times\text{消费税定额税率}\right)\div\left(1-\text{消费税比例税率}\right)$$

出口销售额以出口发票上的离岸价为准。若出口发票不能如实反映离岸价，生产企业应按实际离岸价计算，否则税务机关有权按照有关规定予以核定调整。

（3）除出口卷烟外，适用增值税免税政策的其他出口货物、劳务的计算，按照增值税免税政策的统一规定执行。其中，如果涉及销售额，除来料加工复出口货物为其加工费收入外，其他均为出口离岸价或销售额。

四、出口货物、劳务和跨境应税行为的增值税征税政策

1. 适用增值税征税政策的范围

下列出口货物、劳务和跨境应税行为，不适用增值税退（免）税和免税政策，按下述规定及视同内销货物征税的其他规定征收增值税（以下称为“增值税征税”）：

（1）出口企业出口或视同出口财政部和国家税务总局根据国务院决定明确取消出口退（免）税的货物（不包括来料加工复出口货物，中标机电产品，列名原材料，输入特殊区域的水、电、气，海洋工程结构物）。

（2）出口企业或其他单位销售给特殊区域内的生活消费用品和交通运输工具。

（3）出口企业或其他单位因骗取出口退税被税务机关停止办理增值税退（免）税期间

出口的货物。

(4) 出口企业或其他单位提供虚假备案单证的货物。

(5) 出口企业或其他单位增值税退（免）税凭证有伪造或内容不实的货物。

(6) 出口企业或其他单位未在国家税务总局规定期限内申报免税核销以及经主管税务机关审核不予免税核销的出口卷烟。

(7) 出口企业或其他单位符合特定条件的其他出口货物、劳务。

(8) 不符合《跨境应税行为适用增值税零税率和免税政策规定》的出口服务和无形资产。

2. 应纳增值税的计算

(1) 一般纳税人出口货物：

$$\text{销项税额}=\left(\text{出口货物离岸价}-\text{出口货物耗用的进料加工保税进口料件金额}\right)\div\left(1+\text{适用税率}\right)\times\text{适用税率}$$

若出口货物已按征退税率之差计算不得免征和抵扣税额并已转入成本，相应的税额应转回进项税额。

$$\text{出口货物耗用的进料加工保税进口料件金额}=\text{主营业务成本}\times\text{投入的保税进口料件金额}\div\text{生产成本}$$

主营业务成本、生产成本均为不予退（免）税的进料加工出口货物的主营业务成本、生产成本。当耗用的保税进口料件金额大于不予退（免）税的进料加工出口货物金额时，耗用的保税进口料件金额为不予退（免）税的进料加工出口货物金额。

出口企业应分别核算内销货物和出口货物的生产成本、主营业务成本。未分别核算的，其相应的生产成本、主营业务成本由主管税务机关核定。

在海关核销《进料加工手册》后，出口企业应对出口货物耗用的保税进口料件金额进行清算。相应的清算公式为：

$$\text{清算耗用的保税进口料件总额}=\text{实际保税进口料件总额}-\text{退(免)税出口货物耗用的保税进口料件总额}-\text{进料加工副产品耗用的保税进口料件总额}$$

若耗用的保税进口料件总额与各纳税期扣减的保税进口料件金额之和存在差额，应在清算的当期相应调整销项税额。当耗用的保税进口料件总额大于出口货物离岸金额时，其差额部分不得扣减其他出口货物金额。

(2) 小规模纳税人出口货物、劳务和跨境应税行为：

$$\text{应纳税额}=\text{出口货物、劳务和跨境应税行为}\div(1+\text{征收率})\times\text{征收率}$$

第八节 增值税专用发票的使用和管理

增值税实行凭国家印发的增值税专用发票注明的税款进行抵扣的制度。增值税专用发票不仅是纳税人在经济活动中的重要商业凭证，而且是记录销货方的销项税额和购货方的进项税额并进行税款抵扣的凭证，对增值税的计算和管理起着决定性的作用，因此，正确使用增值税专用发票是十分重要的。

一、增值税专用发票的领购使用范围

增值税专用发票一般只限于增值税一般纳税人领购使用，但符合规定的增值税小规模纳税人也可以领购增值税专用发票。自 2019 年 3 月 1 日起，将小规模纳税人自行开具增值税专用发票的试点范围由住宿业、鉴证咨询业、建筑业、工业、信息传输、软件和信息技术服务业，扩大至租赁和商务服务业、科学研究和技术服务业、居民服务、修理和其他服务业。上述多个行业的小规模纳税人发生增值税应税行为，需要开具增值税专用发票的，可以自愿使用增值税发票管理系统自行开具。

一般纳税人有下列情形之一者，不得领购、使用增值税专用发票。如果已领购、使用增值税专用发票，税务机关应收缴其结存的增值税专用发票：

（1）会计核算不健全，即不能按会计制度和税务机关的要求准确核算增值税的销项税额、进项税额和应纳税额者。

（2）不能向税务机关准确提供增值税销项税额、进项税额、应纳税额的数据及其他有关增值税税务资料者。

（3）有以下行为，经税务机关责令限期改正而仍未改正者：

1）私自印制增值税专用发票。

2）向个人或税务机关以外的单位买取增值税专用发票。

3）借用他人的增值税专用发票。

4）向他人提供增值税专用发票。

5）未按规定的要求开具增值税专用发票。

6）未按规定保管增值税专用发票。

7）未按规定申报增值税专用发票的购、用、存情况。

8）未按规定接受税务机关的检查。

（4）销售的货物全部属于免税项目者。

（5）纳税人当月购买增值税专用发票而未申报纳税的，不得向其发售增值税专用发票。

二、增值税专用发票的开具范围

除规定不得开具增值税专用发票的情形外，一般纳税人和符合规定的小规模纳税人销售货物（包括视同销售货物在内）、提供应税劳务和应税服务，应向购买方开具增值税专用发票。与此同时，上述符合规定的小规模纳税人销售其取得的不动产，需要开具增值税专用发票的，应当按照有关规定向主管税务机关申请代开。

下列情形不得开具增值税专用发票：

（1）向消费者个人销售货物、应税劳务、应税服务、无形资产或者不动产。

（2）适用免征增值税规定的应税行为（国有粮食购销企业销售免税粮食除外）。

（3）不属于增值税征税范围的项目。

（4）选择差额征税的项目不能全额开具增值税专用发票。

金融商品转让按照卖出价扣除买入价后的余额为销售额，不得开具增值税专用发票。

经纪代理服务以取得的全部价款和价外费用，扣除向委托方收取并代为支付的政府性基金或者行政事业性收费后的余额为销售额。向委托方收取的政府性基金或者行政事业性收费，不得开具增值税专用发票。

旅游服务可以选择以取得的全部价款和价外费用，扣除向旅游服务购买方收取并支付给其他单位或者个人的住宿费、餐饮费、交通费、签证费、门票费和支付给其他接团旅游企业的旅游费用后的余额为销售额。选择上述办法计算销售额的试点纳税人，向旅游服务购买方收取并支付的上述费用，不得开具增值税专用发票，可以开具普通发票。

（5）销售报关出口的货物、在境外销售应税劳务。

（6）实行增值税退（免）税办法的增值税零税率应税服务。

（7）将货物用于集体福利或个人消费。

（8）将货物无偿赠送他人（如果受赠人为一般纳税人，可根据受赠人要求开具增值税专用发票）。

（9）纳税人适用简易计税方法按征收率计税，除国家税务总局规定不得自行开具或申请代开增值税专用发票的情形外，均可自行开具或申请税务机关代开增值税专用发票。

（10）国家税务总局规定的其他不得自行或代为开具增值税专用发票的情形。

向小规模纳税人销售应税项目，可以不开具增值税专用发票。

自1995年7月1日起，对商业零售的烟、酒、食品、服装、鞋帽（不包括劳保专用的部分）、化妆品等消费品不得开具增值税专用发票。

三、增值税专用发票的开具要求

增值税专用发票必须按下列要求开具：

（1）项目齐全，与实际交易相符。未发生经营业务，一律不准开具增值税专用发票。

（2）字迹清楚，不得压线、错格。

（3）发票联和抵扣联加盖财务专用章或者发票专用章。

（4）开具发票应当使用中文。民族自治地方可以同时使用当地通用的一种民族文字。

（5）不得涂改。若填写有误，应另行开具增值税专用发票，并在误填的增值税专用发票上注明“误填作废”四字。若增值税专用发票开具后，因购货方不索取而成为废票，也应按填写有误办理。

（6）全部联次一次填开，上、下联内容的金额一致。

（7）不得开具仿造的增值税专用发票。

（8）不得拆本使用增值税专用发票。

（9）不得开具票样与国家税务总局统一制定的票样不符的增值税专用发票。

开具的增值税专用发票有不符合上列要求者，不得作为扣税凭证，购买方有权拒收。

四、增值税专用发票的开具时限

（1）采用预收货款、托收承付、委托银行收款结算方式的，为货物发出的当天。

（2）采用交款提货结算方式的，为收到货款的当天。

（3）采用赊销、分期付款结算方式的，为合同约定的收款日期的当天。

（4）将货物交付他人代销，为收到受托人送交的代售清单的当天。

（5）设有两个以上机构并实行统一核算的纳税人，将货物从一个机构移送其他机构用于销售，按规定应当征收增值税的，为货物移送的当天。

（6）将货物作为投资提供给其他单位或个体经营者，为货物移送的当天。

（7）将货物分配给股东，为货物移送的当天。

一般纳税人必须按规定时限开具增值税专用发票，不得提前或滞后。对已开具增值税专用发票的销售货物，要及时足额计入当期销售额征税。凡开具了增值税专用发票，其销售额未按规定计入销售账户核算的，一律按偷税论处。对代开、虚开增值税专用发票的一律按票面所列货物的适用税率全额补征税，并根据《税收征管法》的规定按偷税给予处罚。

五、增值税专用发票抵扣管理的规定

一般纳税人购进应税项目，必须按照规定取得合法的增值税专用发票并在规定期限内经税务机关认证相符（国家税务总局另有规定的除外），才能作为进项税额的抵扣凭证。

（1）有下列情况之一者，不得抵扣进项税额。经认证，有下列情形之一者，不得作为增值税进项税额的抵扣凭证，税务机关退回原件，购买方可要求销售方重新开具增值税专用发票。

1）无法认证，是指增值税专用发票所列的密文或者明文不能辨认，无法产生认证结果。

2）纳税人识别号认证不符，是指增值税专用发票所列的购买方纳税人识别号有误。

3）增值税专用发票代码、号码认证不符，是指增值税专用发票所列的密文解译后与明文的代码或者号码不一致。

（2）有下列情况之一者，暂时不得抵扣进项税额。经认证，有下列情形之一者，暂不得作为增值税进项税额的抵扣凭证，税务机关应扣留原件、查明原因，分情况进行处理。

1）重复认证，是指已经认证相符的同一张增值税专用发票再次认证。

2）密文有误，是指增值税专用发票所列的密文无法解译。

3）认证不符，是指纳税人识别号有误，或者增值税专用发票所列的密文解译后与明文不一致。认证不符不包含《增值税专用发票使用规定》（国税发［2006］156号）第二十六条第（二）项、第（三）项所列情形。

4）列为失控增值税专用发票，是指认证时的增值税专用发票已被登记为失控增值税专用发票。

对有上述情形者，如果其购进的应税项目的进项税额已经抵扣，应从税务机关发现其有上述情形的当期进项税额中扣减。

第九节 征收管理

一、纳税义务发生时间

增值税的纳税义务发生时间是指增值税的纳税人发生应税行为应承担纳税义务、扣缴义务人发生扣缴税款行为应承担扣缴义务的起始时间。税法规定纳税义务发生时间的作用在于：一是在正式确认纳税人和扣缴义务人已经发生属于税法规定的应税行为时，正式确认纳税人和扣缴义务人应承担纳税和扣缴义务；二是有利于税务机关实施税务管理，合理规定申报期限和纳税期限，监督纳税人切实履行纳税义务。

1. 有关应税销售行为纳税义务发生时间的一般规定

（1）发生应税销售行为，为收讫销售款项或者取得索取销售款项凭据的当天；先开具发票的，为开具发票的当天。

（2）进口货物，为报关进口的当天。

（3）增值税扣缴义务发生时间为纳税人增值税纳税义务发生的当天。

2. 有关应税销售行为纳税义务发生时间的具体规定

（1）采取直接收款方式销售货物，不论货物是否发出，均为收到销售款项或取得索取销售款项的凭据，并将提货单交给买方的当天。

（2）采取托收承付和委托银行收款方式销售货物，为发出货物并办妥托收手续的当天。

（3）采取赊销和分期收款方式销售货物，为合同约定的收款日期的当天，无书面合同或者书面合同没有约定收款日期的，为货物发出的当天。

（4）采取预收货款方式销售货物，为货物发出的当天，但生产销售生产工期超过 12 个月的大型机器设备、船舶、飞机等货物，为收到预收款或者书面合同约定的收款日期的当天。

（5）委托其他纳税人代销货物，为收到代销单位销售的代销清单或者收到全部或者部分货款的当天。未收到代销清单及货款的，为发出代销货物满 180 天的当天。

（6）销售应税劳务，为提供劳务并收讫销售款项或取得索取销售款项凭据的当天。

（7）纳税人发生视同销售货物行为，为货物移送的当天。

（8）纳税人提供建筑服务、租赁服务采取预收款方式的，其纳税义务发生时间为收到预收款的当天。纳税人提供租赁服务采取预收款方式的，其纳税义务发生时间为收到预收款的当天。

［例 2－14］ 2019 年，某试点纳税人出租一辆小轿车，租金为 5 000 元/月，一次性预收了对方一年的租金共 60 000 元，该纳税人应在何时确认纳税义务的发生？

解： 该纳税人应在收到 60 000 元租金的当天确认纳税义务的发生，并按 60 000 元确认收入。

(9) 纳税人从事金融商品转让的，为金融商品所有权转移的当天。

(10) 纳税人发生视同销售服务、无形资产和不动产，其纳税义务发生时间为服务、无形资产转让完成的当天或者不动产权属变更的当天。

二、纳税期限

1. 纳税期限的规定

增值税的纳税期限规定为1日、3日、5日、10日、15日、1个月或者1个季度。纳税人的具体纳税期限由主管税务机关根据纳税人应纳税额的大小分别核定；不能按照固定期限纳税的，可以按次纳税。

2. 报缴税款期限的规定

(1) 纳税人以1个月或者1个季度为一期纳税的，自期满之日起15日内申报纳税；以1日、3日、5日、10日或者15日为一期纳税的，自期满之日起5日内预缴税款，于次月1日起15日内申报纳税并结清上月应纳税款。

(2) 纳税人进口货物，应当自海关填发税款缴纳证的次日起15日内缴纳税款。

(3) 纳税人出口货物，应按月向税务机关申报办理该项出口货物退税。

三、纳税地点

(1) 固定业户的纳税地点：

1) 固定业户应当向其机构所在地的主管税务机关申报纳税。总机构和分支机构不在同一县（市）的，应当分别向各自所在地的主管税务机关申报纳税；经国务院财政、税务主管部门或者其授权的财政、税务机关批准，可以由总机构汇总后向总机构所在地的主管税务机关申报纳税。

固定业户的总、分支机构不在同一县（市），但在同一省、自治区、直辖市范围内的，其分支机构应缴纳的增值税是否可由总机构汇总缴纳，由财政部和国家税务总局或者其授权的财政、税务机关批准。

2) 固定业户到外县（市）销售货物或者劳务，应当向其机构所在地的主管税务机关报告外出经营事项，并向其机构所在地的主管税务机关申报纳税；未报告的，应当向销售地或者劳务发生地的主管税务机关申报纳税；未向销售地或者劳务发生地的主管税务机关申报纳税的，由其机构所在地的主管税务机关补征税款。

(2) 非固定业户的纳税地点。非固定业户销售货物或者劳务，应当向销售地或者劳务发生地的主管税务机关申报纳税；未向销售地或者劳务发生地的主管税务机关申报纳税的，由其机构所在地或者居住地的主管税务机关补征税款。

(3) 进口货物的纳税地点。进口货物应当由进口商或其代理向报关地海关申报纳税。

(4) 其他个人提供建筑服务、销售或者租赁不动产、转让自然资源使用权，应向建筑服务发生地、不动产所在地、自然资源所在地主管税务机关申报纳税。

(5) 扣缴义务人应当向其机构所在地或者居住地主管税务机关申报缴纳扣缴的税款。

【本章习题】

1. 什么是销售额、销项税额、进项税额？增值税应纳税额如何计算？

2. 哪些进项税额不得从销项税额中扣除？

3. 增值税的纳税义务发生时间和进项税额的申报抵扣时间是如何规定的？

4. 目前，我国的出口退（免）税制度有哪些？出口货物退（免）税的计算方法有哪几种？

5. 某商场于 2019 年 5 月进口一批货物。该货物在国外的买价为 40 万元。另外，该货物运抵我国海关前发生的包装费、运输费、保险费等共计 20 万元。在货物报关后，该商场按规定缴纳了进口环节的增值税并取得了海关开具的完税凭证。假定该货物全部在国内销售，取得不含税销售额 80 万元。假定进口关税税率为 15%，增值税税率为 13%。计算该货物在进口环节、国内销售环节分别应缴纳的增值税税额。

6. 某自营出口的生产企业为增值税一般纳税人，其出口货物的征税率为 13%、退税率为 9%。2019 年 5 月，该企业的有关经营业务为：购进原材料一批，取得的增值税专用发票上注明的准予抵扣的进项税额为 34 万元，货已验收入库。上月末留抵税款 3 万元；本月内销货物不含税销售额为 100 万元，收款 113 万元存入银行；本月出口货物的销售额折合人民币 200 万元。计算该企业当期的免、抵、退税额。

第三章
消费税

[**内容简介**]　本章主要介绍消费税的概念、征税对象、税率、应纳税款的计算以及出口应税消费品退（免）税的规定等。本章的重点是消费税的征税范围、应纳税额的计算，难点在于复合计税货物的计税办法、外购和委托加工收回的应税消费品已纳消费税的扣除。

第一节　消费税概述

一、消费税的概念

消费税是指对消费品和特定的消费行为按流转额征收的一种商品税。从广义上看，消费税应对所有消费品（包括生活必需品和日用品）实行普遍征税，但从征收实践上看，消费税主要是指对特定消费品或特定消费行为等征税。在我国，消费税是对我国境内从事生产、委托加工以及进口应税消费品的单位以及个人征收的一种流转税，是对特定的消费品在特定的环节征收的一种间接税。

消费税是世界各国广泛采用的税种。目前，世界上有一百多个国家开征了消费税或类似税种。美国、英国、日本、法国等主要发达国家均对特定的消费品或消费行为征收消费税。消费税在我国有十分悠久的历史，早在汉朝就有了消费税的雏形。在新中国成立后于1950年统一全国税制时曾开征了特种消费行为税。1988年9月，国务院针对社会中存在的不合理消费现象开征了筵席税。1989年2月，为了缓解彩色电视机、小轿车的供求矛盾，开征了彩色电视机特别消费税和小轿车特别消费税。1993年年底，为了使税制适应市场经济体制的需要，国务院正式颁布了《中华人民共和国消费税暂行条例》，并自1994

年1月1日起实施。我国颁布该条例的目的是在对增值税进行普遍征收的基础上，再对部分消费品征收消费税，以贯彻国家的产业政策和消费政策。现行消费税的基本规范是2008年11月5日经国务院第34次常务会议修订通过并颁布，自2009年1月1日起施行的《中华人民共和国消费税暂行条例》(以下简称《消费税暂行条例》)以及2008年12月15日财政部、国家税务总局颁布的《中华人民共和国消费税暂行条例实施细则》(以下简称《消费税暂行条例实施细则》)。

消费税的征收具有较强的选择性，是国家贯彻消费政策、引导消费结构，进而引导产业结构的重要手段，因而在保证国家财政收入、体现国家经济政策等方面具有十分重要的意义。

二、消费税的特点

1. 征税项目具有选择性

目前，各国征收的消费税实际上都属于对特定消费品或消费行为征收的税种。尽管各国的征税范围宽窄有别，但都是在人们普遍消费的大量消费品或消费行为中有选择地确定若干个征税项目，并在税法中列举征税。为适应我国目前的产业结构、消费水平和消费结构以及节能、环保等方面的要求，主要包括了特殊消费品、奢侈品、高能耗消费品、不可再生的资源消费品。除列举项目外，其他消费品和消费行为不征消费税。

2. 征税环节具有单一性

消费税是在生产、进口、流通或消费的某环节一次征收(卷烟和超豪华轿车除外)，而不是在消费品生产、流通或消费的每个环节多次征收，即通常所说的一次课征制。

3. 征收方法具有多样性

消费税的计税方法比较灵活。为了适应不同应税消费品的情况，消费税在征收方法上不力求一致，有些产品采取从价定率的方式征收，有些产品采取从量定额的方式征收。在具体操作上，对一部分价格差异较大且便于按价格核算的应税消费品，依消费品或消费行为的价格实行从价定率征收；对一部分价格差异较小且品种、规格比较单一的大宗应税消费品，依消费品的数量实行从量定额征收。

4. 具有特殊的税收调节作用

消费税属于国家运用税收杠杆对某些消费品或消费行为进行特殊调节的税种。这种特殊性表现在两个方面：一是不同征税项目的税负差异较大，对需要限制或控制消费的消费品规定较高的税率，体现特殊的调节目的；二是消费税往往与有关税种相配合，以实现加重或双重调节，通常采取增值税与消费税双重调节的办法，对某些需要特殊调节的消费品或消费行为在征收增值税的同时，再征收一道消费税，形成一种特殊的对消费品实行双重调节的税收调节体系。

5. 税负具有转嫁性

无论消费税采取价内税还是价外税的形式，也无论在哪个环节征收，消费品中所含的消费税税额最终都要转嫁到消费者身上，由消费者负担，因而消费税税负具有转嫁性。消费税税负的转嫁性特征，要比其他商品课税形式更为明显。

三、消费税的作用

消费税的作用是集中体现了国家的产业政策和消费政策，同时消费税还是国家对经济进行宏观调控的重要手段，具体表现在以下几个方面：

1. 体现消费政策，调整产业结构

消费税的立法要集中体现国家的产业政策和消费政策。比如为了抑制对人体健康不利或者是过度消费会对人体有害的消费品的生产，将烟、酒及鞭炮和焰火列入了征税范围；为了限制特殊消费，将摩托车、小汽车、贵重首饰及珠宝玉石列入了征税范围；为了节约能源、限制过量消费，将成品油等列入了征税范围。

2. 稳定财政收入，保持原有负担

消费税是在原流转税制进行了较大改革的背景下出台的。原流转税的主要税种——增值税和产品税的收入主要集中在卷烟、酒、石化、化工等产品上，且税率档次多、税率较高。在实行了规范的新增值税后，不可能设置多档次、相差悬殊的税率，所以许多原高税率产品在改征增值税后，由于基本税率大幅降低，将会导致税负下降过多，对财政收入的影响较大。为了确保税制改革后尽量不减少财政收入，同时不削弱税收对某些产品生产和消费的调控作用，需要通过征收消费税，把实行增值税后由于降低税负而可能减少的税收收入征收上来，基本保持原产品的税收负担，并随着应税消费品生产和消费的增长，使财政收入也保持稳定增长。

3. 调节支付能力，缓解分配不公

个人的生活水平或贫富状况在很大程度上体现为支付能力。显然，受多种因素制约，仅依靠个人所得税不可能完全实现税收的公平分配目标，也不可能有效缓解社会分配不公的问题。通过对某些奢侈品或特殊消费品征收消费税，立足于从调节个人支付能力的角度间接增加某些消费者的税收负担或增加消费支出的超额负担，使高收入者的高消费受到一定抑制，而低收入者或消费基本生活用品的消费者无须负担消费税，也就是他们的支付能力不受影响。所以，开征消费税有利于与个人所得税及其他有关税种进行配合，缓解目前存在的社会分配不公的矛盾。

第二节　纳税人、征税范围与税率

一、纳税人

在中华人民共和国境内生产、委托加工以及进口《消费税暂行条例》规定的消费品的单位和个人，以及国务院确定的销售《消费税暂行条例》规定的消费品的其他单位和个人，为消费税的纳税人。单位是指企业（包括国有企业、集体企业、私有企业、股份制企业、外商投资企业和外国企业、其他企业)、行政单位、事业单位、军事单位、社会团体及其他单位。个人是指个体经营者及其他个人，包括外国人。中华人民共和国境内是指生产、委托加工以及进口应税消费品的起运地或所在地在境内。

二、征税范围

(一) 消费税的征税范围

消费税的征税范围比较狭窄，同时也会根据经济发展、环境保护等方面的需要进行修订。依据《消费税暂行条例》及相关法规的规定，目前消费税的税目包括烟、酒、高档化妆品等 15 种商品，部分税目还进一步划分了若干子目，大体上可归为四类：

第一类：一些过度消费会对人身健康、社会秩序、生态环境等方面造成危害的特殊消费品，如烟、酒、鞭炮和焰火等。

第二类：非生活必需品，如高档化妆品、贵重首饰及珠宝玉石等。

第三类：高能耗及高档消费品，如摩托车、小汽车、游艇等。

第四类：不可再生和替代的稀缺资源消费品，如成品油等。

消费税的征税范围不是一成不变的，今后还可能根据国家的政策和经济情况及消费结构的变化进行适当调整。

(二) 税目的适用范围

1. 烟

烟是以烟叶为原料加工的产品。烟的征收范围包括卷烟（包括进口卷烟、白包卷烟、手工卷烟和未经国务院批准纳入计划的企业及个人生产的卷烟)、雪茄烟和烟丝。

在“烟”税目下分“卷烟”等子目，“卷烟”又分“甲类卷烟”和“乙类卷烟”。其中，甲类卷烟是指每标准条（200 支，下同）调拨价格在 70 元（含 70 元，不含增值税）以上的卷烟；乙类卷烟是指每标准条调拨价格在 70 元（不含增值税）以下的卷烟。

2. 酒

酒是酒精度在 1 度以上的各种酒类饮料，包括白酒、黄酒、啤酒和其他酒。

啤酒每吨出厂价（含包装物及包装物押金）在 3 000 元（含 3 000 元，不含增值税）以上的是甲类啤酒，每吨出厂价（含包装物及包装物押金）在 3 000 元（不含增值税）以下的是乙类啤酒。包装物押金不包括重复使用的塑料周转箱的押金。对饮食业、商业、娱乐业举办的啤酒屋（啤酒坊）利用啤酒生产设备生产的啤酒，应当征收消费税。果啤属于啤酒，按啤酒征收消费税。

配制酒（露酒）是指以发酵酒、蒸馏酒或食用酒精为酒基，加入可食用或药食两用的辅料或食品添加剂，进行调配、混合或再加工制成的并改变了其原酒基风格的饮料酒。其中，以蒸馏酒或食用酒精为酒基，具有国家相关部门批准的国食健字或卫食健字文号并且酒精度低于 38 度（含）的配制酒，按《消费税税目税率（税额）表》中“其他酒”10%的适用税率征收消费税；以发酵酒为酒基，酒精度低于 20 度（含）的配制酒，按《消费税税目税率（税额）表》中“其他酒”10%的适用税率征收消费税；其他配制酒，按《消费税税目税率（税额）表》中“白酒”的适用税率征收消费税。

葡萄酒消费税适用“酒”税目下设的“其他酒”子目。葡萄酒是指以葡萄为原料，经破碎（压榨）、发酵而成的酒精度在1度（含）以上的葡萄原酒或成品酒（不含以葡萄为原料的蒸馏酒）。

3. 高档化妆品

自2016年10月1日起，该税目调整为包括高档美容、修饰类化妆品，高档护肤类化妆品和成套化妆品。

高档美容、修饰类化妆品和高档护肤类化妆品是指生产（进口）环节销售（完税）价格（不含增值税）在10元/毫升（克）或15元/片（张）及以上的美容、修饰类化妆品和护肤类化妆品。

美容、修饰类化妆品是指香水、香水精、香粉、口红、指甲油、胭脂、眉笔、唇笔、蓝眼油、眼睫毛以及成套化妆品。

舞台、戏剧、影视演员化妆用的上妆油、卸妆油、油彩，不属于该税目的征收范围。

高档护肤类化妆品的征收范围另行制定。

4. 贵重首饰及珠宝玉石

该税目的征收范围包括以金、银、铂金、宝石、珍珠、钻石、翡翠、珊瑚、玛瑙等高贵稀有物质以及其他金属、人造宝石等制作的各种纯金银首饰及镶嵌首饰和经采掘、打磨、加工的各种珠宝玉石。对出国人员免税商店销售的金银首饰征收消费税。

5. 鞭炮和焰火

该税目的征收范围包括各种鞭炮和焰火。体育上用的发令纸、鞭炮药引线，不按该税目征收。

6. 成品油

（1）汽油。汽油是指用原油或其他原料加工生产的辛烷值不小于66的可用作汽油发动机燃料的各种轻质油。取消车用含铅汽油消费税，汽油税目不再划分二级子目，统一按照无铅汽油税率征收消费税。

以汽油、汽油组分调和生产的甲醇汽油、乙醇汽油也属于该税目的征收范围。

（2）柴油。柴油是指用原油或其他原料加工生产的倾点或凝点在－50至30的可用作柴油发动机燃料的各种轻质油和以柴油组分为主、经调和精制可用作柴油发动机燃料的非标油。

以柴油、柴油组分调和生产的生物柴油也属于该税目的征收范围。

（3）石脑油。石脑油又称化工轻油，是以原油或其他原料加工生产的用于化工原料的轻质油。

石脑油的征收范围包括除汽油、柴油、航空煤油、溶剂油以外的各种轻质油。非标汽油、重整生成油、拔头油、戊烷原料油、轻裂解料（减压柴油VGO和常压柴油AGO）、重裂解料、加氢裂化尾油、芳烃抽余油均属轻质油，属于石脑油的征收范围。

（4）溶剂油。溶剂油是用原油或其他原料加工生产的用于涂料、油漆、食用油、印刷油墨、皮革、农药、橡胶、化妆品生产和机械清洗、胶黏行业的轻质油。

橡胶填充油、溶剂油原料，属于溶剂油的征收范围。

（5）航空煤油。航空煤油又称喷气燃料，是用原油或其他原料加工生产的用作喷气发动机和喷气推进系统燃料的各种轻质油。航空煤油的消费税暂缓征收。

（6）润滑油。润滑油是用原油或其他原料加工生产的用于内燃机、机械加工过程的润滑产品。润滑油的征收范围包括矿物性润滑油、矿物性润滑油基础油、植物性润滑油、动物性润滑油和化工原料合成润滑油。

（7）燃料油。燃料油又称重油、渣油，是用原油或其他原料加工生产的，主要用作电厂发电、锅炉用燃料、加热炉燃料、冶金和其他工业炉燃料。

7. 小汽车

小汽车是指由动力驱动，具有 4 个或 4 个以上车轮的非轨道承载的车辆。

该税目的征收范围包括：一是含驾驶员座位在内最多不超过 9 个座位（含）的、在设计和技术特性上用于载运乘客或货物的各类乘用车；二是含驾驶员座位在内的座位数为 10～23 座（含 23 座）的、在设计和技术特性上用于载运乘客或货物的各类中轻型商务用车；三是超豪华小汽车，是指还需要在零售环节征收消费税的、每辆零售价格在 130 万元（不含增值税）及以上的乘用车和中轻型商用客车。电动汽车、沙滩车、雪地车、卡丁车、高尔夫车不属于该税目的征收范围。

8. 摩托车

该税目的征收范围包括轻便摩托车和摩托车两种。对最大设计车速不超过 50 千米/小时、发动机气缸总工作容量不超过 50 毫升的三轮摩托车不征收消费税。对气缸容量在 250 毫升（不含）以下的小排量摩托车不征收消费税。

9. 高尔夫球及球具

高尔夫球及球具是指从事高尔夫球运动所需的各种专用装备，包括高尔夫球、高尔夫球杆及高尔夫球包（袋）等。

该税目的征收范围包括高尔夫球、高尔夫球杆、高尔夫球包（袋）。高尔夫球杆的杆头、杆身和握把属于该税目的征收范围。

10. 高档手表

高档手表是指销售价格（不含增值税）每只在 10 000 元（含）以上的各类手表。

该税目的征收范围包括符合以上标准的各类手表。

11. 游　艇

游艇是指长度大于 8 米小于 90 米，船体由玻璃钢、钢、铝合金、塑料等多种材料制作，可以在水上移动的水上浮载体。

该税目的征收范围包括艇身长度大于 8 米（含）小于 90 米（含），内置发动机，可以在水上移动，一般为私人或者团体购置，主要用于水上运动和休闲娱乐等非营利活动的各类机动艇。

12. 木制一次性筷子

木制一次性筷子又称卫生筷子，是指以木材为原料，经过锯段、浸泡、旋切、刨切、烘干、筛选、打磨、倒角、包装等环节加工而成的各类供一次性使用的筷子。

该税目的征收范围包括各种规格的木制一次性筷子。未经打磨、倒角的木制一次性筷子属于该税目的征税范围。

13. 实木地板

实木地板是指以木材为原料，经锯割、干燥、刨光、截断、涂漆等工序加工而成的块状或条状的地面装饰材料。

该税目的征收范围包括各类规格的实木地板、实木指接地板、实木复合地板及用于装饰墙壁、天棚的侧端面为榫、槽的实木装饰板。未经涂饰的素板也属于该税目的征税范围。

14. 电　池

电池是一种将化学能、光能等直接转换为电能的装置，一般由电极、电解质、容器、极端，通常还有隔离层组成的基本功能单元，以及用一个或多个基本功能单元装配成的电池组。该税目的征税范围包括原电池、蓄电池、燃料电池、太阳能电池和其他电池。

15. 涂　料

涂料是指涂于物体表面能形成具有保护、装饰或特殊性能的固态涂膜的一类液体或固体材料的总称。自2015年2月1日起，对涂料征收消费税。对在施工状态下挥发性有机物含量低于420克/升（含）的涂料免征消费税。

三、税　率

消费税的税率有三种形式：一是比例税率；二是定额税率；三是复合税率，即定额税率和比例税率复合征收。消费税税率形式的选择，主要是根据征税对象的具体情况来确定，对一些价格差异不大、计量单位规范的消费品，选择计税简便的定额税率，如黄酒、啤酒、成品油等；对一些价格差异较大、计量单位不规范的消费品，选择税价联动的比例税率，如高档化妆品、贵重首饰及珠宝玉石、鞭炮和焰火、摩托车、小汽车等。在2001年6月1日后，烟、白酒改为按定额税率和比例税率复合征收。

消费税在进行税率设计时，主要考虑了四方面的因素：一是要体现国家的产业政策和消费政策；二是要正确引导消费方向，有效地抑制超前消费倾向，调节供求关系；三是要适应消费者的货币支付能力和心理承受能力；四是要适当考虑消费品的原有负担水平。

1. 采用定额税率和比例税率的应税消费品

（1）卷烟在生产或进口环节的定额税率为每标准箱（50 000支）150元。卷烟在生产或进口环节的比例税率为：每标准条（200支）对外调拨价格在70元（含70元，不含增值税）以上的甲类卷烟，税率为56%；70元（不含增值税）以下的乙类卷烟，税率为36%。卷烟在批发环节的定额税率为每标准箱（50 000支）250元；卷烟在批发环节的比例税率为11%。

（2）白酒的定额税率为每斤（500克）0.5元，比例税率为20%。

2. 采用比例税率的应税消费品

（1）卷烟税目中雪茄烟的税率为36%，烟丝的税率为30%。

（2）酒税目中其他酒的税率为10%。

（3）高档化妆品的税率为15%。

（4）贵重首饰及珠宝玉石税目中的金银首饰、铂金首饰和钻石及钻石饰品的税率为5%，其他贵重首饰及珠宝玉石的税率为10%。

(5) 鞭炮和焰火的税率为15%。

(6) 小汽车税目中的乘用车气缸容量在1.0升(含1.0升)以下的,税率为1%;气缸容量在1.0升以上至1.5升(含1.5升)的,税率为3%;气缸容量在1.5升以上至2.0升(含2.0升)的,税率为5%;气缸容量在2.0升以上至2.5升(含2.5升)的,税率为9%;气缸容量在2.5升以上至3.0升(含3.0升)的,税率为12%;气缸容量在3.0升以上至4.0升(含4.0升)的,税率为25%;气缸容量在4.0升以上的,税率为40%。小汽车税目中的中轻型商用客车的税率为5%,超豪华小汽车的税率为10%。

(7) 摩托车税目中气缸容量为250毫升的,税率为3%;气缸容量为250毫升以上的,税率为10%。

(8) 高尔夫球及球具的税率为10%。

(9) 高档手表的税率为20%。

(10) 游艇的税率为10%。

(11) 木制一次性筷子的税率为5%。

(12) 实木地板的税率为5%。

(13) 电池的税率为4%。

(14) 涂料的税率为4%。

3. 采用定额税率的应税消费品

(1) 黄酒的税额为240元/吨。

(2) 啤酒的税额为220元/吨(出厂价格在3 000元以下,不含增值税)和250元/吨(出厂价格在3 000元以上,含3 000元,不含增值税)。

(3) 成品油税目中汽油的税额为1.52元/升;柴油的税额为1.20元/升;航空煤油的税额为1.20元/升;石脑油的税额为1.52元/升;溶剂油的税额为1.52元/升;润滑油的税额为1.52元/升;燃料油的税额为1.20元/升。

《消费税税目税率(税额)表》见表3-1。

表3-1 消费税税目(税额)表

税目	税率(税额)
一、烟	
1. 卷烟	
(1) 甲类卷烟(生产或进口环节)	56%加0.003元/支
(2) 乙类卷烟(生产或进口环节)	36%加0.003元/支
(3) 批发环节	11%加0.005元/支
2. 雪茄烟	36%
3. 烟丝	30%
二、酒	
1. 白酒	20%加0.5元/500克(或者500毫升)
2. 黄酒	240元/吨
3. 啤酒	
(1) 甲类啤酒	250元/吨

续表

税目	税率（税额）
(2) 乙类啤酒	220元/吨
4. 其他酒	10%
三、高档化妆品	15%
四、贵重首饰及珠宝玉石	
1. 贵重首饰、铂金首饰和钻石及钻石饰品	5%
2. 其他贵重首饰和珠宝玉石	10%
五、鞭炮和焰火	15%
六、成品油	
1. 汽油	1.52元/升
2. 柴油	1.20元/升
3. 航空煤油	1.20元/升
4. 石脑油	1.52元/升
5. 溶剂油	1.52元/升
6. 润滑油	1.52元/升
7. 燃料油	1.20元/升
七、小汽车	
1. 乘用车	
(1) 气缸容量在1.0升（含1.0升）以下的	1%
(2) 气缸容量在1.0升以上至1.5升（含1.5升）的	3%
(3) 气缸容量在1.5升以上至2.0升（含2.0升）的	5%
(4) 气缸容量在2.0升以上至2.5升（含2.5升）的	9%
(5) 气缸容量在2.5升以上至3.0升（含3.0升）的	12%
(6) 气缸容量在3.0升以上至4.0升（含4.0升）的	25%
(7) 气缸容量在4.0升以上的	40%
2. 中轻型商用客车	5%
3. 超豪华小汽车（零售环节）	10%
八、摩托车	
1. 气缸容量为250毫升的	3%
2. 气缸容量为250毫升以上的	10%
九、高尔夫球及球具	10%
十、高档手表	20%
十一、游艇	10%
十二、木制一次性筷子	5%
十三、实木地板	5%
十四、电池	4%
十五、涂料	4%

第三节 计税依据

按照现行消费税法的规定，消费税应纳税额的计算分为从价定率、从量定额和从价从量复合计税三种方法。

一、实行从价定率的计征方法

实行从价定率方法征税的应税消费品，计税依据为应税消费品的销售额。

由于消费税和增值税实行交叉征收，而且消费税实行价内税、增值税实行价外税，因此这种情况决定了实行从价定率征收的消费品，其消费税税基和增值税税基是一致的，即均以含消费税而不含增值税的销售额作为计税基数。实行从价定率征收方法的消费品，其应纳税额的计算公式为：

应纳税额＝应税消费品的销售额×适用税率

二、实行从量定额的计征方法

从量定额通常以每单位应税消费品的重量、容积或数量为计税依据，并按每单位应税消费品规定固定税额，即定额税率。

我国消费税仅对黄酒、啤酒、汽油、柴油等实行定额税率，采用从量定额的办法征税，其计税依据是纳税人销售应税消费品的数量。相应的计算公式为：

应纳税额＝应税消费品数量×消费税单位税额

在实际销售过程中，一些纳税人往往将计量单位予以混用。为了规范不同产品的计量单位，《消费税暂行条例实施细则》中具体规定了吨与升两个计量单位的换算标准：

啤酒：1 吨＝988 升

黄酒：1 吨＝962 升

汽油：1 吨＝1 388 升

柴油：1 吨＝1 176 升

［例 3－1］ 2019 年 5 月，某啤酒厂销售 A 品牌啤酒 2 000 吨，每吨售价 2 500 元（不含增值税）；销售 B 品牌啤酒 5 000 吨，每吨售价 3 500 元（不含增值税）。计算该厂当月应纳消费税税额。

解： A 品牌啤酒的税额为 220 元/吨（出厂价格在 3 000 元以下，不含增值税），B 品牌啤酒的税额为 250 元/吨（出厂价格在 3 000 元以上，不含增值税），故有

该厂当月应纳消费税税额＝2 000×220＋5 000×250＝1 690 000(元)

三、实行复合计税方法

在现行消费税的征税范围中，只有卷烟、白酒实行从量定额和从价定率相结合的复合计税方法。应纳税额的计算公式为：

应纳税额＝销售数量×定额税率＋销售额×比例税率

[例 3－2] 某酒厂于 2019 年 5 月销售白酒 20 吨，不含税单价为 6 000 元/吨，款项全部存入银行。计算该酒厂当月应纳消费税（白酒的定额税率为 0.5 元/500 克，比例税率为 20%）。

解：

20×6 000×20%＋20×2 000×0.5＝44 000(元)

因此，该酒厂 5 月应缴纳的消费税为 44 000 元。

第四节 应纳税额的计算

一、生产销售环节应纳消费税的计算

纳税人在生产销售环节应缴纳的消费税，包括直接对外销售应税消费品应缴纳的消费税和自产自用应税消费品应缴纳的消费税。要正确核定消费税的计税依据，首先应正确确定应税消费品的销售行为。根据《消费税暂行条例》及其实施细则的有关规定，下列情况均应做销售或视同销售处理，确定销售额（也包括销售数量），并按规定缴纳消费税。

1. 有偿转让应税消费品所有权的行为

有偿转让应税消费品所有权的行为是指以从受让方取得货币、货物、劳务或其他经济利益为条件转让应税消费品所有权的行为。具体包括纳税人用应税消费品换取生产资料和消费资料；用应税消费品支付代扣手续费或销售回扣；在销售数量之外另行付给购货方或中间人作为奖励和报酬的应税消费品。

应税消费品的销售额包括销售应税消费品从购买方收取的全部价款和价外费用。价外费用是指价外收取的基金、集资款、返还利润、补贴、违约金（延期付款利息）和手续费、包装费、储备费、优质费、运输装卸费、代收款项、代垫款项以及其他各种性质的价外收费。然而，下列款项不属于价外费用：

（1）向购买方收取的销项税额。因为增值税属于价外税，其税款不应包含在销售货物的价款之中。不含增值税的销售额是不含销项税额的销售额。

（2）同时符合以下两个条件的代垫运费，即承运部门的运费发票开具给购货方，并且由纳税人将该发票转交给购货方的。在这种情况下，纳税人只是为购货人代办运输业务，并未从中收取额外费用。

（3）同时符合以下两个条件代为收取的政府性基金或者行政事业性收费，即由国务院或者财政部批准设立的政府性基金，或由国务院或者省级人民政府及其财政、价格主管部门批准设立的行政事业性收费，且收取时开具省级以上财政部门印制的财政票据，所收款项全额上缴财政的。

除此之外，对于其他价外费用，无论是否属于纳税人的收入，均应并入销售额计算纳税，即

销售额＝应税消费品销售额＋价外收费

销售额不包括应向购买方收取的增值税税额。如果纳税人应税消费品的销售额中未扣除增值税税额，或者因不得开具增值税专用发票而发生价款和增值税税额合并收取的，在计算消费税时，应当换算为不含增值税税额的销售额。相应的换算公式为：

应税消费品的销售额＝含增值税的销售额÷(1＋增值税税率或征收率)

［注意］应税消费品连同包装销售的，无论包装是否单独计价，也不论在财务上如何核算，均应并入应税消费品的销售额中征收消费税。如果包装物不作价随同产品销售，而是收取押金，此项押金则不应并入应税消费品销售额中征税。然而，对逾期未收回的包装物不再退还的和已收取一年以上的押金，应并入应税消费品的销售额，按照应税消费品的适用税率征收消费税。

对于既作价随同应税消费品销售，又另行收取押金的包装物押金，凡纳税人在规定的期限内不予退还的，均应并入应税消费品的销售额，按照应税消费品的适用税率征收消费税。

纳税人销售的应税消费品，以外汇结算销售额的，其销售额的人民币折合率可以选择结算的当天或者当月 1 日的国家外汇牌价（原则上为中间价），纳税人应事先确定采取何种折合率，确定后一年内不得变更。

纳税人通过自设非独立核算门市部销售的自产应税消费品，应当按照门市部对外销售额或者销售数量计算征收消费税。

［例 3-3］ 某化妆品厂 2019 年 5 月销售高档化妆品取得含税销售额 5.65 万元，根据以上业务计算该化妆品商场 5 月应该缴纳的消费税税额（该化妆品商场为增值税一般纳税人）。

解： 根据规定，高档化妆品适用的消费税税率为 15%；与此同时，该高档化妆品的销售额应折算成不含增值税的销售额。

该厂 5 月份应纳消费税税额＝5.65÷(1＋13%)×15%＝0.75(万元)

2. 纳税人自产自用的应税消费品

自产自用是指纳税人生产应税消费品后，不是用于直接对外销售，而是用于自己连续生产应税消费品或其他方面。这种自产自用应税消费品的形式，在实际经济活动中是很常见的，也是在是否纳税或如何纳税上最容易出现问题的。

（1）用于连续生产应税消费品。纳税人自产自用的应税消费品用于连续生产应税消费品的，不纳税。该规定体现了税不重征和计税简便的原则，避免了重复征税。例如，如果

卷烟厂生产的烟丝直接对外销售，应缴纳消费税。如果这些烟丝用于该厂连续生产卷烟，那么用于连续生产卷烟的烟丝就不缴纳消费税，只对生产的卷烟征收消费税。

（2）用于其他方面的应税消费品。纳税人自产自用的应税消费品用于其他方面的，均视同对外销售，于移送使用时纳税。用于其他方面是指纳税人用于生产非应税消费品和在建工程、管理部门、非生产机构、提供劳务以及馈赠、赞助、集资、广告、样品、职工福利、奖励等方面的应税消费品。纳税人把自产应税消费品用于自身的基本建设、专项工程、生活福利设施等其他方面，从形式上看，纳税人并没有取得销售收入，但要视同对外销售，计征消费税。这是因为企业若以外购的应税消费品用于自身的基本建设、专项工程、生活福利设施，其外购价款中包含有消费税税款。如果对自产应税消费品不征税，等于鼓励企业以不含税的应税消费品进行基本建设、专项工程和生活福利设施等项目的建设。对用于基本建设、专项工程和生活福利设施的自产应税消费品征税，可以平衡外购应税消费品与自产应税消费品之间的税负，使企业无论使用外购应税消费品还是使用自产应税消费品进行基本建设等项目的生产，其价款中都含有税款，从而有利于公平税负，并保证财政收入。总之，虽然企业自产的应税消费品没有用于销售或连续生产应税消费品，但只要是用于税法所规定的范围都要视同销售，依法缴纳消费税。

（3）组成计税价格及税额的计算。根据《消费税暂行条例》的规定，纳税人自产自用的应税消费品凡用于其他方面的，应当纳税。计税价格具体分为以下两种情况：

第一，有同类消费品的销售价格。在这种情况下，应按照纳税人生产的同类消费品的销售价格计算纳税。相应的应纳税额的计算公式为：

应纳税额＝同类消费品的销售单价×自产自用数量×适用税率

［注意］同类消费品的销售价格是指纳税人当月销售的同类消费品的销售价格。如果当月同类消费品的各期销售价格不同，应按销售数量加权平均计算。但是，销售的应税消费品有下列情况之一的，不得列入加权平均计算：

①销售价格明显偏低且无正当理由的。

②无销售价格的。

如果当月无销售或者当月未完结，应按照同类消费品上月或最近月份的销售价格计算纳税。

第二，没有同类消费品销售价格的，按照组成计税价格计算纳税。组成计税价格的计算公式分为两种。

1）实行从价定率方法计算纳税的组成计税价格计算公式为：

组成计税价格＝(成本＋利润)÷(1－比例税率)

＝成本×(1＋成本利润率)÷(1－比例税率)

应纳税额＝组成计税价格×消费税税率

2）实行复合计税方法计算纳税的组成计税价格计算公式为：

组成计税价格＝(成本＋利润＋自产自用数量×定额税率)÷(1－比例税率)

应纳税额＝组成计税价格×比例税率＋自产自用数量×定额税率

式中，成本为应税消费品的生产成本；利润为根据应税消费品的全国平均成本利润率计算的利润，应税消费品的全国平均成本利润率（见表3-2）由国家税务总局确定。

表3-2 应税消费品的全国平均成本利润率

应税消费品		全国平均成本利润率
烟类	甲类卷烟	10%
	乙类卷烟	5%
	雪茄烟	5%
	烟丝	5%
酒类	粮食白酒	10%
	薯类白酒	5%
	其他酒	5%
木制品类	木质一次性筷子	5%
	实木地板	5%
汽车类	乘用车	8%
	中轻型商务客车	5%
其他	高档化妆品	5%
	鞭炮和焰火	5%
	贵重首饰及珠宝玉石	6%
	摩托车	6%
	高尔夫球及球具	10%
	高档手表	20%
	游艇	10%

纳税人将自产的应税消费品用于换取生产资料和消费资料、投资入股和抵偿债务等方面，应当将纳税人同类应税消费品的最高销售价格作为计税依据。

[例3-4] 某企业将生产的雪茄烟作为福利发给职工，其生产成本为40 000元，成本利润率为5%，无同类消费品销售价格，计算应纳消费税税额。

解： 雪茄烟的消费税税率为36%，应以组成计税价格计算纳税。

组成计税价格＝40 000×(1＋5%)÷(1－36%)＝65 625(元)

应纳消费税税额＝65 625×36%＝23 625(元)

二、委托加工环节应税消费品应纳消费税的计算

委托加工的应税消费品是指由委托方提供原料和主要材料，受托方只收取加工费和代垫部分辅助材料加工的应税消费品。对于由受托方提供原材料生产的应税消费品，或者受托方先将原材料卖给委托方，然后再接受加工的应税消费品，以及由受托方以委托方名义购进原材料生产的应税消费品，不论纳税人在财务上是否做销售处理，都不得按照委托加工应税消费品对待，而应按照受托方销售自制应税消费品对待。对于委托加工的应税消费品，如果受托方在交货时已代收代缴消费税，并且委托方在收回后直接销售，则不再征收消费税。

1. 委托加工应税消费品的确定

委托加工的应税消费品必须具备两个条件：一是由委托方提供原料和主要材料；二是

受托方只收取加工费和代垫部分辅助材料。无论是委托方还是受托方，凡不符合规定条件的，都不能按委托加工应税消费品进行税务处理，只能按照销售自制应税消费品缴纳消费税。这种处理办法体现了税收管理的源泉控制原则，避免了应缴税款的流失。严格规定委托加工应税消费品的条件主要是由于委托加工应税消费品是由受托方代收代缴消费税的，并且受托方只就其加工劳务缴纳增值税。如果委托方不能提供原料和主要材料，而是由受托方以某种形式提供原料，那就不能称为委托加工，而是受托方在自制应税消费品。这样，往往会出现受托方确定的计税价格偏低，代收代缴消费税虚假的现象。与此同时，受托方只以加工劳务缴纳增值税，从而逃避了自制应税消费品要缴纳消费税的责任，这是税法所不允许的。由此可见，这是堵塞税收漏洞的一项重要措施，保证了各税种间的有机协调，避免了税收征管上的“真空”。采用委托加工方式生产的应税消费品，对受托方来说，其只获得了加工业务收入，没有应税消费品的销售收入；对委托方来说，其只是用原材料换回产成品并向委托方支付加工费，也没有取得应税消费品的销售收入；因此，从形式上看，似乎不应当征税，但实际上用原材料委托加工应税消费品和外购应税消费品，其性质是一样的，只是取得应税消费品的方式不同。在采取委托加工方式时，收回的应税消费品中不包含税款，这就使得委托加工的应税消费品与外购应税消费品的税负不平衡，因此为了平衡税负，必须把委托加工的应税消费品纳入消费税的征收范围。

2. 代收代缴税款的确定

《消费税暂行条例》及其实施细则对委托加工应税消费品代收代缴税款问题做了明确的规定：受托方是法定的代收代缴义务人，由受托方在向委托方交货时代收代缴消费税。如果受托方没有按有关规定代收代缴消费税或没有履行代收代缴义务，就要按照《税收征管法》的有关规定承担补税或缴纳罚款的法律责任。如果纳税人委托个体经营者加工应税消费品，则一律于委托方收回后在委托方所在地缴纳消费税。

3. 组成计税价格及应纳税额的计算

根据《消费税暂行条例》的规定，委托加工的应税消费品按照受托方同类消费品的销售价格计算纳税。同类消费品的销售价格是指受托方（即代收代缴义务人）当月销售的同类消费品的销售价格。如果当月同类消费品的各期销售价格不同，应按销售数量加权平均计算。然而，销售的应税消费品有以下情况之一的，不得列入加权平均计算：

（1）销售价格明显偏低且无正当理由的。

（2）无销售价格的。

如果当月无销售或者当月未完结，应按照同类消费品上月或最近月份的销售价格计算纳税。没有同类消费品销售价格的，应按照组成计税价格计算纳税。组成计税价格的计算公式分两种。

1）实行从价定率方法计算纳税的组成计税价格计算公式为：

组成计税价格＝(材料成本＋加工费)÷(1－比例税率)

2）实行复合计税方法计算纳税的组成计税价格计算公式为：

组成计税价格＝(材料成本＋加工费＋委托加工数量×定额税率)÷(1－比例税率)

在上述组成计税价格公式中，材料成本和加工费的含义是：

①材料成本。按照《消费税暂行条例实施细则》的解释，材料成本是指委托方提供的加工材料的实际成本。委托加工应税消费品的纳税人必须在委托加工合同上如实注明（或以其他方式提供）材料成本，凡未提供材料成本的，受托方所在地主管税务机关有权核定其材料成本。由此可见，税法对委托方必须如实提供材料成本做了严格的规定，其目的是为了防止假冒委托加工应税消费品来少报材料成本，以逃避纳税。

②加工费。《消费税暂行条例实施细则》规定，加工费是指受托方加工应税消费品向委托方收取的全部费用，包括代垫辅助材料的实际成本，但不包括增值税税款。这是税法对受托方就加工费计算缴纳增值税的必然要求，其目的在于保证组成计税价格及代收代缴消费税能够准确计算出来。

三、进口环节应纳消费税的计算

纳税人进口应税消费品，按照组成计税价格和规定的税率计算应纳税额。

（1）从价定率方法计征应纳税额的计算。

组成计税价格＝(关税完税价格＋关税)÷(1－消费税比例税率)

应纳税额＝组成计税价格×消费税比例税率

［例 3－5］　某进出口公司在 2019 年 6 月进口一批高档化妆品，关税完税价格为 85 万元，关税为 85 万元，消费税税率为 15%，计算当月应纳消费税税额。

解：

组成计税价格＝(85＋85)÷(1－15%)＝200(万元)

应纳消费税税额＝200×15%＝30(万元)

（2）实行从量定额方法计征应纳税额的计算。

应纳税额＝应税消费品数量×消费税定额税率

（3）实行从价定率和从量定额复合计税方法应纳税额的计算。

$$\text{组成计税价格}=\left(\text{关税完税价格}+\text{关税}+\text{进口数量}\times\text{消费税定额税率}\right)\div\left(1-\text{消费税比例税率}\right)$$

应纳税额＝组成计税价格×消费税税率＋应税消费品进口数量×消费税定额税率

对于进口环节的消费税，除国务院另有规定外，一律不得给予减税、免税。

四、已纳消费税扣除的计算

为了避免重复征税，现行消费税法规定，用外购应税消费品和委托加工收回的应税消费品继续生产应税消费品销售的，可以将外购应税消费品和委托加工收回应税消费品已缴纳的消费税给予扣除。

1. 外购应税消费品已纳税款的扣除

由于某些应税消费品是用外购已缴纳消费税的应税消费品连续生产出来的，在对这些连续生产出来的应税消费品计算征税时，税法规定：应按当期生产领用数量计算准予扣除的外购应税消费品已纳的消费税税款。相应的扣除范围包括：

（1）以外购已税烟丝为原料生产的卷烟。

（2）以外购已税化妆品为原料生产的高档化妆品。

（3）以外购已税珠宝玉石为原料生产的贵重首饰及珠宝玉石。

（4）以外购已税鞭炮和焰火为原料生产的鞭炮和焰火。

（5）以外购已税杆头、杆身和握把为原料生产的高尔夫球杆。

（6）以外购已税木质一次性筷子为原料生产的木质一次性筷子。

（7）以外购已税实木地板为原料生产的实木地板。

（8）用外购已税汽油、柴油、石脑油、燃料油、润滑油连续生产的应税成品油。

（9）用外购已税摩托车连续生产的应税摩托车（如用外购两轮摩托车改装的三轮摩托车）。

上述当期准予扣除外购应税消费品已纳消费税税款的计算公式为：

$$\text{当期准予扣除的外购应税消费品已纳税款}=\text{当期准予扣除的外购应税消费品的买价}\times\text{外购应税消费品的适用税率}$$

$$\text{当期准予扣除的外购应税消费品的买价}=\text{期初库存的外购应税消费品的买价}+\text{当期购进应税消费品的买价}-\text{期末库存的外购应税消费品的买价}$$

外购已税消费品的买价是指购货发票上注明的销售额（不包括增值税税额）。纳税人用外购的已税珠宝玉石生产的改在零售环节征收消费税的金银首饰（镶嵌首饰），在计税时一律不得扣除外购珠宝玉石的已纳税款。

2. 委托加工收回的应税消费品已纳税款的扣除

因为委托加工的应税消费品已由受托方代收代缴消费税，因此委托方收回货物后用于连续生产应税消费品的，其已纳税款准予按照规定从连续生产的应税消费品应纳消费税税款中抵扣。按照国家税务总局的规定，纳税人用委托加工收回的下列九种应税消费品连续生产应税消费品，在计征消费税时可以扣除委托加工收回应税消费品的已纳消费税税款。具体包括：

（1）以委托加工收回的已税烟丝为原料生产的卷烟。

（2）以委托加工收回的已税化妆品为原料生产的高档化妆品。

（3）以委托加工收回的已税珠宝玉石为原料生产的贵重首饰及珠宝玉石。

（4）以委托加工收回的已税鞭炮和焰火为原料生产的鞭炮和焰火。

（5）以委托加工收回的已税杆头、杆身和握把为原料生产的高尔夫球杆。

（6）以委托加工收回的已税木质一次性筷子为原料生产的木质一次性筷子。

（7）以委托加工收回的已税实木地板为原料生产的实木地板。

（8）用委托加工收回的已税汽油、柴油、石脑油、燃料油、润滑油连续生产的应税成品油。

（9）用委托加工收回的已税摩托车连续生产的应税摩托车（如用委托加工的两轮摩托车改装的三轮摩托车）。

上述九种用委托加工收回的应税消费品连续生产的应税消费品准予从应纳消费税税额中按当期生产领用数量计算扣除已纳消费税税款。相应的计算公式如下：

当期准予扣除的委托加工应税消费品已纳税款 ＝ 期初库存的委托加工应税消费品已纳税款 ＋ 当期收回的委托加工应税消费品已纳税款 － 期末库存的委托加工应税消费品已纳税款

纳税人用委托加工收回的已税珠宝玉石生产的改在零售环节征收消费税的金银首饰，在计税时一律不得扣除已税珠宝玉石的已纳税款。

[例 3-6] 2019 年 5 月，甲企业委托乙企业加工一批烟丝，甲企业提供了原材料烟叶和辅料，已知成本为 10 万元，加工费为 4 万元，增值税税额为 0.52 万元，乙企业无同类产品的销售价格。计算乙企业应代收代缴的消费税税额。

解： 烟丝的消费税税率为 30%，乙企业应按照组成计税价格计算应代收代缴的消费税税额。

组成计税价格＝(10＋4)÷(1－30%)＝20(万元)

乙企业应代收代缴的消费税税额＝20×30%＝6(万元)

[例 3-7] 例 3-6 中的甲企业收回烟丝后，全部加工为卷烟。已知当月销售卷烟的消费税税额为 80 万元。计算当月甲企业应纳消费税税额。

解： 纳税人以委托加工收回的已税烟丝为原料生产的卷烟，在计征消费税时可以扣除委托加工收回的已税烟丝的已纳消费税税款，即

当月甲企业应纳消费税税额＝80－6＝74(万元)

五、特殊环节应纳消费税的计算

1. 卷烟批发环节应纳消费税的计算

为了适当增加财政收入、完善烟产品消费税制度，自 2009 年 5 月 1 日起，在卷烟批发环节加征一道从价税。自 2015 年 5 月 10 日起，卷烟批发环节的税率又有调整。

(1) 纳税人。在中华人民共和国境内从事卷烟批发业务的单位和个人。

纳税人销售给纳税人以外的单位和个人的卷烟于销售时纳税。纳税人之间销售的卷烟不缴纳消费税。

(2) 征收范围。纳税人批发销售的所有牌号、规格的卷烟。

(3) 适用税率。从价税税率为 11%，从量税税率为 0.005 元/支。

(4) 计税依据。纳税人批发卷烟的销售额（不含增值税）、销售数量。

纳税人应将卷烟的销售额与其他商品的销售额分开核算，未分开核算的，一并征收消费税。

纳税人兼营卷烟批发和零售业务的，应当分别核算批发和零售环节的销售额、销售数量；未分别核算批发和零售环节销售额、销售数量的，按照全部销售额、销售数量计征批发环节消费税。

(5) 纳税义务发生时间。纳税人收讫销售款或者取得索取销售款凭据的当天。

(6) 纳税地点。卷烟批发企业的机构所在地，总机构与分支机构不在同一地区的，由总机构申报纳税。

(7) 卷烟消费税在生产和批发两个环节征收后，批发企业在计算纳税时不得扣除已含的生产环节的消费税税款。

2. 超豪华小汽车零售环节应纳消费税的计算

为了引导合理消费、促进节能减排，自 2016 年 12 月 1 日起，在生产（进口）环节按现行税率征收消费税的基础上，超豪华小汽车在零售环节加征一道消费税。

(1) 征税范围。每辆零售价格为 130 万元（不含增值税）及以上的乘用车和中轻型商用客车，即乘用车和中轻型商用客车子税目中的超豪华小汽车。

(2) 纳税人。将超豪华小汽车销售给消费者的单位和个人为超豪华小汽车零售环节的纳税人。

(3) 税率。税率为 10%。

(4) 应纳税额的计算：

应纳税额＝零售环节销售额(不含增值税)×零售环节税率

国内汽车生产企业直接销售给消费者的超豪华小汽车，消费税税率按照生产环节税率和零售环节税率加总计算。相应的消费税应纳税额的计算公式为：

应纳税额＝销售额(不含增值税)×(生产环节税率＋零售环节税率)

六、计税价格的特殊规定

应税消费品的计税价格明显偏低且无正当理由的，税务机关有权核定其计税价格。应税消费品计税价格的核定权限规定如下：

(1) 卷烟和白酒的计税价格由国家税务总局核定。

(2) 其他应税消费品的计税价格由各省、自治区、直辖市税务机关核定。

(3) 进口应税消费品的计税价格由海关核定。

第五节 出口应税消费品退（免）税

纳税人出口应税消费品与出口货物一样，可按照税法规定，享受退（免）税优惠。由于出口应税消费品同时涉及退（免）增值税和消费税，而且退（免）消费税与出口货物退（免）增值税在退（免）税范围的限定、退（免）税办理程序、退（免）税审核及管理上都有许多一致的地方，因此具体内容详见第二章的有关部分。这里仅就出口应税消费品退（免）消费税的某些特殊规定做简单介绍。

一、出口应税消费品的免税规定

由于消费税是对少数需要调节的特定消费品进行征税，而对不需要调节的消费品在确定征税范围时就没有列入，所以除特殊情况外，一般不给予减免税优惠。但是，按照《消费税暂行条例》的规定：对纳税人出口的应税消费品，免征消费税；国务院另有规定的除外。国务院另有规定是指国家限制出口的应税消费品。免征消费税的出口应税消费品应区分不同情况处理：

（1）生产企业直接出口应税消费品或委托外贸企业出口应税消费品，按规定直接予以免税的，可不计算应缴消费税。

（2）外贸企业出口应税消费品，若按规定实行“先征后退”办法的，可先由生产厂家按规定计算缴纳消费税。

二、出口应税消费品的退税

1. 出口应税消费品的企业

从原则上说，出口应税消费品的退税应将所征税款全部退还出口企业。出口应税消费品可以退税的企业范围主要包括：

（1）有出口经营权的外贸公司、工贸公司。

（2）特定出口退税企业，如对外承包工程公司、外轮供应公司等。

2. 出口应税消费品的退税范围

（1）具备出口条件，给予退税的消费品。这类消费品必须具备四个条件：①属于消费税征税范围的消费品；②取得《税收（出口产品专用）缴款书》、增值税专用发票（税款抵扣联）、出口货物报关单（出口退税联）、出口收汇单证；③必须报关离境；④在财务上做出口销售处理。

（2）不具备出口条件，也给予退税的消费品。例如，对外承包工程公司运到境外用于对外承包项目的消费品，外轮供应公司、远洋运输供应公司销售给外轮、远洋货轮并收取外汇的消费品等。有些消费品虽具备出口条件，但不给予退税待遇，如援外出口货物、禁止出口货物等。

对于出口的来料加工产品、军品及军队系统企业出口的军需工厂生产或军需部门调拨的货物以及卷烟等，免征消费税，但不办理退税。

除规定不退税的应税消费品以外，对有进出口经营权的生产企业委托外贸企业代理出口的应税消费品，一律免征消费税；对其他生产企业委托出口的应税消费品，实行“先征后退”的办法。

三、出口应税消费品退税税率的规定

对于出口应税消费品应退消费税的税率或单位税额，应严格按照《消费税暂行条例》所附的《消费税税目税率（税额）表》执行。当出口的货物是应税消费品时，其退还的增值税要按规定的退税率计算，而其退还的消费税要按应税消费品所适用的消费税税率计算。企业应将适用不同消费税税率的出口应税消费品分开核算和申报，凡划分不清适用税率的，一律从低适用税率计算应退消费税税额。

四、出口应税消费品退税的计算

1. 退税的计算依据

（1）对采用比例税率征税的消费品，其退税依据是从工厂购进货物时计算征收消费税的价格。在这种情况下，含增值税的购进金额应换算成不含增值税的金额，并将其作为计算退税的依据。

（2）对采用固定税率征收消费税的消费品，其退税依据是出口报关的数量。

2. 退税的计算

外贸企业出口或代理出口货物的应退消费税税额，应按上述计算依据和《消费税税目税率（税额）表》规定的税率（单位税额）计算应退税额。相应的计算公式为：

$$应退消费税税额=出口消费品的工厂销售额(出口数额)\times 税率(税额)$$

3. 其他有关规定

出口的应税消费品在办理退（免）税后，发生退关或者国外退货的，出口企业必须及时向其所在地主管税务机关申报补缴已退的消费税税款。

第六节 征收管理

一、纳税义务发生时间

消费税的纳税义务发生时间分为以下几种情况：

（1）纳税人销售应税消费品，其纳税义务发生时间为：

1）纳税人采取赊销和分期收款结算方式销售应税消费品，其纳税义务发生时间为销售合同规定的收款日期的当天。

2）纳税人采取预收货款结算方式销售应税消费品，其纳税义务发生时间为发出应税消费品的当天。

3）纳税人采取托收承付结算方式销售应税消费品，其纳税义务发生时间为发出应税消费品并办妥托收手续的当天。

4）纳税人采取其他结算方式销售应税消费品，其纳税义务发生时间为收讫销售款或者取得索取销售款凭据的当天。

（2）纳税人自产自用应税消费品，其纳税义务发生时间为移送使用的当天。

（3）纳税人委托加工应税消费品，其纳税义务发生时间为纳税人提货的当天。

（4）纳税人进口应税消费品，其纳税义务发生时间为报关进口的当天。

二、纳税地点

（1）纳税人销售应税消费品及自产自用应税消费品，除国家另有规定外，应当向纳税核算地主管税务机关申报纳税。

（2）委托加工应税消费品，除受托方为个人外，由受托方向所在地主管税务机关申报纳税。

（3）进口应税消费品，由进口人或由其代理人向报关地海关申报纳税。此外，个人携带或者邮寄进境的应税消费品，连同关税由海关一并计征，具体办法由国务院关税税则委员会商有关部门制定。

（4）纳税人到外县（市）销售或委托外县（市）代销自产应税消费品，应事先向其所在地主管税务机关提出申请，并于应税消费品销售后，回纳税人核算地缴纳税款。

纳税人总机构和分支机构不在同一县（市）的，应在生产应税消费品的分支机构所在地申报纳税。但经国家税务总局及所属分局批准，纳税人分支机构应缴纳的消费税也可由总机构汇总后向总机构所在地主管税务机关申报纳税。

（5）纳税人销售的应税消费品，因质量等原因发生退货的，其已缴纳的消费税税款可予以退还。

（6）纳税人在出口应税消费品办理免税后，发生退关或者国外退货，复出口时已予以免税的，可暂不办理补税，待其转为国内销售的当月申报纳税。

三、纳税期限

消费税的纳税期限分为 1 日、3 日、5 日、10 日、15 日、1 个月或者 1 个季度。纳税人的具体纳税期限由主管税务机关根据纳税人应纳税额的大小分别核定，不能按照固定期限纳税的，可以按次纳税。

纳税人以 1 个月为一期纳税的，自期满之日起 10 日内申报纳税；以 1 日、3 日、5 日、10 日或者 15 日为一期纳税的，自期满之日起 5 日内预缴税款，于次月 1 日起 10 日内申报纳税并结清上月应纳税款。

纳税人进口应税消费品，应当自海关填发税款缴款书的次日起 15 日内缴纳税款。

【本章习题】

1. 哪些商品需要缴纳消费税？
2. 消费税在哪些环节征收？
3. 哪些税目可以扣除外购消费品的已纳税款？
4. 出口应税消费品如何退税？

5. 如何计算进口应税消费品的应纳消费税税额？

6. 2019 年 6 月，某化妆品公司将一批自产的高档化妆品用于职工福利，这批高档化妆品的成本为 80 000 元。该高档化妆品无同类产品的市场销售价格，已知其成本利润率为 5%，假定消费税税率为 15%。计算这批高档化妆品应缴纳的消费税税款。

7. 2019 年 5 月，某商贸公司从国外进口一批应税消费品。已知这批应税消费品的关税完税价格为 90 万元，按规定应缴纳关税 18 万元。假定进口的应税消费品的消费税税率为 10%。计算这批消费品在进口环节应缴纳的消费税税额。

8. 某卷烟生产企业 2019 年 3 月初库存外购应税烟丝的金额为 50 万元，当月外购应税烟丝的金额为 500 万元（不含增值税），月末库存烟丝的金额为 30 万元，其余烟丝在当月生产卷烟时领用。计算该卷烟厂当月准许扣除的外购烟丝已缴纳的消费税税额。

第四章 企业所得税

［内容简介］　本章不仅介绍企业所得税的纳税人、征税对象和税率，还介绍应纳税所得额的计算。在学习时，学生要注意税法规定的收入和扣除项目与会计准则之间的差异，以及怎样在利润总额的基础上进行纳税调整。此外，本章还介绍资产的税务处理、企业重组的所得税处理、税收优惠与征收管理。

第一节　企业所得税概述

一、企业所得税的概念

企业所得税是对我国境内的企业和其他取得收入的组织的生产经营所得及其他所得征收的一种税。

企业所得税法是指国家制定的用以调整企业所得税征收与缴纳之间权利和义务关系的法律规范。自改革开放以来，我国的企业所得税制进行了多次改革。按照“统一税法、简化税制、公平税负、促进竞争”的原则，国家先后完成了外资企业所得税的统一和内资企业所得税的统一。

1991 年 4 月 9 日，第七届全国人民代表大会第四次会议审议通过了《中华人民共和国外商投资企业和外国企业所得税法》，并自 1991 年 7 月 1 日起正式施行。该税法是在合并原《中华人民共和国中外合资经营企业所得税法》和《中华人民共和国外国企业所得税法》的基础上制定的。1993 年 12 月 13 日，国务院发布的《中华人民共和国企业所得税暂行条例》统一了内资企业所得税（此前分为国营企业所得税、集体企业所得税和私营企业所得税），并自 1994 年 1 月 1 日起执行。

现行企业所得税法的基本规范是2007年3月16日第十届全国人民代表大会第五次全体会议通过的《中华人民共和国企业所得税法》（以下简称《企业所得税法》）和2007年11月28日国务院第197次常务会议通过的《中华人民共和国企业所得税法实施条例》（以下简称《企业所得税法实施条例》），两者均从2008年1月1日开始实行。自此，我国的内、外资企业开始实行统一的《企业所得税法》。新税法按照"简税制、宽税基、低税率、严征管"的税制改革原则，同时借鉴国际经验，建立了各类企业统一适用的，科学、规范的企业所得税制度，为各类企业创造了公平的市场竞争环境。

二、企业所得税的特点

1. 计税依据为应纳税所得额

企业所得税的计税依据是纳税人的收入总额扣除各项成本、费用、税款、损失等支出后的净所得额，它既不等于企业实现的会计利润额，也不是企业的增值额，更非销售额或营业额。因此，企业所得税是一种不同于商品劳务税的税种。

2. 应纳税所得额的计算较为复杂

企业所得税以净所得为计税依据，因此企业所得税应纳税所得额的计算涉及一定时期内成本、费用的归集与分摊。此外，政府往往将所得税作为调节国民收入分配、执行经济政策和社会政策的重要工具。为了对纳税人的不同所得项目实行区别对待，需要通过不予计列项目，将某些所得排除在应税所得之外。以上两方面原因使得应纳税所得额的计算程序较为复杂。

3. 征税以量能负担为原则

企业所得税以纳税人的生产经营所得和其他所得为计税依据，贯彻了量能负担的原则，即所得多、负担能力大的，多纳税；所得少、负担能力小的，少纳税；无所得、没有负担能力的，不纳税。这种将所得税负担和纳税人所得多少联系起来征税的办法，可以体现税收公平的基本原则。

4. 实行按年计征、分期预缴的征收管理办法

通过利润所得来综合反映企业的经营业绩，通常是按年度计算和衡量的。所以，企业所得税以全年的应纳税所得额为计税依据，分月或分季预缴，年终汇算清缴。企业所得税的核算期限与会计年度一致，有利于征收管理。

三、企业所得税的作用

1. 促进企业改善经营管理活动，提升企业的盈利能力

由于企业所得税只对利润征税，往往采用比例税率，因此投资能力和盈利能力较强的企业能产生较多的利润。但在适用比例税率的情况下，企业的盈利能力越强，则其税负承担能力越强，相对降低了企业的税负水平，也相对增加了企业的税后利润。此外，在征税过程中，税务机关既可以对企业的收入、成本、费用等进行检查，也可以对企业的经营管理活动和财务管理活动展开监督，促使企业改善经营管理活动、提高盈利能力。

2. 调节产业结构，促进经济发展

企业所得税的调节作用在于公平税负、量能负担。虽然企业所得税采用比例税率，这在一定程度上削弱了企业所得税的调控功能，但在税制设计中，国家会通过实施各种税收优惠政策，发挥其对纳税人投资、产业结构调整及环境治理等方面的调控作用。

3. 为国家建设筹集财政资金

税收的首要职能就是筹集财政收入。随着我国国民收入向企业和居民分配的倾斜，以及经济的发展和企业盈利水平的提高，企业所得税占全部税收收入的比重越来越高，已成为我国税制的主体税种之一。

第二节　纳税人、征税对象与税率

一、纳税人

《企业所得税法》规定，除个人独资企业、合伙企业不适用《企业所得税法》外，凡在中华人民共和国境内的企业和其他取得收入的组织为企业所得税的纳税人，依照《企业所得税法》的规定缴纳企业所得税。

根据企业纳税义务的不同，可以把缴纳企业所得税的企业分为居民企业和非居民企业，两者分别承担不同的纳税义务。

居民企业是指依法在中国境内成立，或者依照外国（地区）法律成立但实际管理机构在中国境内的企业。这里的企业包括国有企业、集体企业、私营企业、联营企业、股份制企业、外商投资企业、外国企业以及有生产经营所得的其他组织。

有生产经营所得的其他组织是指经国家有关部门批准，依法注册、登记的事业单位、社会团体等组织。一些事业单位、社会团体在完成国家事业计划的过程中，开展了多种经营和有偿服务活动，取得了除财政部门各项拨款、财政部和国家物价部门批准的各项规费收入以外的经营收入，具有了经营的特点，应当视同企业纳入征税范围。

非居民企业是指依照外国（地区）法律成立且实际管理机构不在中国境内，但在中国境内设立机构、场所的，或者在中国境内未设立机构、场所，但有来源于中国境内所得的企业。

上述所称机构、场所是指在中国境内从事生产经营活动的机构、场所，包括：

（1）管理机构、营业机构、办事机构。

（2）工厂、农场、开采自然资源的场所。

（3）提供劳务的场所。

（4）从事建筑、安装、装配、勘探等工程作业的场所。

（5）其他从事生产经营活动的机构、场所。

[注意] 非居民企业委托营业代理人在中国境内从事生产经营活动的，包括委托单位

或个人经常代其签订合同，或者储存、交付货物等，该营业代理人被视为非居民企业在中国境内设立的机构、场所。

把企业分为居民企业和非居民企业，是为了更好地保障我国税收管辖权的有效行使。税收管辖权是一国政府在征税方面的主权，是国家主权的重要组成部分。根据国际上的通行做法，我国选择了地域管辖权和居民管辖权的双重管辖权标准，用以最大限度地维护我国的税收利益。

二、征税对象

从内容上看，企业所得税的征税对象包括企业的生产经营所得、其他所得和清算所得。其中，生产经营所得是指企业从事制造业、采掘业、交通运输业、建筑安装业、农业、林业、畜牧业、渔业、水利事业、商品流通业、金融业、保险业、邮电通信业、服务业，以及国务院财政、税务主管部门确认的其他营利事业取得的合法所得。此外，生产经营所得还包括卫生、物资、供销、城市公用和其他行业的企业以及一些社团组织、事业单位开展多种经营和有偿服务活动取得的合法经营所得。其他所得是指纳税人取得的股息、利息、租金、转让各类资产的收益、特许权使用费以及营业外收益等所得。清算所得是指纳税人按照章程规定解散或破产以及因其他原因宣布终止时，其清算终了后的所得。

从空间范围上看，企业所得税的征税对象包括来源于中国境内和境外的所得。

1. 居民企业的征税对象

居民企业应就来源于中国境内和境外的所得缴纳企业所得税。所得包括销售货物所得，提供劳务所得，转让财产所得，股息、红利等权益性投资所得，利息所得，租金所得，特许权使用费所得，接受捐赠所得和其他所得。

2. 非居民企业的征税对象

（1）非居民企业在中国境内设立机构、场所的，应就其所设机构、场所取得的来源于中国境内的所得，以及发生在中国境外但与其所设机构、场所有实际联系的所得，缴纳企业所得税。

（2）非居民企业在中国境内未设立机构、场所的，或者虽设立机构、场所但取得的所得与其所设机构、场所没有实际联系的，应当就其来源于中国境内的所得缴纳企业所得税。

3. 所得来源的确定

（1）销售货物所得，按照交易活动发生地确定。

（2）提供劳务所得，按照劳务发生地确定。

（3）转让财产所得。第一，不动产转让所得按照不动产所在地确定。第二，动产转让所得按照转让动产的企业或者机构、场所所在地确定。第三，权益性投资资产转让所得按照被投资企业所在地确定。

（4）股息、红利等权益性投资所得，按照分配所得的企业所在地确定。

（5）利息所得、租金所得、特许权使用费所得，按照负担、支付所得的企业或者机构、场所所在地确定，或者按照负担、支付所得的个人住所地确定。

（6）其他所得，由国务院财政、税务主管部门确定。

三、税 率

企业所得税的税率是体现国家与企业分配关系的核心要素。企业所得税实行比例税率。企业所得税的不同纳税人适用不同的税率。根据现行规定，我国企业所得税的税率分为两档：

（1）基本税率为25%。基本税率适用于居民企业和在中国境内设有机构、场所且取得的所得与所设机构、场所有关联的非居民企业。

（2）低税率为20%。低税率适用于在中国境内未设立机构、场所的，或者虽设立机构、场所但取得的所得与所设机构、场所没有实际联系的非居民企业。但是，在实际征收企业所得税时，非居民企业的企业所得税适用10%的税率。

［注意］为了照顾众多小型企业的实际困难，同时参照世界上一些国家对小型企业采用较低税率征税的优惠照顾办法，在实际征收时，我国税法规定：居民企业中符合条件的小型微利企业减按20%的税率征税。此外，国家重点扶持的高新技术企业和经认定的技术先进型服务企业（服务贸易类），减按15%的税率征收企业所得税。

第三节 应纳税所得额

一、应纳税所得额的计算原则

应纳税所得额是企业所得税的计税依据，按照《企业所得税法》的规定，应纳税所得额为企业每一纳税年度的收入总额，减除不征税收入、免税收入、各项扣除以及允许弥补的以前年度亏损后的余额。用公式可以表示为：

$$\text{应纳税所得额}=\text{收入总额}-\text{不征税收入}-\text{免税收入}-\text{各项扣除}-\text{允许弥补的以前年度亏损}$$

上述以收入总额为基础计算应纳税所得额的方法也被称为直接计算法。

在实际操作中，更常用的应纳税所得额的计算方法是间接计算法，这种方法以企业的会计利润总额为基础计算企业的应纳税所得额。因为企业的利润总额较容易获取，因此用间接法计算企业的应纳税所得额更为简便，而且计算成本较低。该方法可以用公式表示为：

$$\text{应纳税所得额}=\text{会计利润总额}\pm\text{纳税调整项目金额}$$

纳税调整项目金额包括两方面的内容：一是税法规定与会计规定不一致的应予以调整的金额；二是税法规定的扣除标准与会计规定不一致的应予以调整的金额。

纳税人在确定应纳税所得额时，应遵循以下两大原则：

（1）权责发生制原则。企业应纳税所得额的确定，一般应以权责发生制为基础。在一般情况下，企业所得税的纳税会计主体与会计核算主体是一致的，应纳税所得额的计算以财务会计核算的结果为基础，因而应纳税所得额的计算也采用了会计核算中的基本原则——权责发生制原则。当企业的经济活动导致其实际获取或拥有对某种利益的控制权时，就表明企业已经产生了应税收入，而与成本、费用相对应的付款责任实际发生时，相关成本、费用也应允许从应税收入中减去，由此得出的应纳税所得额就是企业所得税的计税依据。

（2）税法优先原则。税法优先原则是指企业在计算应纳税所得额时，企业财务、会计处理办法与税收法律、行政法规的规定不一致的，应当依照税收法律、行政法规的规定进行纳税调整，并依据调整后的应纳税所得额计算缴税。

坚持税法优先原则的原因主要有以下两点：

第一，按《企业所得税法》来规范应纳税所得额的计算，是保证国家财政收入、实现公平税负的基本要求。应纳税所得额的大小与税负高低密切相关，在税率一定的条件下，纳税人应纳税额的数量取决于应纳税所得额的大小。应纳税所得额越大，应纳税额就越多；应纳税所得额越小，应纳税额就越少。企业所得税的应纳税所得额是收入总额减去准予扣除项目金额后的余额，所以应税收入和税前扣除项目的范围及标准是否统一，直接影响纳税人的税收负担。虽然我国现行的财务会计制度在一定程度上消除了因企业经济性质不同而存在的差异，但仍然存在行业间差别。如果不用税法来统一和规范企业应纳税所得额的计算，改变应纳税所得额的确定从属于企业财务制度的做法，必然会出现企业在应纳税所得额的计算上不统一，造成企业之间的税负不公平。这样，部分企业甚至可能在“合法”的外衣下虚列成本和费用，进而偷逃国家税收。

第二，按《企业所得税法》来规范、计算应纳税所得额，是进一步完善企业所得税制度的要求。在确定企业所得税的计税依据时，国际通行的做法是：纳税人对其收益及其与收益有关的成本、费用、资产、债权债务等事项，必须按照税法的规定进行税务处理，对其按有关财务制度规定计算的利润依据税法进行调整后，才能申报纳税。只有将应纳税所得额的确定办法与企业财务制度的核算相分离，才有利于我国企业所得税制度与国际惯例的接轨。

二、收入总额的确定

企业的收入总额包括以货币形式和非货币形式从各种来源取得的收入。其中，货币形式的收入包括现金、存款、应收账款、应收票据、准备持有至到期的债券投资以及债务的豁免等，非货币形式的收入包括固定资产、生物资产、无形资产、股权投资、存货、不准备持有至到期的债券投资、劳务以及有关权益等。

[注意] 企业以非货币形式取得的收入，应当按照公允价值确定收入额，公允价值是指按照市场价格确定的价值。

1. 一般收入的确认

（1）销售货物收入是指企业销售商品、产品、原材料、包装物、低值易耗品以及其他存货取得的收入。

（2）提供劳务收入是指企业从事建筑安装、修理修配、交通运输、仓储租赁、金融保险、邮电通信、咨询经纪、文化体育、科学研究、技术服务、教育培训、餐饮住宿、中介代理、卫生保健、社区服务、旅游、娱乐、加工以及其他劳务服务活动取得的收入。

(3) 转让财产收入是指企业转让固定资产、生物资产、无形资产、股权、债权等财产取得的收入。

(4) 股息、红利等权益性投资收益是指企业因权益性投资从被投资方取得的收入。对于股息、红利等权益性投资收益，除国务院财政、税务主管部门另有规定外，按照被投资方做出利润分配的日期确认收入的实现。

(5) 利息收入是指企业将资金提供给他人使用但不构成权益性投资，或者因他人占用本企业资金取得的收入，包括存款利息、贷款利息、债券利息、欠款利息等收入。企业应按照合同约定的债务人应付利息的日期确认利息收入的实现。

(6) 租金收入是指企业提供固定资产、包装物或者其他有形资产的使用权取得的收入。租金收入应当按照合同约定的承租人应付租金的日期确认收入的实现。

(7) 特许权使用费收入是指企业提供专利权、非专利技术、商标权、著作权以及其他特许权的使用权取得的收入。特许权使用费收入应当按照合同约定的特许权使用人应付特许权使用费的日期确认收入的实现。

(8) 接受捐赠收入是指企业接受的来自其他企业、组织或者个人无偿给予的货币性资产、非货币性资产。接受捐赠收入应当在实际收到捐赠资产的日期确认收入的实现。

(9) 其他收入是指企业取得的除以上收入外的其他收入，包括企业资产溢余收入、逾期未退包装物押金收入、确实无法偿付的应付款项、已做坏账损失处理后又收回的应收款项、债务重组收入、补贴收入、违约金收入、汇兑收益等。

2. 特殊收入的确认

(1) 以分期收款方式销售货物的，按照合同约定的收款日期确认收入的实现。

(2) 企业受托加工制造大型机械设备、船舶、飞机以及从事建筑、安装、装配工程任务或者提供其他劳务等，持续时间超过 12 个月的，按照纳税年度内完工进度或者完成的工作量确认收入的实现。

(3) 采取产品分成方式取得收入的，按照企业分得产品的日期确认收入的实现，其收入额按照产品的公允价值确定。

(4) 企业发生非货币性资产交换以及将货物、财产、劳务用于捐赠、偿债、赞助、集资、广告、样品、职工福利或者利润分配等用途的，应当视同销售货物、转让财产或者提供劳务，但国务院财政、税务主管部门另有规定的除外。

3. 处置资产收入的确认

(1) 内部处置资产。资产的所有权属在形式和实质上均不发生改变，不视同销售确认收入。

[注意] 将资产转移至境外的情况除外。

内部处置资产的六种情形为：

1) 将资产用于生产、制造、加工另一产品。

2) 改变资产形状、结构或性能。

3) 改变资产用途（如自产商品转为自用或经营）。

4) 将资产在总机构及其分支机构之间转移。

5）上述两种或两种以上情形的组合。

6）其他不改变资产所有权属的用途。

（2）外部处置资产。企业将资产移送他人，资产所有权属已发生改变的，视同销售确认收入。

外部处置资产的六种情形为：

1）用于市场推广或销售。

2）用于交际应酬。

3）用于职工奖励或福利。

4）用于股息分配。

5）用于对外捐赠。

6）其他改变资产所有权属的用途。

（3）在计价时，属于企业自制的资产，应按企业同类资产同期对外销售价格确定销售收入；属于外购的资产，应按公允价值确定销售收入。

4. 企业转让上市公司限售股有关所得税处理

（1）企业转让代个人持有的限售股征税问题。因股权分置改革造成原由个人出资而由企业代持的限售股，企业在转让时按以下规定处理：

1）企业转让上述限售股取得的收入应作为企业应税收入计算纳税。

2）上述限售股转让收入扣除限售股原值和合理税费后的余额为该限售股转让所得。企业未能提供完整、真实的限售股原值凭证，不能准确计算该限售股原值的，主管税务机关一律按该限售股转让收入的15%，作为该限售股原值和合理税费。

[注意] 在将依照上述规定完成纳税义务后的限售股转让收入余额转付给实际所有人时不再纳税。

依法院判决、裁定等原因，通过证券登记结算公司，企业将其代持的个人限售股直接变更到实际所有人名下的，不视同转让限售股。

[例4-1] 2004年，张某将100万元交给某公司用以购买非流通股，该公司属于代持股公司。此后，通过股权分置改革，这部分非流通股成为限售股。2018年12月，该公司将限售股转让，取得转让收入1 000万元，该限售股原值不能准确计算。该公司和张某应缴纳的企业所得税和个人所得税分别是多少？

解：

$$某公司应缴纳的企业所得税=1\,000\times(1-15\%)\times25\%=212.5(万元)$$

张某在收到剩下的787.5万元后，不再缴纳个人所得税。

（2）企业在限售股解禁前转让限售股征税问题。企业在限售股解禁前将其持有的限售股转让给其他企业或个人（以下简称“受让方”），相关的企业所得税问题按以下规定处理：

1）企业应将减持的在证券登记结算机构登记的限售股取得的全部收入，计入企业当年度应税收入计算纳税。

2）企业持有的限售股在解禁前已签订协议转让给受让方，但未变更股权登记、仍由企业持有的，企业实际减持该限售股取得的收入，在计入企业当年度应纳税收入计算纳税后，其余额转付给受让方的，受让方不再纳税。

三、不征税收入和免税收入

国家为了扶持和鼓励某些特殊的纳税人和特定的项目，或者避免因征税影响企业的正常经营，对企业取得的某些收入予以不征税或免税的特殊政策，以减轻企业的负担、促进经济的协调发展。

1. 不征税收入

不征税收入是指不具可税性的收入。根据可税性原理，如果一项收入、收益具有公益性或者非营利性，就不具可税性，不应对其征税。从政府角度来说，如果对财政拨款在征税后再转为财政收入，就如同将钱从自己的左口袋挪入右口袋，是对财政性资金的循环征税，不符合效率原则。行政事业性收费、政府性基金均属于财政性资金，都是国家的财政收入，所以征税者不应再对自己征税。税法规定，收入总额中的下列收入为不征税收入。

(1) 财政拨款，是指各级人民政府对纳入预算管理的事业单位、社会团体等组织拨付的财政资金，但国务院和国务院财政、税务主管部门另有规定的除外。

(2) 依法收取并纳入财政管理的行政事业性收费、政府性基金。行政事业性收费是指依照法律法规等有关规定，按照国务院规定程序批准，在实施社会公共管理以及向公民、法人或者其他组织提供特定公共服务的过程中，向特定对象收取并纳入财政管理的费用。政府性基金是指企业依照法律、行政法规等有关规定，代政府收取的具有专项用途的财政性资金。

(3) 国务院规定的其他不征税收入，是指企业取得的，由国务院财政、税务主管部门规定专项用途并经国务院批准的财政性资金。财政性资金是指企业取得的来源于政府及其有关部门的财政补助、补贴、贷款贴息以及其他各类财政专项资金，包括直接减免的增值税和即征即退、先征后退、先征后返的各种税收，但不包括企业按规定取得的出口退税款。

[注意] 专项用途的财政性资金必须符合特定的来源和管理要求：

(1) 资金来源。企业从县级以上各级人民政府财政部门及其他部门取得的应计入收入总额的财政性资金。

(2) 管理要求。第一，企业能够提供规定资金专项用途的资金拨付文件；第二，财政部门或其他拨付资金的政府部门对该资金有专门的资金管理办法或具体管理要求；第三，企业对该资金以及该资金发生的支出单独进行核算。

(3) 企业的上述不征税收入用于支出所形成的费用，不得在计算应纳税所得额时扣除；用于支出所形成的资产，其计算的折旧、摊销不得在计算应纳税所得额时扣除。

(4) 使用效率。企业将符合上述第 (1) 条规定的财政性资金做征税收入处理后，在5年（60个月）内未发生支出且未缴回财政部门或其他拨付资金的政府部门的部分，应计入取得该资金第六年的应税收入总额。

2. 免税收入

免税收入是指具有可税性，但按税法规定免予征税的收入。企业的下列收入为免税收入：

(1) 国债利息收入。为鼓励企业积极购买国债、支援国家建设，税法规定：企业因购买国债而取得的利息收入，免征企业所得税。

[注意] 国债利息收入免税；国债转让收入征税。

[例 4-2]　2018 年年初，某企业购入政府发行的年利率为 5%的一年期国债 1 000 万元，在持有 300 天后以 1 060 万元的价格转让。该企业这笔交易的应纳税所得额是多少？

解：

$$国债利息收入=国债金额\times 适用年利率\div 365\times 持有天数$$
$$=1\,000\times 5\%\div 365\times 300=41.10(万元)$$

由于国债利息收入免税，而国债转让收入应计入应纳税所得额，因此有

$$该笔交易的应纳税所得额=1\,060-41.10-1\,000=18.90(万元)$$

(2) 符合条件的居民企业之间的股息、红利等权益性收益，是指居民企业直接投资于其他居民企业取得的投资收益。

(3) 在中国境内设立机构、场所的非居民企业从居民企业取得与该机构、场所有实际联系的股息、红利等权益性投资收益。该收益不包括连续持有居民企业公开发行并上市流通的股票不足 12 个月取得的投资收益。

(4) 符合条件的非营利组织的收入。符合条件的非营利组织是指：

1) 依法履行非营利组织登记手续。

2) 从事公益性或者非营利性活动。

3) 取得的收入除用于与该组织有关的、合理的支出外，全部用于登记核定或者章程规定的公益性或者非营利性事业。

4) 财产及其孳生息不用于分配。

5) 按照登记核定或者章程规定，该组织注销后的剩余财产用于公益性或者非营利性目的，或者由登记管理机关转赠给与该组织性质、宗旨相同的组织，并向社会公告。

6) 投入人对投入该组织的财产不保留或者享有任何财产权利。

7) 工作人员的工资、福利开支控制在规定的比例内，不变相分配该组织的财产。

8) 国务院财政、税务主管部门规定的其他条件。

符合条件的非营利组织的下列收入为免税收入：

1) 接受其他单位或者个人捐赠的收入。

2) 除《企业所得税法》第七条规定的财政拨款以外的其他政府补助收入，但不包括因政府购买服务取得的收入。

3) 按照省级以上民政、财政部门规定收取的会费。

4) 不征税收入和免税收入孳生的银行存款利息收入。

5) 财政部、国家税务总局规定的其他收入。

四、扣除原则和范围

(一) 扣除项目的原则

纳税人在生产经营活动中所发生的费用支出必须严格区分经营性支出和资本性支出。

资本性支出不得在发生当期直接扣除，必须按税法规定分期折旧、摊销或计入有关投资的成本。企业申报的扣除项目和金额要真实、合法。真实是指能提供证明有关支出确属已经实际发生；合法是指符合国家税法的规定，若其他法规的规定与税法的规定不一致，应以税法的规定为标准。除税法另有规定外，税前扣除一般应遵循以下原则：

（1）权责发生制原则，是指企业费用应在发生的所属期扣除，而不是在实际支付时确认扣除。

（2）配比原则，是指企业发生的费用应当与收入配比扣除。除特殊规定外，企业发生的费用不得提前或滞后申报扣除。

（3）相关性原则，是指企业可扣除的费用从性质和根源上必须与取得的应税收入直接相关。

（4）确定性原则，是指企业可扣除的费用不论何时支付，其金额必须是确定的。

（5）合理性原则，是指符合生产经营活动的常规，应当计入当期损益或者有关资产成本的必要和正常支出。

（二）扣除项目的范围

（1）成本，是指企业在生产经营活动中发生的销售成本、销货成本、业务支出以及其他耗费，即企业销售商品（产品、材料、下脚料、废料、废旧物资等）、提供劳务、转让固定资产和无形资产（包括技术转让）的成本。

企业必须将经营活动中发生的成本合理划分为直接成本和间接成本。直接成本是指可以直接计入有关成本计算对象或劳务的经营成本中的直接材料、直接人工等。间接成本是指多个部门为同一成本对象提供服务的共同成本，或者同一种投入可以制造、提供两种或两种以上的产品或劳务的联合成本。直接成本可根据有关的会计凭证、记录直接计入有关成本计算对象或劳务的经营成本中。间接成本必须根据它与成本计算对象之间的因果关系、成本计算对象的产量等，以合理的方法分配计入有关成本计算对象中。

（2）费用，是指企业每一纳税年度为生产经营商品和提供劳务所发生的销售（经营）费用、管理费用和财务费用（已经计入成本的有关费用除外）。

1）销售费用，是指应由企业负担的为销售商品而发生的费用，包括广告费、运输费、装卸费、包装费、展览费、保险费、销售佣金（能直接认定的进口佣金可调整商品的进价成本）、代销手续费、经营性租赁费及销售部门发生的差旅费、工资、福利费等费用。

2）管理费用，是指企业的行政管理部门为管理组织经营活动提供各项支援性服务而发生的费用。

3）财务费用，是指企业筹集经营性资金而发生的费用，包括利息净支出、汇兑净损失、金融机构手续费以及其他非资本化支出。

（3）税款，是指企业发生的除企业所得税和允许抵扣的增值税以外的企业缴纳的各项税款及其附加，即企业按规定缴纳的消费税、城市维护建设税、关税、资源税、土地增值税、房产税、车船税、土地使用税、印花税、教育费附加等产品销售税款及附加。这些已纳税款准予税前扣除。

（4）损失，是指企业在生产经营活动中发生的固定资产和存货的盘亏、毁损、报废损失，转让财产损失，呆账损失，坏账损失，自然灾害等不可抗力造成的损失以及其他损失。

[注意] 企业发生的损失，减除责任人赔偿和保险赔款后的余额，依照国务院财政、税务主管部门的规定扣除。企业已经作为损失处理的资产，在此后的纳税年度又全部收回或者部分收回时，应当计入当期收入。

(5) 扣除的其他支出，是指除成本、费用、税款、损失外，企业在生产经营活动中发生的与生产经营活动有关的、合理的支出。

(三) 扣除项目及其标准

1. 工资、薪金支出

工资、薪金支出是企业每一纳税年度支付给在企业任职或与其有雇用关系的员工的所有现金或非现金形式的劳动报酬，包括基本工资、奖金、津贴、补贴、年终加薪、加班工资以及与任职或者受雇有关的其他支出。

(1) 企业发生的合理的工资、薪金支出，准予据实扣除。合理的工资、薪金是指企业按照股东大会、董事会、薪酬委员会或相关管理机构制定的工资、薪金制度规定实际发放给员工的工资、薪金。税务机关在对工资、薪金进行合理性确认时，按以下原则判断：

1) 企业制定了较为规范的员工工资、薪金制度。

2) 企业所制定的工资、薪金制度符合行业及地区水平。

3) 企业在一定时期所发放的工资、薪金是相对固定的，而且工资、薪金的调整是有序进行的。

4) 企业对实际发放的工资、薪金，已依法履行了代扣代缴个人所得税的义务。

5) 有关工资、薪金的安排，不以减少或逃避税款为目的。

(2) 属于国有性质的企业，其工资、薪金不得超过政府有关部门给予的限定数额；超过限定数额的部分，不得计入企业的工资、薪金总额，也不得在计算企业应纳税所得额时扣除。

(3) 企业因雇用季节工、临时工、实习生、返聘离退休人员以及接受外部劳务派遣用工所实际发生的费用，应区分为工资、薪金支出和职工福利费支出，并按《企业所得税法》的规定在企业所得税前扣除。其中，属于工资、薪金支出的部分，准予计入企业工资、薪金总额的基数，并作为计算其他各项相关费用扣除的依据。

(4) 企业接受外部劳务派遣用工所实际发生的费用，应分两种情况按规定在税前扣除：按照协议（合同）约定直接支付给劳务派遣公司的费用，应作为劳务费支出；直接支付给员工个人的费用，应作为工资、薪金支出和职工福利费支出。其中，属于工资、薪金支出的费用，准予计入企业工资、薪金总额的基数，并作为计算其他各项相关费用扣除的依据。

2. 职工福利费、工会经费、职工教育经费

企业发生的职工福利费、工会经费、职工教育经费按标准扣除，未超过标准的按实际数扣除，超过标准的只能按标准扣除。其中：

(1) 企业发生的职工福利费支出，不超过工资、薪金总额14%的部分准予扣除。

职工福利费的内容包括：

1) 尚未实行分离办社会职能的企业，其内设福利部门所发生的设备、设施和人员费用，包括职工食堂、职工浴室、理发室、医务所、托儿所、疗养院等集体福利部门的设

备、设施及维修保养费用和福利部门工作人员的工薪、社会保险费、住房公积金、劳务费等。

2）为职工卫生保健、生活、住房、交通等所发放的各项补贴和非货币性福利，包括企业向职工发放的因公外地就医费用、未实行医疗统筹企业职工医疗费用、职工供养直系亲属医疗补贴、供暖费补贴、职工防暑降温费、职工困难补贴、救济费、职工食堂经费补贴、职工交通补贴等。

3）按照其他规定发生的其他职工福利费，包括丧葬补助费、抚恤费、安家费、探亲假路费等。

企业发生的职工福利费，应该单独设置账册，进行准确核算。没有单独设置账册准确核算的，税务机关应责令企业在规定的期限内进行改正。逾期仍未改正的，税务机关可对企业发生的职工福利费进行合理的核定。

（2）企业拨缴的工会经费，不超过工资、薪金总额2%的部分准予扣除。

［注意］企业拨缴的工会经费，应取得合法、有效的工会经费专用收据或者代收凭据，并依法在税前扣除。

（3）除国务院财政、税务主管部门另有规定外，企业发生的职工教育经费支出，不超过工资、薪金总额8%的部分准予扣除，超过部分准予结转以后纳税年度扣除。

［注意］软件生产企业发生的职工教育经费中的职工培训费用，可以全额在企业所得税前扣除。核力发电企业为培养核电厂操纵员发生的培养费用，可作为企业的发电成本在税前扣除。

［例4-3］　某公司是一家软件生产企业，2018年实际发生的工资支出为500万元，职工福利费支出为90万元，职工教育经费支出为100万元。其中，职工培训费用支出为40万元。2018年该公司在计算应纳税所得额时，应如何进行纳税调整？

解：

职工福利费应调增所得额＝90－500×14%＝20(万元)

职工教育经费应调增所得额＝100－40－500×8%＝20(万元)

合计应调增应纳税所得额＝20＋20＝40(万元)

3. 社会保险费和其他保险费

（1）企业依照国务院有关主管部门或者省级人民政府规定的范围和标准为职工缴纳的“五险一金”，即基本养老保险费、基本医疗保险费、失业保险费、工伤保险费、生育保险费和住房公积金，准予扣除。

（2）企业为投资者或者职工支付的补充养老保险费、补充医疗保险费，在国务院财政、税务主管部门规定的范围和标准内，准予扣除。

［注意］企业依照国家有关规定为特殊工种职工支付的人身安全保险费，准予扣除。

（3）企业参加财产保险，按照规定缴纳的保险费，准予扣除。

［注意］企业为投资者或者职工向商业保险机构投保的人寿保险、财产保险等商业保险，相应的保险费不得扣除。

4. 利息费用

（1）非金融企业向金融企业借款的利息支出、金融企业的各项存款利息支出和同业拆借利息支出、企业经批准发行债券的利息支出，可据实扣除。

[注意] 金融企业是指各类银行、保险公司及经中国人民银行批准从事金融业务的非银行金融机构，主要包括国家专业银行、区域性银行、股份制银行、外资银行、中外合资银行以及其他综合性银行；全国性保险企业、区域性保险企业、股份制保险企业、中外合资保险企业以及其他专业性保险企业；城市银行、农村信用社、各类财务公司以及其他从事信托投资、租赁等业务的专业和综合性非银行金融机构。非金融企业是指除上述金融企业以外的所有企业、事业单位以及社会团体等企业或组织。

(2) 非金融企业向非金融企业借款的利息支出，不超过按照金融企业同期同类贷款利率计算的数额部分可据实扣除，超过部分不允许扣除。

[例 4-4] 2018 年 1 月初，某公司以年利率 8%向某金融企业借入期限为 9 个月的生产周转用资金 500 万元。另外，同年 1 月初，该公司向某事业单位借入生产周转用资金 100 万元，期限为 6 个月，借款年利率为 10%。此外，2018 年该公司无其他产生利息支出的事项。2018 年该公司可在计算应纳税所得额时扣除的利息费用是多少？

解：

该公司可在计算应纳税所得额时扣除的金融企业利息费用 $=500\times8\%\div12\times9=30$(万元)

该公司向事业单位借入款项可扣除的利息费用 $=100\times8\%\div12\times6=4$(万元)

2018 年该公司可在计算应纳税所得额时扣除的利息费用 $=30+4=34$(万元)

(3) 关联企业利息费用的扣除。

1) 企业能够按照《企业所得税法》及其实施条例的有关规定提供相关资料，并证明相关交易活动符合独立交易原则的，或者该企业的实际税负不高于境内关联方的，其实际支付给境内关联方的利息支出，在计算应纳税所得额时准予扣除。

2) 企业从其关联方接受的债权性投资与权益性投资的比例超过规定标准而发生的利息支出，不得在计算应纳税所得额时扣除。企业实际支付给关联方的利息支出，其接受关联方债权性投资与其权益性投资的比例为：金融企业为 5∶1；其他企业为 2∶1。与此同时，利率水平应符合合理的利率标准（不超过同期同类贷款利率）。

[例 4-5] 2018 年 1 月 1 日，某公司向关联方借入生产周转用资金 600 万元，期限为一年，年利率为 8%。该关联方对某公司的权益性投资为 200 万元，银行同期同类贷款的年利率为 7%。2018 年该公司可在计算应纳税所得额时扣除的利息费用是多少？

解：

该公司可扣除的利息费用 $=200\times2\times7\%=28$(万元)

(4) 企业向自然人借款的利息支出。

1) 企业向股东或其他与企业有关联关系的自然人借款的利息支出，符合规定条件的（关联方债资比例和利率标准），准予扣除。

2) 企业向除上述规定以外的内部职工或其他人员借款的利息支出，同时符合以下条件的，若其利息支出不超过按照金融企业同期同类贷款利率计算的数额，准予扣除。

①企业与个人之间的借贷是真实、合法、有效的，并且不具有非法集资目的或其他违

反法律、法规的行为。

②企业与个人之间签订了借款合同。

5. 借款费用

(1) 企业在生产经营活动中发生的、合理的、不需要资本化的借款费用，准予扣除。

(2) 企业为购置、建造固定资产、无形资产和经过 12 个月以上的建造才能达到预定可销售状态的存货发生借款的，在有关资产购置、建造期间发生的合理借款费用，应当作为资本性支出计入有关资产的成本；有关资产交付使用后发生的借款利息，可在发生当期扣除。

[例 4-6] 某公司向银行借款 500 万元用于建造厂房，借款期为 2018 年 1 月 1 日至 2018 年 12 月 31 日，当年支付的借款利息为 40 万元，该厂房于 2018 年 9 月 30 日达到预定可使用状态并交付使用。该公司当年税前可扣除的利息费用是多少？

解：

$$\text{该公司当年可税前扣除的利息费用}=40\div12\times3=10(\text{万元})$$

(3) 企业通过发行债券、取得贷款、吸收保户储金等方式融资而发生的合理费用支出，符合资本化条件的，应计入相关资产成本；不符合资本化条件的，应作为财务费用，准予在企业所得税前据实扣除。

6. 汇兑损失

企业在货币交易中以及纳税年度终了时将人民币以外的货币型资产、负债按照期末即期人民币汇率中间价折算为人民币时产生的汇兑损失，除已经计入有关资产成本以及与所有者进行利润分配相关的部分外，准予扣除。

7. 业务招待费

(1) 企业发生的与生产经营活动有关的业务招待费支出，按照实际发生额的 60%扣除，但最高不得超过当年销售（营业）收入的 5‰。

[例 4-7] 2018 年，某公司的营业收入为 4 000 万元，当年实际发生的业务招待费为 30 万元。某公司当年可在税前扣除的业务招待费是多少？

解：

由于

$$30\times60\%=18(\text{万元})$$

$$4\,000\times5‰=20(\text{万元})$$

因此，该公司需要在比较这两个数据的大小后选择较小者，即当年可在税前列支的业务招待费为 18 万元。

(2) 从事股权投资业务的企业（包括集团公司总部、创业投资企业等）从被投资企业所分配的股息、红利以及股权转让收入，可以按照规定的比例计算业务招待费扣除限额。

(3) 企业在筹建期间发生的与筹办活动有关的业务招待费支出，可按实际发生额的 60%计入企业筹办费，并按有关规定在税前扣除。

8. 广告费和业务宣传费

企业发生的符合条件的广告费和业务宣传费支出，除国务院财政、税务主管部门另有规定外，不超过当年销售（营业）收入 15%的部分，准予扣除；超过部分，准予结转以后纳税年度扣除。

对化妆品制造或销售、医药制造及饮料制造（不含酒制造）企业发生的广告费和业务宣传费支出，不超过当年销售（营业）收入30%的部分，准予扣除；超过部分，准予在以后纳税年度结转扣除。

对于签订了广告费和业务宣传费分摊协议的关联企业，其中一方发生的不超过当年销售（营业）收入税前扣除限额比例的广告费和业务宣传费支出，可以在本企业扣除，也可以将其中的部分或全部按照分摊协议归至另一方扣除。另一方在计算自身广告费和业务宣传费支出的企业所得税税前扣除限额时，可将按照上述办法归至自身的广告费和业务宣传费不计算在内。

烟草企业的广告费和业务宣传费支出，一律不得在计算应纳税所得额时扣除。

企业在筹建期间发生的广告费和业务宣传费支出，可按实际发生额计入企业筹办费，并按有关规定在税前扣除。

[注意] 广告费、业务宣传费与赞助费的区别如下。广告费支出的三个条件是：广告由工商部门批准的专门机构制作；已实际支付费用并取得相应发票；广告通过一定的媒体传播。与生产经营无关的、非广告性质的赞助费支出在企业所得税前不得列支。

9. 环境保护专项资金

企业依照法律、行政法规有关规定提取的用于环境保护、生态恢复等方面的专项资金，准予扣除。上述专项资金提取后改变用途的，不得扣除。

10. 保险费

企业参加财产保险，按照规定缴纳的保费，准予扣除。

11. 租赁费

租赁可以分为经营性租赁和融资性租赁。其中，经营性租赁是指所有权不转移的租赁，融资性租赁是指在实质上转移与一项资产所有权有关的全部风险和报酬的一种租赁。企业根据经营活动的需要租入固定资产支付的租赁费，按照以下方法扣除：

（1）经营性租赁发生的租入固定资产的租赁费支出，根据租赁期限均匀扣除。

（2）融资性租赁发生的租入固定资产的租赁费支出，构成融资租入固定资产价值的部分应当提取折旧费用，分期扣除；租赁费支出不得在当期直接扣除。

12. 劳动保护支出

劳动保护支出是指确因工作需要为雇员配备或提供工作服、手套、安全保护用品、防暑降温用品等所发生的支出。企业发生的合理的劳动保护支出，准予扣除。

13. 公益性捐赠支出

公益性捐赠是指企业通过公益性社会团体或者县级（含县级）以上人民政府及其部门，用于《中华人民共和国公益事业捐赠法》规定的公益事业的捐赠。企业发生的公益性捐赠支出，不超过年度利润总额12%的部分，准予在计算应纳税所得额时扣除。超过年度利润总额12%的部分，准予结转以后三年内在计算应纳税所得额时扣除。

[注意] 年度利润总额是指企业依照国家统一会计制度的规定计算的年度会计利润。

（1）用于公益事业的捐赠支出包括：

1）救助灾害、救济贫困、扶助残疾人等困难的社会群体和个人的活动。

2）教育、科学、文化、卫生、体育事业。

3）环境保护、社会公共设施建设。

4）促进社会发展和进步的其他社会公共福利事业。

（2）公益性团体是指同时符合下列条件的基金会、慈善组织和社会团体：

1）依法登记，具有法人资格。

2）以发展公益事业为宗旨，且不以营利为目的。

3）全部资产及其增值为该法人所有。

4）收益和营运结余主要用于符合该法人设立目的的事业。

5）终止后的剩余财产不归属任何个人或者营利组织。

6）不经营与其设立目的无关的业务。

7）有健全的财务会计制度。

8）捐赠者不以任何形式参与社会团体财产的分配。

9）国务院财政、税务主管部门与国务院民政部门等登记管理部门规定的其他条件。

（3）公益性捐赠有货币性捐赠和非货币性捐赠之分。接受捐赠的货币性资产，应当按照实际收到的金额计算；接受捐赠的非货币性资产，应当以其公允价值计算。在计算时，非货币性捐赠要分解为视同销售货物和捐赠两个行为。

（4）企业发生的公益性捐赠支出未在当年税前扣除的部分，准予向以后年度结转扣除，但结转年限自捐赠发生年度的次年起计算最长不得超过三年。企业在对公益性捐赠支出计算扣除时，应先扣除以前年度结转的捐赠支出，再扣除当年发生的捐赠支出。

（5）企业通过公益性社会组织或者县级（含县级）以上人民政府及其组成部门和直属机构，用于目标脱贫地区的扶贫捐赠支出，准予在计算企业所得税应纳税所得额时据实扣除。

［例4-8］ 2019年，某公司通过中国红十字会向灾区捐赠其生产的产品1 000件，该产品不含税生产成本为1 000万元，不含税销售价格为1 200万元。中国红十字会按照规定向该公司开具公益性捐赠票据，并在捐赠票据上加盖印章。假设该公司适用的增值税税率为13%，城市维护建设税税率为7%，教育费附加的征收率为3%，未发生捐赠时的企业会计利润为22 000万元。该公司应缴纳的各项税费为多少？

解：

该公司应缴纳的增值税、城市维护建设税和教育费附加＝1 200×13%×(1+7%+3%)

＝171.6(万元)

计算捐赠增加的营业外支出：

捐赠支出＝1 000+171.6＝1 171.6(万元)

发生捐赠后的会计利润＝22 000－1 171.6＝20 828.4(万元)

税前可扣除捐赠限额＝20 828.4×12%＝2 499.408(万元)

应纳企业所得税＝(20 828.4+1 200－1 000)×25%＝5 257.1(万元)

14．有关资产的费用

（1）企业转让各类固定资产发生的费用，允许扣除。

（2）企业按规定计算的固定资产折旧费、无形资产和递延资产的摊销费，准予扣除。

15．总机构分摊的费用

非居民企业在中国境内设立的机构、场所，就其中国境外总机构发生的与该机构、场所生产经营有关的费用，能够提供总机构出具的费用汇集范围、定额、分配依据和方法等证明文件，并合理分摊的，准予扣除。

16. 资产损失

企业当期发生的固定资产和流动资产盘亏、毁损净损失，由其提供清查盘存资料，经主管税务机关审核后，准予扣除。

17. 其他项目

例如，会员费、合理的会议费、差旅费、违约金、诉讼费用等，准予扣除。

18. 手续费及佣金支出

(1) 企业发生的与生产经营有关的手续费及佣金支出，不超过以下规定限额的部分，准予扣除；超过部分，不得扣除。

1) 保险企业。财产保险企业按当年全部保费收入扣除退保金等后余额的15%（含本数，下同）计算限额；人身保险企业按当年全部保费收入扣除退保金等后余额的10%计算限额。

2) 其他企业。按照该企业与具有合法经营资格的中介服务机构或个人（不含交易双方及其雇员、代理人和代表人等）所签订服务协议或合同确认的收入金额的5%计算限额。

(2) 企业应与具有合法经营资格的中介服务企业或个人签订代办协议或合同，并按国家有关规定支付手续费及佣金。除委托个人代理外，企业以现金等非转账方式支付的手续费及佣金不得在税前扣除。企业为发行权益性证券支付给有关证券承销机构的手续费及佣金不得在税前扣除。

(3) 企业不得将手续费及佣金支出计入回扣、业务提成、返利、进场费等费用。

五、不得扣除的项目

在计算应纳税所得额时，下列支出不得扣除：

(1) 向所有者支付的股息、红利等权益性投资收益款项。

(2) 企业所得税税款。

(3) 税收滞纳金，是指纳税人违反税收法规，被税务机关处以的滞纳金。

(4) 罚金、罚款和被没收财务的损失，是指纳税人违反国家有关法律、法规规定，被有关部门处以的罚款，以及被司法机关处以的罚金和被没收财物。

[注意] 不包括纳税人按照经济合同规定支付的违约金（包括银行罚息）、罚款和诉讼费。

(5) 超过规定标准的捐赠支出。

(6) 赞助支出，是指企业发生的与生产经营活动无关的各种非广告性质支出。

(7) 未经核定的准备金支出，是指不符合国务院财政、税务主管部门规定的各项资产减值准备、风险准备等准备金支出。

(8) 企业之间支付的管理费、企业内营业机构之间支付的租金和特许权使用费以及非银行企业内营业机构之间支付的利息，不得扣除。

(9) 与取得收入无关的其他支出。

六、亏损弥补

1. 基本规定

亏损是指企业依照《企业所得税法》的规定，将每一纳税年度的收入总额减除不征税收入、免税收入和各项扣除后小于零的数额。《企业所得税法》规定，企业在某纳税年度发生的亏损可以用下一年度的所得弥补，下一年度的所得不足以弥补的，可以逐年延续弥补，但结转年限最长不得超过五年。此外，企业在汇总计算缴纳企业所得税时，其境外营业机构的亏损不得抵减境内营业机构的盈利。

［注意］自2018年1月1日起，当年具备高新技术企业或科技型中小企业资格的企业，自其具备资格年度之前5个年度发生的尚未弥补完的亏损，准予结转以后年度弥补，最长结转年限由5年延长至10年。

［例4-9］ 下表为经税务机关审定的某企业2012—2018年弥补亏损前的应纳税所得额。假设该企业一直执行5年亏损弥补规定，计算该企业2012—2018年需要缴纳的企业所得税。

单位：万元

年度	2012	2013	2014	2015	2016	2017	2018
弥补亏损前的应纳税所得额（万元）	−100	10	−20	30	20	30	60

关于2012年的亏损，要用2013—2017年的所得弥补，尽管2014年该企业出现了亏损，也要占用5年抵亏期的一个抵扣年度，而且先亏先补，因此2014年的亏损需要在2012年的亏损问题解决之后才能考虑。截至2017年，2012年的亏损未弥补完但5年抵亏期已满，此时剩余的10万元亏损不得用2018年的应纳税所得额弥补；由于2015—2017年的所得已被用于弥补2012年的亏损，因而2014年的亏损只能用2018年的所得弥补，在弥补了2014年的亏损后，有

2018年该企业的应纳税所得额＝60−20＝40(万元)

应缴纳的企业所得税税额＝40×25%＝10(万元)

在确定企业亏损额和进行盈亏互抵时，应当注意以下几点：

（1）税法中“亏损”的概念不是企业财务报表中反映的亏损额，而是企业财务报表中的亏损额按照税法规定调整后的金额。

（2）企业发生年度亏损后，可用以后年度实现的利润弥补。首先应弥补第一个亏损年度的亏损额，然后再弥补第二个亏损年度的亏损额，以此类推；既不能颠倒弥补，也不能随意选择亏损年度的亏损额予以弥补。

（3）税法规定的“亏损逐年延续弥补，最长不得超过5年”，是指第一个纳税年度发生亏损，应当从第二个纳税年度算起，连续5年作为第一个纳税年度实际亏损的弥补期。

（4）在弥补亏损有效期内，不论其中某一年度是否出现亏损，该年度都应作为一个弥补年度计算弥补期。连续5年仍不足弥补的亏损，自第6年起就不再弥补。

2. 其他规定

（1）企业筹办期不计算为亏损年度，企业开始生产经营的年度为开始计算企业损益的

年度。企业从事生产经营之前在筹办活动期间发生的筹办费用支出，不得计算为当期的亏损，企业可以在开始经营活动的当年一次性扣除，也可以按照《企业所得税法》有关长期待摊费用的处理规定处理，但一经选定，不得改变。

(2) 税务机关对企业以前年度纳税情况进行检查时调增的应纳税所得额，凡企业以前年度发生亏损且该亏损属于《企业所得税法》规定允许弥补的，应允许调增的应纳税所得额弥补该亏损。弥补该亏损后仍有余额的，按照《企业所得税法》的规定计算缴纳企业所得税。

(3) 对企业发现以前年度实际发生的、按照税收规定应在企业所得税前扣除而未扣除或者少扣除的支出，在企业做出专项申报及说明后，准予追补至该项目发生年度计算扣除，但追补确认期限不得超过5年。

企业由于上述原因多缴纳的企业所得税税款，可以在追补确认年度企业所得税应纳税款中抵扣，不足抵扣的，可以向以后年度递延抵扣或申请退税。

亏损企业追补确认以前年度未在企业所得税前扣除的支出，或盈利企业经过追补确认后出现亏损的，应首先调整该项支出所属年度的亏损额，然后再按照弥补亏损的原则计算以后年度多缴的企业所得税税款，并按前款规定处理。

第四节　资产的税务处理

资产是由于资本投资而形成的财产，对于资本性支出及无形资产的受让、开办、开发费用，不允许作为成本、费用从纳税人的收入总额中做一次性扣除，只能采取分次计提折旧或分次摊销的方式予以扣除，即纳税人在经营活动中使用的固定资产的折旧费用、无形资产和长期待摊费用的摊销费用可以扣除。税法规定，纳入税务处理范围的资产形式主要有固定资产、无形资产、生物资产、长期待摊费用、投资资产、存货等，均以历史成本为计税基础。历史成本是指企业在取得该项资产时实际发生的支出。企业持有各项资产期间发生资产增值或者减值，除国务院财政、税务主管部门规定可以确认的损益外，不得调整该资产的计税基础。

一、固定资产的税务处理

固定资产是指企业为生产产品、提供劳务、出租或者经营管理而持有的、使用时间超过12个月的非货币性资产，包括房屋、建筑物、机器、机械、运输工具以及其他与生产经营有关的设备、器具、工具等。

1. 固定资产的计税基础

(1) 外购的固定资产，以购买价款和支付的相关税费以及直接归属于使该资产达到预定用途而发生的其他支出为计税基础。

(2) 自行建造的固定资产，以竣工结算前发生的支出为计税基础。

(3) 融资租入的固定资产，以租赁合同约定的付款总额和承租人在签订租赁合同过程中发生的相关费用为计税基础。

(4) 盘盈的固定资产，以同类固定资产的重置完全价值为计税基础。

(5) 通过捐赠、投资、非货币性资产交换、债务重组等方式取得的固定资产，以该资产的公允价值和支付的相关税费为计税基础。

(6) 改建的固定资产，除已足额提取折旧的固定资产和租入的固定资产以外的其他固定资产，以改建过程中发生的改建支出增加计税基础。

[注意] 下列固定资产不得计算折旧扣除：

(1) 房屋、建筑物以外未投入使用的固定资产。

(2) 以经营租赁方式租入的固定资产。

(3) 以融资租赁方式租出的固定资产。

(4) 已足额提取折旧仍继续使用的固定资产。

(5) 与经营活动无关的固定资产。

(6) 单独估价作为固定资产入账的土地。

(7) 其他不得计算折旧扣除的固定资产。

2. 固定资产折旧的计提方法

(1) 企业应当自固定资产投入使用月份的次月起计算折旧；停止使用的固定资产，应当自停止使用月份的次月起停止计算折旧。

(2) 企业应当根据固定资产的性质和使用状况，合理确定固定资产的预计净残值。固定资产的净残值一经确定，不得变更。

(3) 固定资产按照直线法计算的折旧，准予扣除。

3. 固定资产的折旧年限

除国务院财政、税务主管部门另有规定外，固定资产计算折旧的最短年限如下：

(1) 房屋、建筑物，为 20 年。

(2) 飞机、火车、轮船、机器、机械和其他生产设备，为 10 年。

(3) 与生产经营活动有关的器具、工具、家具等，为 5 年。

(4) 飞机、火车、轮船以外的运输工具，为 4 年。

(5) 电子设备，为 3 年。

[注意] 为引导企业加大设备、器具的投资力度，企业在 2018 年 1 月 1 日至 2020 年 12 月 31 日期间新购进的设备、器具（不包括房屋、建筑物），单位价值不超过 500 万元的，允许一次性计入当期成本、费用在计算应纳税所得额时扣除，不再分年度计算折旧；单位价值超过 500 万元的，仍按企业所得税的有关规定执行。

二、生产性生物资产的税务处理

生产性生物资产是指企业为产出农产品、提供劳务或出租等目的而持有的生物资产，包括经济林、薪炭林、产畜和役畜等。

[注意] 生物资产分为消耗性生物资产、生产性生物资产和公益性生物资产，税法规定生产性生物资产可计提折旧。

1. 生产性生物资产的计税基础

生产性生物资产按照以下方法确定计税基础：

(1) 外购的生产性生物资产，以购买价款和支付的相关税费为计税基础。

(2) 通过捐赠、投资、非货币性资产交换、债务重组等方式取得的生产性生物资产，以该资产的公允价值和支付的相关税费为计税基础。

2. 生产性生物资产的折旧方法

生产性生物资产按照直线法计算的折旧，准予扣除。企业应当自生产性生物资产投入使用月份的次月起计算折旧；停止使用的生产性生物资产，应当自停止使用月份的次月起停止计算折旧。

企业应当根据生产性生物资产的性质和使用情况，合理确定生产性生物资产的预计净残值。生产性生物资产的预计净残值一经确定，不得变更。

3. 生产性生物资产的折旧年限

生产性生物资产计算折旧的最低年限如下：

(1) 林木类生产性生物资产，为10年。

(2) 畜类生产性生物资产，为3年。

三、无形资产的税务处理

无形资产是指企业长期使用，但没有实物形态的资产，包括专利权、商标权、著作权、土地使用权、非专利技术、商誉等。

1. 无形资产的计税基础

(1) 外购的无形资产，以购买价款和支付的相关税费以及直接归属于使该资产达到预定用途发生的其他支出为计税基础。

(2) 自行开发的无形资产，以开发过程中该资产符合资本化条件后至达到预定用途前发生的支出为计税基础。

(3) 通过捐赠、投资、非货币性资产交换、债务重组等方式取得的无形资产，以该资产的公允价值和支付的相关税费为计税基础。

2. 无形资产的摊销

(1) 无形资产按照直线法计算的摊销费用，准予扣除。

(2) 无形资产的摊销年限不得低于10年。

(3) 作为投资或者受让的无形资产，有关法律规定或者合同约定了使用年限的，可以按照规定或者约定的使用年限分期摊销。

(4) 外购商誉的支出，在企业整体转让或者清算时，准予扣除。

[**注意**] 下列无形资产不得计算摊销费用扣除：

(1) 自行开发的支出已在计算应纳税所得额时扣除的无形资产。

(2) 自创商誉。

(3) 与经营活动无关的无形资产。

(4) 其他不得计算摊销费用扣除的无形资产。

四、长期待摊费用的税务处理

长期待摊费用是指企业发生的应在1个年度以上或几个年度进行摊销的费用，在计算应纳税所得额时，企业发生的下列支出作为长期待摊费用，按照规定摊销的，准予扣除。

（1）已足额提取折旧的固定资产的改建支出。

（2）租入固定资产的改建支出。

（3）固定资产的大修理支出。

（4）其他应当作为长期待摊费用的支出。

企业的固定资产修理支出可在发生当期直接扣除。其他的固定资产改良支出，如果有关固定资产尚未提足折旧，可增加固定资产价值；如果有关固定资产已提足折旧，可作为长期待摊费用，在规定的期间内平均摊销。

固定资产的改建支出是指企业改变房屋或者建筑物的结构、延长使用年限等发生的支出。已足额提取折旧的固定资产的改建支出，按照固定资产预计尚可使用年限分期摊销；租入固定资产的改建支出，按照合同约定的剩余租赁期限分期摊销；改建的固定资产延长使用年限的，除已足额提取折旧的固定资产、租入固定资产的改建支出外，其他的固定资产发生改建支出，应当适当延长折旧年限。

固定资产的大修理支出是指同时符合以下条件的支出：

（1）修理支出达到取得固定资产时的计税基础50%以上。

（2）修理后固定资产的使用年限延长2年以上。

固定资产的大修理支出应按照固定资产尚可使用年限分期摊销。

其他应当作为长期待摊费用的支出，自支出发生月份的次月起分期摊销，摊销年限不得低于3年。

五、存货的税务处理

存货是指企业持有以备出售的产品或商品、处在生产过程中的在产品、在生产或者提供劳务过程中耗用的材料和物料等。

1. 存货的计税基础

（1）通过支付现金方式取得的存货，以购买价款和支付的相关税费为成本。

（2）通过支付现金以外的方式取得的存货，以该存货的公允价值和支付的相关税费为成本。

（3）通过生产性生物资产收获的农产品，以产出或者采收过程中发生的材料费、人工费和分摊的间接费用等必要支出为成本。

2. 存货的计价方法

企业使用或者销售存货的成本计算方法，可以在先进先出法、加权平均法、个别计价法中选用一种，但计价方法一经选用，不得随意变更。

［**注意**］*存货的成本计算方法不能使用后进先出法。*

六、投资资产的税务处理

投资资产是指企业对外进行权益性投资和债权性投资而形成的资产。

1. 投资资产的成本

(1) 通过支付现金方式取得的投资资产，以购买价款为成本。

(2) 通过支付现金以外的方式取得的投资资产，以该资产的公允价值和支付的相关税费为成本。

2. 投资资产的成本扣除方法

企业对外投资期间，投资资产的成本在计算应纳税所得额时不得扣除，企业在转让或者处置投资资产时，投资资产的成本准予扣除。

3. 非货币性资产投资企业所得税处理

非货币性资产是指除现金、银行存款、应收账款、应收票据以及准备持有至到期的债券投资等货币性资产以外的资产。

(1) 居民企业（以下简称“企业”）以非货币性资产对外投资确认的非货币性资产转让所得，可在不超过5年的期限内，分期均匀计入相应年度的应纳税所得额，按规定计算缴纳企业所得税。

(2) 企业以非货币性资产对外投资，应对非货币性资产进行评估并按评估后的公允价值扣除计税基础后的余额，计算确认非货币性资产转让所得。企业以非货币性资产对外投资，应于投资协议生效并办理股权登记手续时，确认非货币性资产转让收入的实现。

(3) 企业以非货币性资产对外投资而取得被投资企业的股权，应以非货币性资产的原计税成本为计税基础，加上每年确认的非货币性资产转让所得，逐年进行调整。被投资企业取得非货币性资产的计税基础，应按非货币性资产的公允价值确定。

(4) 企业在对外投资5年内转让上述股权或投资收回的，应停止执行递延纳税政策，并就递延期内尚未确认的非货币性资产转让所得，在转让股权或投资收回当年的企业所得税年度汇算清缴时，一次性计算缴纳企业所得税；企业在计算股权转让所得时，可按上述第（3）条规定将股权的计税基础一次调整到位。

企业在对外投资5年内注销的，应停止执行递延纳税政策，并就递延期内尚未确认的非货币性资产转让所得，在注销当年的企业所得税年度汇算清缴时，一次性计算缴纳企业所得税。

(5) 非货币性资产投资限于以非货币性资产出资设立新的居民企业，或将非货币性资产注入现存的居民企业。

(6) 企业发生非货币性资产投资，符合特殊性税务处理条件的，也可选择按特殊性税务处理规定执行。

七、税法规定与会计规定的差异处理

企业的财务会计核算与税法规定不一致的，应当依照税法规定予以调整。也就是说，企业在平时进行会计核算时，可以按会计制度的有关规定进行账务处理，但在申报纳税时，对税法和会计制度规定有差异的，要按税法规定进行纳税调整。

（1）企业不能提供完整、准确的收入及成本、费用凭证，不能正确计算应纳税所得额的，由税务机关核定其应纳税所得额。

（2）企业在依法清算时，应以其清算终了后的清算所得为应纳税所得额，按规定缴纳企业所得税。清算所得是指企业的全部资产可变现价值或者交易价格减除资产净值、清算费用以及相关税费等后的余额。

投资方企业从被清算企业分得的剩余资产，其中相当于从被清算企业累计未分配利润和累计盈余公积中应当分得的部分，应当确认为股息所得；剩余资产减除上述股息所得后的余额，超过或者低于投资成本的部分，应当确认为投资资产转让所得或损失。

（3）自 2011 年 7 月 1 日起，企业当年度实际发生的相关成本、费用，由于各种原因未能及时取得这些成本、费用的有效凭证，则企业在预缴季度所得税时，可暂按账面发生金额进行核算；但在年度汇算清缴时，应补充提供年度成本、费用的有效凭证。

第五节 企业重组的税务处理

一、企业重组的定义

企业重组是指企业在日常经营活动以外发生的法律结构或经济结构重大改变的交易，包括企业法律形式改变、债务重组、股权收购、资产收购、合并、分立等。

企业法律形式改变是指企业注册名称、住所以及企业组织形式等的简单改变。

债务重组是指在债务人发生财务困难的情况下，债权人按照其与债务人达成的书面协议或者法院裁定书，就其债务人的债务做出让步的事项。

股权收购是指一家企业（以下称为“收购企业”）购买另一家企业（以下称为“被收购企业”）的股权，以实现对被收购企业进行控制的交易。收购企业支付对价的形式包括股权支付、非股权支付或两者的组合。

资产收购是指一家企业（以下称为“受让企业”）购买另一家企业（以下称为“转让企业”）实质性经营资产的交易。受让企业支付对价的形式包括股权支付、非股权支付或两者的组合。

合并是指一家或多家企业（以下称为“被合并企业”）将其全部资产和负债转让给另一家现存或新设企业（以下称为“合并企业”），被合并企业股东换取合并企业的股权或非股权支付，实现两家或两家以上企业的依法合并。

分立是指一家企业（以下称为“被分立企业”）将部分或全部资产分离转让给现存或新设的企业（以下称为“分立企业”），被分立企业股东换取分立企业的股权或非股权支付，实现企业的依法分立。

企业重组的对价支付方式可分为两类：股权支付和非股权支付。

股权支付是指在企业重组中购买、换取资产的一方以该企业或其控股企业的股权、股份作为支付的形式。

非股权支付是指以现金、银行存款、应收款项、该企业或其控股企业的股权和股份以外的有价证券、存货、固定资产、其他资产以及承担债务等作为支付的形式。

企业重组是对企业的资金、资产、劳动力、技术、管理等要素进行重新配置，构建新的生产经营模式，实现价值增值、效益增长的经营方式。

二、企业重组的一般性税务处理方法

（1）企业由法人转变为个人独资企业、合伙企业等非法人组织，或将登记注册地转移至中华人民共和国境外（包括港、澳、台地区），应视同企业进行清算、分配，股东重新投资成立新企业。企业的全部资产以及股东投资的计税基础均应以公允价值为基础确定。

企业发生其他法律形式简单改变的，可直接变更税务登记，除另有规定外，有关企业所得税纳税事项（包括亏损结转、税收优惠等权利和义务）由变更后的企业承继，但因住所发生变化而不符合税收优惠条件的除外。

（2）企业债务重组，相关交易应按以下规定处理：

1）以非货币性资产清偿债务，应当分解为转让相关非货币性资产、按非货币性资产公允价值清偿债务两项业务，同时确认相关资产的所得或损失。

[例 4-10] 甲公司与乙公司达成债务重组协议。2019 年，甲公司以一批库存商品抵偿 2017 年所欠乙公司的债务 180.8 万元，该批库存商品的账面成本为 130 万元，不含税销售价格为 140 万元。计算甲公司与乙公司的债务重组所得或损失。（假定增值税税率为 13%。）

解：

甲公司：

转让非货币性资产所得＝140－130＝10(万元)

增值税＝140×13%＝18.2(万元)

债务重组所得＝180.8－140－18.2＝22.6(万元)

乙公司：

债务重组损失＝180.8－140－18.2＝22.6(万元)

收到的非货币性资产的计税基础＝140(万元)

可抵扣的进项税额＝18.2(万元)

2）发生债权转股权的，应当分解为债务清偿和股权投资两项业务，同时确认有关债务清偿所得或损失。

[例 4-11] 甲公司欠乙公司 1 000 万元债务。2019 年，甲公司与乙公司就债务重组事宜达成一致，乙公司将其对甲公司的债权转化为对甲公司的股权，假设该股权的公允价值为 1 100 万元。计算甲公司与乙公司的债务重组所得或损失。

解：

甲公司：增加注册资本 1 100 万元。

乙公司：

债务重组收益＝1 100－1 000＝100(万元)

乙公司取得的甲公司股权的计税基础＝1 100(万元)

3）债务人应当按照支付的债务清偿额低于债务计税基础的差额确认债务重组所得，债权人应当按照收到的债务清偿额低于债权计税基础的差额确认债务重组损失。

［例 4－12］ 甲公司欠乙公司 1 000 万元债务。2019 年，甲公司与乙公司就债务重组事宜达成一致，甲公司以一间厂房偿债。该厂房的计税基础为 1 500 万元，已提取折旧 600 万元，账面价值为 900 万元。经评估，该厂房的公允价值为 980 万元。计算甲公司与乙公司的债务重组所得或损失。

解：

甲公司：

确认资产转让所得＝980－900＝80(万元)

确认债务重组所得＝1 000－980＝20(万元)

乙公司：

收到的非货币性资产的计税基础＝980(万元)

确认的债务重组损失＝1 000－980＝20(万元)

4）债务人的相关所得税纳税事项原则上保持不变。

（3）企业的股权收购、资产收购重组交易，应按以下规定处理：

1）被收购方应确认股权、资产转让所得或损失。

2）收购方取得股权或资产的计税基础应以公允价值为基础确定。

3）被收购企业的相关所得税事项原则上保持不变。

［例 4－13］ A 企业持有甲公司 100％的股权。该股权的计税基础为 200 万元，公允价值为 500 万元。2019 年，乙公司收购 A 企业持有的甲公司全部股权，支付的非股权支付额为 500 万元。

解： A 企业股东的股权转让增值额为 300 万元，故

需要缴纳的企业所得税＝300×25％＝75(万元)

乙公司收购甲公司股权的计税基础为 500 万元。

（4）企业合并，当事各方应按下列规定处理：

1）合并企业应按公允价值确定被合并企业各项资产和负债的计税基础。

2）被合并企业及其股东都应按清算进行所得税处理。

3）被合并企业的亏损不得在合并企业结转弥补。

（5）企业分立，当事各方应按下列规定处理：

1）被分立企业对分立出去的资产应按公允价值确认资产转让所得或损失。

2）分立企业应按公允价值确认资产的计税基础。

3）当被分立企业继续存在时，其股东取得的对价应视同被分立企业分配进行处理。

4）当被分立企业不再继续存在时，被分立企业及其股东都应按清算进行所得税处理。

5）企业分立相关企业的亏损不得相互结转弥补。

三、企业重组的特殊性税务处理方法

企业重组同时符合下列条件的，适用特殊性税务处理方法：

（1）具有合理的商业目的，并且不以减少、免除或者推迟缴纳税款为主要目的。

（2）被收购、合并或分立部分的资产或股权比例符合规定的比例。

（3）企业重组后的连续12个月内不改变重组资产原来的实质性经营活动。

（4）重组交易对价中涉及的股权支付金额符合规定比例。

（5）在企业重组中取得股权支付的原主要股东，在重组后连续12个月内，不得转让所取得的股权。

企业重组符合上述规定条件的，交易各方对其交易中的股权支付部分，可按以下规定进行特殊性税务处理：

（1）企业债务重组确认的应纳税所得额占该企业当年应纳税所得额的50%以上，可以在5个纳税年度内，均匀计入各年度的应纳税所得额。

企业发生债权转股权业务，对债务清偿和股权投资两项业务暂不确认有关债务清偿所得或损失，股权投资的计税基础以原债权的计税基础确定。企业的其他相关所得税事项保持不变。

［例4-14］ A公司欠B公司1亿元债务。由于财务困难，2018年A公司与债权人B公司签订债务重组合同，合同约定A公司以公允价值为6 000万元的股票清偿债务。假设本例中的债务重组符合选择特殊性税务处理的条件。计算债权人B公司取得股票的计税基础。

解： 在企业重组的特殊性税务处理中，债权人B公司和债务人A公司相互不确认债务清偿所得和损失，债权人B公司取得的6 000万元股票的计税基础按原债权1亿元的计税基础确认，而不按公允价值6 000万元确认。如果债权人B企业不转让股票，该损失不会确认，而是进行递延。

（2）股权收购中的收购企业购买的股权不低于被收购企业全部股权的50%，且收购企业在该股权收购发生时的股权支付金额不低于其交易支付总额的85%，可以选择按以下规定处理：

1）被收购企业的股东取得收购企业股权的计税基础，以被收购股权的原有计税基础确定。

2）收购企业取得被收购企业股权的计税基础，以被收购股权的原有计税基础确定。

3）收购企业、被收购企业的原有各项资产和负债的计税基础及其他相关所得税事项保持不变。

［例4-15］ A企业持有甲公司100%的股权。该股权的计税基础为200万元，公允价值为500万元。乙公司收购A企业的全部股权，价款为500万元。该收购价款以乙公司股权的形式支付给A企业（即A企业将甲公司股权置换成乙公司股权）。计算乙公司取得甲公司股权的计税基础。

解： 由于乙公司向A企业转让的股权超过了50%，且股权支付比例达100%（超过了85%），因而可按特殊性税务处理，即A企业股权增值的300万元可以暂时不纳税。因为不纳税，所以A企业取得乙公司新股的计税基础仍是原计税基础200万元，而不是500万元。与此同时，乙公司取得甲公司股权的计税基础，应以甲公司的原有计税基础200万元确定。

(3) 资产收购中的受让企业收购的资产不低于转让企业全部资产的50%，且受让企业在该资产收购发生时的股权支付金额不低于其交易支付总额的85%，可以选择按以下规定处理：

1) 转让企业取得受让企业股权的计税基础，以被转让资产的原有计税基础确定。

2) 受让企业取得转让企业资产的计税基础，以被转让资产的原有计税基础确定。

(4) 企业合并中的企业股东在该企业合并发生时取得的股权支付金额不低于其交易支付总额的85%，以及同一控制下且不需要支付对价的企业合并，可以选择按以下规定处理：

1) 合并企业接受被合并企业资产和负债的计税基础，以被合并企业的原有计税基础确定。

2) 被合并企业合并前的相关所得税事项由合并企业承继。

3) 可由合并企业弥补的被合并企业亏损的限额=被合并企业净资产的公允价值×截至合并业务发生当年年末国家发行的最长期限的国债利率。

4) 被合并企业股东取得合并企业股权的计税基础，以其原持有的被合并企业股权的计税基础确定。

(5) 企业分立中的被分立企业所有股东按原持股比例取得分立企业的股权，分立企业和被分立企业均不改变原来的实质经营活动，且被分立企业股东在该分立发生时取得的股权支付金额不低于其交易支付总额的85%，可以选择按以下规定处理：

1) 分立企业接受被分立企业资产和负债的计税基础，以被分立企业的原有计税基础确定。

2) 被分立企业已分立出去的资产相应的所得税事项由分立企业承继。

3) 被分立企业未超过法定弥补期限的亏损额可按分立资产占全部资产的比例进行分配，由分立企业继续弥补。

4) 被分立企业的股东取得分立企业的股权（以下简称“新股”），如果需要部分或全部放弃原持有的被分立企业的股权（以下简称“旧股”），新股的计税基础应以放弃旧股的计税基础确定。如果不需要放弃旧股，则其取得新股的计税基础可从以下两种方法中选择确定：①直接将新股的计税基础确定为零；②以被分立企业分立出去的净资产占被分立企业全部净资产的比例先调减原持有的旧股的计税基础，再将调减的计税基础平均分配到新股上。

(6) 重组交易各方按上述五项规定对交易中的股权支付暂不确认有关资产的转让所得或损失的，其非股权支付仍应在交易当期确认相应的资产转让所得或损失，并调整相应资产的计税基础。

$$\begin{array}{c}\text{非股权支付对应的}\\\text{资产转让所得或损失}\end{array}=\left(\begin{array}{c}\text{被转让资产的}\\\text{公允价值}\end{array}-\begin{array}{c}\text{被转让资产的}\\\text{计税基础}\end{array}\right)\times\begin{array}{c}\text{非股权}\\\text{支付金额}\end{array}\div\begin{array}{c}\text{被转让资产的}\\\text{公允价值}\end{array}$$

[例4-16] 甲公司以本企业20%的股权（公允价值为5 700万元）和300万元现金

作为支付对价，收购乙公司持有的丙公司80%的股权（计税基础为1 000万元，公允价值为6 000万元）。计算未来乙公司转让甲公司股权时允许扣除的计税基础。

解：甲公司收购丙公司股权的比例大于50%，且股权支付占交易总额的比例为95%（=5 700÷6 000），该数值大于85%。假定该收购同时符合特殊性税务处理的其他条件，则乙公司可以暂不确认转让丙公司股权的全部转让所得，但应确认取得非股权支付额对应的股权转让所得250万元［=(6 000−1 000)×300÷6 000］。乙公司取得的现金资产的计税基础应为300万元，取得甲公司股权的计税基础应为950万元（=1 000+250−300）。未来乙公司转让甲公司股权时允许扣除的计税基础为950万元，而不是取得时的公允价值5 700万元。

通过前面案例的分析，我们可以发现：股权收购特殊性税务处理的有关规定，并不是让被收购企业的股东真正享受所得税的免税待遇，而是为了支持企业的并购重组，允许其递延缴纳企业所得税而已。

第六节　税收优惠

《企业所得税法》实行“产业优惠为主，区域优惠为辅”的税收优惠政策。《企业所得税法》中规定的税收优惠方式包括免税、减税、加计扣除、加速折旧、减计收入、税额抵免等。

一、免征与减征优惠

企业的下列所得，可以免征、减征企业所得税。如果企业从事国家限制和禁止发展的项目，不得享受企业所得税优惠。

1. 企业从事下列项目的所得，免征企业所得税

（1）蔬菜、谷物、薯类、油料、豆类、棉花、麻类、糖料、水果、坚果的种植。

（2）农作物新品种的选育。

（3）中药材的种植。

（4）林木的培育和种植。

（5）牲畜、家禽的饲养。

（6）林产品的采集。

（7）灌溉、农产品初加工、兽医、农技推广、农机作业和维修等农、林、牧、渔服务业项目。

（8）远洋捕捞。

2. 企业从事下列项目的所得，减半征收企业所得税

（1）花卉、茶以及其他饮料作物和香料作物的种植。

（2）海水养殖、内陆养殖。

二、高新技术企业优惠

国家需要重点扶持的高新技术企业减按15%的税率缴纳企业所得税。

国家需要重点扶持的高新技术企业是指拥有核心自主知识产权，同时符合下列六方面条件的企业：

（1）拥有核心自主知识产权，是指在中国境内（不含港、澳、台地区）注册的企业，近3年内通过自主研发、受让、受赠、并购等方式，或通过5年以上的独占许可方式，对其主要产品（服务）的核心技术拥有自主知识产权。

（2）产品（服务）属于《国家重点支持的高新技术领域》规定的范围。

（3）研发费用占销售收入的比例不低于规定比例，是指企业为获得科学技术（不包括人文、社会科学）新知识，创造性地运用科学技术新知识，或实质性地改进技术、产品（服务）而持续进行的研发活动，且近3个会计年度的研发费用总额占销售收入总额的比例符合如下要求：

1）最近一年销售收入小于5 000万元的企业，比例不低于5%。

2）最近一年销售收入在5 000万元至20 000万元的企业，比例不低于4%。

3）最近一年销售收入在20 000万元以上的企业，比例不低于3%。

其中，企业在中国境内发生的研发费用总额占全部研发费用总额的比例不低于60%；企业注册成立时间不足3年的，按实际经营年限计算。

（4）高新技术产品（服务）收入占企业总收入的比例不低于规定比例，是指高新技术产品（服务）收入占企业当年总收入的60%以上。

（5）科技人员占企业职工总数的比例不低于规定比例，是指具有大学专科以上学历的科技人员占企业当年职工总数的30%以上，其中研发人员占企业当年职工总数的10%以上。

（6）《高新技术企业认定管理办法》规定的其他条件，《国家重点扶持的高新技术领域》和《高新技术企业认定管理办法》由国务院科技、财政、税务主管部门商国务院有关部门制定，报国务院批准后公布施行。

三、小型微利企业优惠

1. 小型微利企业认定

小型微利企业是指从事国家非限制和禁止行业，同时符合年度应纳税所得额不超过300万元、从业人数不超过300人、资产总额不超过5 000万元三个条件的企业。

从业人数包括与企业建立劳动关系的职工人数和企业接受的劳务派遣用工人数。

从业人数和资产总额指标应按企业全年的季度平均值确定，具体的计算公式如下：

季度平均值=(季初值+季末值)÷2

全年季度平均值=全年各季度平均值之和÷4

企业在年度中间开业或者终止经营活动的，以其实际经营期作为一个纳税年度确定上述相关指标。

［注意］小型微利企业是指企业的全部生产经营活动产生的所得均负有我国企业所得税纳税义务的企业。仅就来源于我国所得负有我国纳税义务的非居民企业，不适用上述规定。

2. 小型微利企业的优惠政策

对小型微利企业年应纳税所得额不超过 100 万元的部分，减按 25%计入应纳税所得额，按 20%的税率缴纳企业所得税；对年应纳税所得额超过 100 万元但不超过 300 万元的部分，减按 50%计入应纳税所得额，按 20%的税率缴纳企业所得税。

四、加计扣除优惠

加计扣除是指对企业支出项目在按规定的比例给予税前扣除的基础上再给予追加扣除。

加计扣除优惠包括以下两项内容：

1. 研发费用

研发费用是指从事规定范围内的研发活动发生的相关费用。研发活动是指企业为获得科学与技术（不包括人文、社会科学）新知识，创造性地运用科学技术新知识，或实质性地改进技术、工艺、产品（服务）而持续进行的具有明确目标的研发活动。

创造性地运用科学技术新知识，或实质性地改进技术、工艺、产品（服务），是指企业通过研发活动在技术、工艺、产品（服务）方面的创新取得了有价值的成果，对本地区（省、自治区、直辖市或计划单列市）相关行业的技术、工艺领先具有推动作用，不包括企业产品（服务）的常规性升级或对公开的科研成果进行直接应用等活动（如直接采用公开的新工艺、材料、装置、产品、服务或知识等）。

研发费用未形成无形资产计入当期损益的，在按照规定据实扣除的基础上，按照研发费用的 75%加计扣除；形成无形资产的，按照无形资产成本的 175%摊销。

企业从事国家规定项目的研发活动，其在一个纳税年度中实际发生的下列费用支出，允许在计算应纳税所得额时按照规定实行加计扣除。

（1）新产品设计费、新工艺规程制定费以及与研发活动直接相关的技术图书资料费、资料翻译费。

（2）从事研发活动直接消耗的材料、燃料和动力费用。

（3）在职直接从事研发活动人员的工资、薪金、奖金、津贴、补贴。

（4）专门用于研发活动的仪器、设备的折旧费或租赁费。

（5）专门用于研发活动的软件、专利权、非专利技术等无形资产的摊销费用。

（6）专门用于中间试验和产品试制的模具、工艺装备开发及制造费。

（7）勘探开发技术的现场试验费。

（8）研发成果的论证、评审、验收费用。

（9）企业依照国务院有关主管部门或者省级人民政府规定的范围和标准为在职直接从事研发活动人员缴纳的基本养老保险费、基本医疗保险费、失业保险费、工伤保险费、生育保险费和住房公积金。

(10) 专门用于研发活动的仪器、设备的运行、维护、调整、检验、维修等费用。

(11) 不构成固定资产的样品、样机及一般测试手段购置费。

(12) 新药研制的临床试验费。

(13) 研发成果的鉴定费用。

2. 安置残疾人员所支付的工资

企业安置残疾人员的，在按照支付给残疾职工工资据实扣除的基础上，按照支付给残疾职工工资的100%加计扣除。

企业享受安置残疾职工工资100%加计扣除应同时具备如下条件：

(1) 依法与安置的每位残疾人签订了1年以上（含1年）的劳动合同或服务协议，并且安置的每位残疾人在企业实际上岗工作。

(2) 为安置的每位残疾人按月足额缴纳了企业所在区、县人民政府根据国家政策规定的基本养老保险、基本医疗保险、失业保险和工伤保险等社会保险。

(3) 定期通过银行等金融机构向安置的每位残疾人实际支付了不低于企业所在区、县适用的经省级人民政府批准的最低工资标准的工资。

(4) 具备安置残疾人上岗工作的基本设施。

五、创投企业优惠

创投企业从事国家需要重点扶持和鼓励的创业投资，可以按投资额的一定比例抵扣应纳税所得额。

创投企业优惠是指创投企业采取股权投资方式投资于未上市的中小高新技术企业2年以上的，可以按照其投资额的70%在股权持有满2年的当年抵扣该创投企业的应纳税所得额；当年不足抵扣的，可以在以后纳税年度结转抵扣。

六、加速折旧优惠

企业的固定资产由于技术进步等原因，确需加速折旧的，可以缩短折旧年限或者采取加速折旧的方法。可采用以上折旧方法的固定资产是指：

(1) 由于技术进步，产品更新换代较快的固定资产。

(2) 常年处于强震动、高腐蚀状态的固定资产。

采取缩短折旧年限的，最低折旧年限不得低于规定折旧年限的60%；采取加速折旧的，可以采取双倍余额递减法或者年数总和法。

根据《财政部、税务总局关于设备、器具扣除有关企业所得税政策的通知》的规定，企业新购进的设备、器具，单位价值不超过500万元的，允许一次性计入当期成本、费用，在计算应纳税所得额时扣除，不再分年度计算折旧。单位价值超过500万元的固定资产，满足加速折旧优惠条件的，按照上述加速折旧规定执行。

七、减计收入优惠

企业综合利用资源，生产符合国家产业政策规定的产品所取得的收入，可以在计算应纳税所得额时减计收入。

综合利用资源是指企业以《资源综合利用企业所得税优惠目录》规定的资源作为主要原材料，生产国家非限制和禁止并符合国家及行业相关标准的产品取得的收入，减按90%计入收入总额。

主要原材料占生产产品材料的比例不得低于《资源综合利用企业所得税优惠目录》规定的标准。

八、税额抵免优惠

税额抵免是指企业购置并实际使用《环境保护专用设备企业所得税优惠目录》、《节能节水专用设备企业所得税优惠目录》和《安全生产专用设备企业所得税优惠目录》规定的环境保护、节能节水、安全生产等专用设备的，该专用设备投资额的10%可以从企业当年的应纳税额中抵免；当年不足抵免的，可以在以后5个纳税年度结转抵免。

享受所得税税额抵免优惠的企业，应当实际购置并自身投入使用税法规定的专用设备；企业购置上述专用设备在5年内转让、出租的，应当停止享受企业所得税优惠，并补缴已经抵免的企业所得税税款。转让的受让方可以按照该专用设备投资额的10%抵免当年企业所得税应纳税额；当年应纳税额不足抵免的，可以在以后5个纳税年度结转抵免。

九、民族自治地方的优惠

民族自治地方的自治机关对本民族自治地方的企业应缴纳的企业所得税中属于地方分享的部分，可以决定减征或者免征。自治州、自治县决定减征或者免征的，须报省、自治区、直辖市人民政府批准。

《企业所得税法》所称的民族自治地方，是指依照《中华人民共和国民族区域自治法》的规定，实行民族区域自治的自治区、自治州、自治县。

对设在民族自治地方的国家限制和禁止类行业企业，不得减征或者免征企业所得税。

十、非居民企业优惠

非居民企业减按10%的税率征收企业所得税。非居民企业是指在中国境内未设立机构、场所的，或者虽设立机构、场所但取得的所得与其所设机构、场所没有实际联系的企业。该类非居民企业取得下列所得，免征企业所得税。

（1）外国政府向中国政府提供贷款取得的利息所得。

（2）国际金融组织向中国政府和居民企业提供优惠贷款取得的利息所得。

（3）经国务院批准的其他所得。

十一、其他优惠

（一）西部大开发的税收优惠

1. 适用范围

西部大开发的税收优惠适用范围包括重庆市、四川省、贵州省、云南省、西藏自治区、陕西省、甘肃省、宁夏回族自治区、青海省、新疆维吾尔自治区、新疆生产建设兵团、内蒙古自治区和广西壮族自治区（上述地区统称“西部地区”）。湖南省湘西土家族苗族自治州、湖北恩施土家族苗族自治州、吉林省延边朝鲜族自治州、江西省赣州市，可以比照西部地区的税收优惠政策执行。

2. 具体内容

（1）对设在西部地区的国家鼓励类产业企业，在 2011 年 1 月 1 日至 2020 年 12 月 31 日期间，减按 15%的税率征收企业所得税。

国家鼓励类产业企业是指以《产业结构调整指导目录》中规定的产业项目为主营业务，其主营业务收入占企业总收入 70%以上的企业。

（2）对西部地区 2010 年 12 月 31 日前新办的，可以享受企业所得税“两免三减半”的交通、电力、水利、广播电视企业，其享受的企业所得税“两免三减半”优惠可以继续享受到期满为止。

（3）对在西部地区新办交通、电力、水利、邮政、广播电视企业，上述项目的业务收入占企业总收入 70%以上的，可以享受企业所得税如下优惠政策：内资企业自开始生产经营之日起，第 1 年至第 2 年免征企业所得税，第 3 年至第 5 年减半征收企业所得税。

新办交通企业是指投资新办从事公路、铁路、航空、港口、码头运营和管道运输的企业。新办电力企业是指投资新办从事电力运营的企业。新办水利企业是指投资新办从事江河湖泊综合治理、防洪除涝、灌溉、供水、水资源保护、水力发电、水土保持、河道疏浚、河海堤防建设等开发水利、防止水害的企业。新办邮政企业是指投资新办从事邮政运营的企业。新办广播电视企业是指投资新办从事广播电视运营的企业。

上述企业同时符合规定条件的，在第 3 年至第 5 年减半征收企业所得税时，按 15%的税率计算出应纳所得税额后减半执行。

上述企业是指投资主体自建、运营上述项目的企业，单纯承揽上述项目建设的施工企业不得享受两年免征、三年减半征收企业所得税的政策。

（二）其他事项

（1）享受企业所得税过渡优惠政策的企业，应按照现行《企业所得税法》及其实施条例中有关收入和扣除的规定计算应纳税所得额。

（2）企业所得税过渡优惠政策与现行《企业所得税法》及其实施条例规定的优惠政策存在交叉的，由企业选择最优惠的政策执行，不得叠加享受，且一经选择，不得改变。

(3) 法律设置的发展对外经济合作和技术交流的特定地区内，以及国务院已规定执行上述地区特殊政策的地区内新设立的国家需要重点扶持的高新技术企业，可以享受过渡性税收优惠，具体办法由国务院规定。

(4) 国家已确定的其他鼓励类企业，可以按照国务院规定享受减免税优惠。

(5) 对企业取得的2009年及以后年度发行的地方政府债券利息所得，免征企业所得税。地方政府债券是指经国务院批准，以省、自治区、直辖市和计划单列市政府为发行和偿还主体的债券。

(6) 为进一步推动服务贸易创新发展、优化外贸结构，自2018年1月1日起，对经认定的技术先进型服务企业（服务贸易类），减按15%的税率征收企业所得税。

其中，企业需要满足的技术先进型服务业务领域范围有计算机和信息服务、研发和技术服务、文化技术服务和中医药医疗服务。

第七节　应纳税额的计算

一、居民企业应纳税额的计算

居民企业的应纳税额等于应纳税所得额乘以适用税率，基本计算公式为：

应纳税额＝应纳税所得额×适用税率－减免税额－抵免税额

式中，减免税额和抵免税额是指根据《企业所得税法》和国务院税收优惠规定减征、免征和抵免的应纳税额。

关于应纳税所得额的计算问题已在前文说明，应纳税所得额的计算方法主要有两种，较为常用的是基于企业会计利润总额的间接计算法，下面举例说明。

[例4-17]　某公司为居民企业，2018年发生的业务如下：

(1) 全年取得产品销售收入4 000万元。

(2) 发生产品销售成本2 600万元。

(3) 发生销售费用770万元（其中，广告费650万元），管理费用480万元（其中，业务招待费25万元），财务费用60万元。

(4) 缴纳销售税金160万元（含增值税120万元）。

(5) 取得营业外收入80万元，发生营业外支出50万元（含通过公益性社会团体向贫困山区捐款30万元，支付税收滞纳金6万元）。

(6) 计入成本、费用的实发工资总额为200万元，拨缴职工工会经费5万元，发生职工福利费31万元，发生职工教育经费17万元。

计算该公司2018年度应缴纳的企业所得税。

解：

会计利润总额＝4 000＋80－2 600－770－480－60－40－50＝80(万元)
广告费和业务宣传费调增所得额＝650－4 000×15%＝50(万元)
业务招待费调增所得额＝25－25×60%＝10(万元)
4 000×5‰＝20(万元)＞25×60%＝15(万元)
捐赠支出应调增所得额＝30－80×12%＝20.4(万元)
工会经费应调增所得额＝5－200×2%＝1(万元)
职工福利费应调增所得额＝31－200×14%＝3(万元)
职工教育经费应调增所得额＝17－200×8%＝1(万元)
应纳税所得额＝80＋50＋10＋20.4＋6＋1＋3＋1＝171.4(万元)
2018 年应缴企业所得税＝171.4×25%＝42.85(万元)

［例 4－18］ 某公司为居民企业，2018 年度发生的经营业务为：全年取得产品销售收入 5 600 万元，发生产品销售成本 4 000 万元；取得其他业务收入 800 万元，发生其他业务成本 694 万元；取得购买国债的利息收入 40 万元；缴纳非增值税销售税金及附加 300 万元；发生管理费用 760 万元，其中新技术的研发费用 60 万元、业务招待费用 70 万元；发生财务费用 200 万元；取得直接投资其他居民企业的权益性收益 34 万元（已在投资方所在地按 15%的税率缴纳了所得税）；取得营业外收入 100 万元，发生营业外支出 250 万元（其中，含公益捐赠 38 万元）。

计算该公司 2018 年应缴纳的企业所得税。

解：

利润总额＝5 600＋800＋40＋34＋100－4 000－694－300－760－200－250
＝370(万元)

国债利息收入免征企业所得税，应调减所得额 40 万元。

新技术研发费用调减所得额＝60×75%＝45(万元)
实际发生业务招待费的 60%＝70×60%＝42(万元)
营业收入的 5‰＝(5 600＋800)×5‰＝32(万元)

按照规定，业务招待费的税前扣除限额应为 32 万元，因此

应调增应纳税所得额＝70－32＝38(万元)

取得的直接投资其他居民企业的权益性收益属于免税收入，应调减应纳税所得额 34 万元。

捐赠扣除标准＝370×12%＝44.4 万元＞实际捐赠额 38 万元

故捐赠数额不做纳税调整。

应纳税所得额＝370－40－45＋38－34＝289(万元)
2018 年应缴纳企业所得税＝289×25%＝72.25(万元)

二、境外所得税抵免

(一) 直接抵免

企业取得的下列所得已在境外缴纳的所得税税额，可以从其当期应纳税额中抵免，抵免限额为该项所得依照《企业所得税法》的规定计算的应纳税额；超过抵免限额的部分，可以在以后5个年度内，用每年度抵免限额抵免当年应纳税额后的余额进行抵补：

(1) 居民企业来源于中国境外的所得。

(2) 非居民企业在中国境内设立机构、场所，取得发生在中国境外但与该机构、场所有实际联系的应税所得。

已在境外缴纳的所得税税额是指企业来源于中国境外的所得依照中国境外税收法律以及相关规定应当缴纳并已实际缴纳的企业所得税性质的税款。企业在依照《企业所得税法》的规定抵免企业所得税税额时，应当提供中国境外税务机关出具的税款所属年度的有关凭证。

抵免限额是指企业来源于中国境外的所得，依照《企业所得税法》及其实施条例的规定计算的应纳税额。根据国务院财政、税务主管部门的规定，企业可以选择按国（地区）分别计算［即“分国（地区）不分项”］，或者不按国（地区）汇总计算［即“不分国（地区）不分项”］其来源于境外的应纳税所得额，并按照规定税率，分别计算其可抵免境外所得税税额和抵免限额。上述方式一经选择，5年内不得改变。

前述5个年度是指从企业取得来源于中国境外的所得，并且在中国境外缴纳的企业所得税性质的税额超过抵免限额的次年起连续5个纳税年度。

下面举例题说明境外所得税抵免的两种情况。

［例4-19］ 中国居民企业M公司在亚洲甲国设立了一家分公司A，在非洲乙国设立了一家分公司B。2018年，M公司来自中国本部的应纳税所得额为1 000万元，来自A公司的所得为70万元，来自B公司的所得为80万元（A、B两家分公司的所得均为税后所得）。M公司适用的所得税税率为25%，A公司适用的所得税税率为30%，B公司适用的所得税税率为20%。假定M公司当年无减免税和投资抵免，则该公司2018年应在中国缴纳的企业所得税是多少？

解：方法一（分国抵免法）：若该公司选择分国计算抵免限额，则

该公司来自甲国的应纳税所得额＝70÷(1－30%)＝100(万元)

抵免限额＝100×25%＝25(万元)

该公司来自乙国的应纳税所得额＝80÷(1－20%)＝100(万元)

抵免限额＝100×25%＝25(万元)

A公司在甲国已纳所得税＝100×30%＝30(万元)

因为25万元＜30万元，所以允许抵免的税额为25万元，而

A公司在乙国已纳所得税＝100×20%＝20(万元)

该数值小于抵免限额，因此允许抵免的税额为20万元。

当选择分国抵免法时，M公司2018年应在中国缴纳的所得税为255万元［=(1 000+200)×25%−45］。

方法二（综合抵免法）：

M公司的抵免限额总额=200×25%=50(万元)

境外纳税总额=30+20=50(万元)

未超过抵免限额，因此M公司允许抵免的税额为50万元。

当选择综合抵免法时，M公司2018年应在中国缴纳的所得税为250万元［=(1 000+200)×25%−50］。

小结：实行综合抵免法，对于同时在多个国家投资的企业来说，可以统一计算抵免限额，有利于平衡境外不同国家（地区）间的税负，增加企业的可抵免税额，从而有效地降低企业境外所得的总体税收负担。

［例4-20］ 某国A银行在中国境内设立一家分行，该分行2018年将从中国筹集的资金借给J国某企业，取得借款利息100万元。假设J国针对利息的预提所得税税率为20%。若2018年该分行除来自J国的利息外，实现应纳税所得额1 000万元，适用的税率为25%。计算该分行2018年应在中国缴纳的企业所得税。

解：

该分行来自J国的应纳税所得额=100÷(1−20%)=125(万元)

这笔利息在J国缴纳的预提所得税=125×20%=25(万元)

抵免限额=125×25%=31.25万元>25万元

因此，允许抵免的税额为25万元。

该分行2018年应在中国缴纳的所得税=(1 000+125)×25%−25=256.25(万元)

（二）间接抵免

居民企业从其直接或者间接控制的外国企业分得的来源于中国境外的股息、红利等权益性投资，外国企业在境外实际缴纳的所得税税额中属于该项所得负担的部分，可以作为该居民企业的可抵免境外所得税税额，在《企业所得税法》规定的抵免限额内抵免。

三、非居民企业应纳税额的计算

对于在中国境内未设立机构、场所的，或者虽设立机构、场所但取得的所得与其所设机构、场所没有实际联系的非居民企业的所得，按照下列方法计算应纳税所得额：

(1) 股息、红利等权益性投资收益和利息、租金、特许权使用费所得，以收入全额为应纳税所得额。

(2) 转让财产所得，以收入全额减除财产净值后的余额为应纳税所得额。财产净值是指财产的计税基础减除已按照规定扣除的折旧、折耗、摊销、准备金等后的余额。

（3）其他所得，参照前两项规定的方法计算应纳税所得额。

第八节　征收管理

一、纳税地点

（1）除法律、行政法规另有规定外，居民企业以企业登记注册地为纳税地点；企业登记注册地在境外的，以实际管理机构所在地为纳税地点。企业登记注册地是指企业依照国家有关规定登记注册的住所地。

（2）居民企业在中国境内设立不具有法人资格的营业机构的，应当汇总计算并缴纳企业所得税。企业在汇总计算并缴纳企业所得税时，应当统一核算应纳税所得额，具体办法由国务院财政、税务主管部门另行规定。

（3）非居民企业在中国境内设立机构、场所的，应当就其所设机构、场所取得的来源于中国境内的所得，以及发生在中国境外但与其所设机构、场所有实际联系的所得，以机构、场所所在地为纳税地点。

（4）非居民企业在中国境内未设立机构、场所的，或者虽设立机构、场所但取得的所得与其所设机构、场所没有实际联系的所得，以扣缴义务人所在地为纳税地点。

（5）除国务院另有规定外，企业之间不得合并缴纳企业所得税。

二、纳税期限

企业所得税按年计征，分月或分期预缴，年终汇算清缴，多退少补。

企业所得税的纳税年度自公历1月1日起至12月31日止。企业在一个纳税年度的中间开业，或者由于合并、关闭等原因终止经营活动，使该纳税年度的实际经营期不足12个月的，应当以其实际经营期为1个纳税年度。企业在清算时，应当以清算期间作为1个纳税年度。

自年度终了之日起5个月内，企业应向税务机关报送《企业所得税年度纳税申报表》，并汇算清缴，结清应缴应退税款。

企业在年度中间终止经营活动的，应当自实际经营终止之日起60日内，向税务机关办理当期企业所得税汇算清缴。

三、纳税申报

按月或按季预缴的，应当自月份或者季度终了之日起15日内，向税务机关报送《企业所得税月（季）度预缴纳税申报表》，预缴税款。

企业在报送《企业所得税年度纳税申报表》时，应当按照规定附送财务会计报告和其他有关资料。

企业应当在办理注销登记前，就其清算所得向税务机关申报并依法缴纳企业所得税。

依照《企业所得税法》缴纳的企业所得税，以人民币计算。所得以人民币以外的货币计算的，应当折合成人民币计算并缴纳税款。

企业在纳税年度内无论盈利或者亏损，都应当依照《企业所得税法》规定的期限，向税务机关报送《企业所得税月（季）度预缴纳税申报表》、《企业所得税年度纳税申报表》、财务会计报告和其他有关资料。

【本章习题】

1. 简述不同企业所得来源的确定。

2. 目前，我国企业所得税的税率有几种？分别适用哪些企业？

3. 试举几个税法规定的扣除标准与会计规定不一致，从而需要进行纳税调整的例子。

4. 某公司设立于 2018 年，设立时发生筹办费用 15 万元，其中业务招待费 3 万元、广告费和业务宣传费 4.5 万元。2018 年 1 月，该公司开始经营。2018 年，该公司全年实现营业收入 1 500 万元，实际支出业务招待费 10.5 万元，发生广告费和业务宣传费 240 万元。2018 年，该公司应如何进行企业所得税的纳税调整？

5. 什么是企业重组？企业重组具体有哪些情形？

6. 我国企业所得税的税收优惠有哪几类？

第五章

个人所得税

［内容简介］　本章主要介绍个人所得税，包括个人所得税的纳税人、征税对象和税率、计税依据和应纳税额的计算、税收优惠和征收管理。本章的重点是如何正确计算个人所得税中不同类型所得的应纳税额，难点是在特殊情况下个人所得税的计算。

第一节　个人所得税概述

一、个人所得税的概念

个人所得税是以自然人取得的各项应纳税所得额为征税对象所征收的一种税。

在改革开放前一个相当长的时期里，我国对个人的收入所得是不征税的。在党的十一届三中全会后，我国实行对外开放政策。随着我国对外经济交往的不断扩大，来华工作、取得收入的外籍人员日益增多。为了维护国家的税收权益和保障外籍人员的合法权益，第五届全国人民代表大会根据国际惯例，于 1980 年 9 月制定公布了《中华人民共和国个人所得税法》，开征个人所得税，统一适用于中国公民和在我国取得收入的外籍人员。1986 年，国务院根据经济改革与发展以及调节个人收入分配的需要，分别发布了《中华人民共和国城乡个体工商业户所得税暂行条例》和《中华人民共和国个人收入调节税暂行条例》。这样，我国对个人所得的征税制度就形成了个人所得税、城乡个体工商业户所得税和个人收入调节税三税并存的格局。在我国社会主义市场经济体制改革的目标确定后，为了统一、规范和完善对个人所得的征税制度，第八届全国人民代表大会常务委员会在对上述三种法律法规进行修改、合并的基础上，于 1993 年 10 月 31 日公布了修改后的《中华人民共和国个人所得税法》。国务院于 1994 年 1 月 28 日发布了《中华人民共和国个人所得税法实施条例》。

2011 年 6 月 30 日，全国人民代表大会常务委员会第二十一次会议通过了《关于修改〈中华人民共和国个人所得税法〉的决定》，并自 2011 年 9 月 1 日起施行。2018 年，我国对《中华人民共和国个人所得税法》（以下简称《个人所得税法》）和《中华人民共和国个人所得税法实施条例》（以下简称《个人所得税法实施条例》）进行了修改，分别从 2018 年 10 月 1 日和 2019 年 1 月 1 日开始正式施行。

二、个人所得税的特点

1. 综合加分类的混合税制

各国的个人所得税制大体可分为三种类型：分类所得税制、综合所得税制和综合加分类的混合税制。在 2018 年个人所得税改革之前，我国实行的是分类所得税制；在改革后，我国个人所得税采用的是综合加分类的混合税制。现行的《个人所得税法》将工资、薪金所得，劳务报酬所得，稿酬所得，特许权使用费所得四项劳动性所得纳入综合所得的征税范围，对经营所得，利息、股息、红利所得，财产租赁所得，财产转让所得，偶然所得五项所得实行分类征税。

2. 累进税率与比例税率并用

比例税率计算简便，便于实行源泉扣缴；累进税率可以合理调节收入和分配，体现公平。我国现行的个人所得税对综合所得和经营所得采用累进税率，实行量能负担。对利息、股息、红利所得，财产租赁所得，财产转让所得，偶然所得采用比例税率，实行等比负担。

3. 费用扣除额较宽

各国的个人所得税均有费用扣除的规定，只是扣除的方法及额度不尽相同。我国本着费用扣除从宽、从简的原则，采用费用定额扣除和定率扣除两种方法。目前，我国对综合所得每月减除费用 5 000 元。

4. 计算简便

我国个人所得税的费用扣除采取总额扣除法，免去了对个人实际生活费用支出逐项计算的麻烦。此外，各种所得项目实行分类计算，各有明确的费用扣除规定，因而费用扣除项目及方法易于掌握，而且计算比较简单，符合税制简便的原则。

5. 采取源泉扣缴和自行申报两种征纳方法

《个人所得税法》规定，对纳税人的应纳税额分别采取由支付单位源泉扣缴和纳税人自行申报两种方法。对凡是可以在应税所得的支付环节扣缴个人所得税的，均由扣缴义务人履行代扣代缴义务。对于没有扣缴义务人的，或在两处以上取得工资、薪金所得的，以及其他不便于扣缴税款的，由纳税人自行申报纳税。

6. 预扣预缴与汇算清缴相结合

《个人所得税法》规定，扣缴义务人在向居民个人支付工资、薪金所得时，应当按照累计预扣法计算预扣税款，并按月办理扣缴申报。扣缴义务人在向居民个人支付劳务报酬所得、稿酬所得、特许权使用费所得时，应当按照相应方法按次或者按月预扣预缴税款。居民个人在办理年度综合所得汇算清缴时，应当依法计算劳务报酬所得、稿酬所得、特许权使用费所得的收入额，并入年度综合所得计算应纳税款，税款多退少补。

三、个人所得税的作用和意义

个人所得税是现行税制中的主要税种之一，其作用主要体现在以下几个方面：

(1) 调节收入分配，体现社会公平。在谋求经济增长和实行市场经济体制的发展中国家，社会收入分配差距在一定时期的扩大是不可避免的。自改革开放以来，随着经济的发展，我国人民的生活水平不断提高，一部分人已达到较高的收入水平。因此，有必要对个人收入进行适当的税收调节。在保证人们基本生活费用不受影响的前提下，本着高收入者多纳税、中等收入者少纳税、低收入者不纳税的原则，通过征收个人所得税来缓解社会分配不公的矛盾，有利于在不损害效率的前提下，体现社会公平，保持社会稳定。

(2) 扩大聚财渠道，增加财政收入。个人所得税是市场经济发展的产物，个人所得税收入是随着一国经济的市场化、工业化、城市化程度和人均 GDP 水平的提高而不断增长的。目前，一些主要的西方发达国家都实行以所得税为主体的税制，个人所得税的规模和比重均比较大。随着社会主义市场经济体制的完善和我国经济的进一步发展，我国居民的收入水平将逐步提高，个人所得税税源将不断扩大，个人所得税收入占国家税收总额的比重将逐年增加，最终将发展为具有活力的一大主体税种。

(3) 增强纳税意识，树立义务观念。由于历史的原因和计划经济体制的影响，我国居民的纳税意识一直较为淡薄，义务观念比较缺乏。通过宣传《个人所得税法》，建立个人所得税的自然人税收征管系统，通过强化个人所得税的征收管理和对违反税法行为的处罚等措施，可以逐步培养、普及全民依法履行纳税义务的观念，有利于提高全民的纳税意识和法制意识，为社会主义市场经济的发展创造良好的社会环境。

第二节 纳税人

个人所得税的纳税人是指在中国境内有住所，或者无住所而一个纳税年度内在中国境内居住累计满 183 天，以及无住所又不居住或无住所而一个纳税年度内在中国境内居住累计不满 183 天但有从中国境内取得所得的个人。

一、居民纳税人与非居民纳税人

个人所得税的纳税人分为居民纳税人和非居民纳税人，包括中国公民、个体工商户、个人独资企业、合伙企业投资者以及在中国境内有所得的外籍个人，香港、澳门、台湾同胞等。

居民纳税人是指在中国境内有住所，或者无住所而一个纳税年度内在中国境内居住满 183 天的个人，其负有完全纳税的义务，必须就其从中国境内和境外取得的全部所得缴纳个人所得税。

非居民纳税人是指在中国境内无住所又不居住，或者无住所而一个纳税年度内在中国境内居住累计不满 183 天的个人，其仅就从中国境内取得的所得缴纳个人所得税。

为了有效地行使税收管辖权，我国根据国际惯例，对居民纳税人和非居民纳税人采用了国际上常用的住所标准和居住时间标准。

（一）住所标准

住所分为永久性住所和习惯性住所。习惯性住所与永久性住所有时是一致的，有时又是不一致的。目前，我国采用的住所标准实际上是习惯性住所标准。税法将在中国境内有住所的个人界定为：因户籍、家庭、经济利益关系而在中国境内习惯性居住的个人。采用这一标准，就把中、外籍人员以及港、澳、台同胞与在境内居住的中国公民区别开来。习惯性居住或住所是在税收上判断居民和非居民的一个法律意义上的标准，不是指实际居住或在某特定时期内的居住地。例如，个人因学习、工作、探亲、旅游等而在中国境外居住的，当其在境外居住的原因消除之后，必须回到中国境内居住，那么，即使此人并未居住在中国境内，仍应将其判定为在中国习惯性居住。所以，《个人所得税法》中所说的住所，其概念与通常所说的住所是有区别的。

（二）居住时间标准

居住时间是指个人在一国境内实际居住的日数。各国判断居民身份的居住时间标准不尽一致。我国规定的居住时间标准是一个纳税年度内在中国境内住满 183 天，达到这个标准的个人就是居民纳税人。具体的判断标准为：

（1）无住所个人一个纳税年度内在中国境内累计居住满 183 天的，如果此前六年在中国境内每年累计居住天数都满 183 天而且没有任何一年单次离境超过 30 天，该纳税年度来源于中国境内和境外的所得应当缴纳个人所得税；如果此前六年的任一年在中国境内累计居住天数不满 183 天或者单次离境超过 30 天，该纳税年度来源于中国境外且由境外单位或者个人支付的所得，免予缴纳个人所得税。此前六年是指该纳税年度的前一年至前六年的连续六个年度，此前六年的起始年度自 2019 年（含）以后年度开始计算。

（2）自 2019 年 1 月 1 日起，无住所个人一个纳税年度内在中国境内累计居住天数，按照个人在中国境内累计停留的天数计算。在中国境内停留的当天满 24 小时的，计入中国境内居住天数，在中国境内停留的当天不足 24 小时的，不计入中国境内居住天数。

二、所得来源的确定

如前所述，居民纳税人和非居民纳税人对我国政府承担着不同的纳税义务。一般来说，居民纳税人应就其来源于中国境内和境外的所得缴纳个人所得税；非居民纳税人仅就来源于中国境内的所得缴纳个人所得税。

对于下列所得，不论支付地点是否在中国境内，均为来源于中国境内的所得：

（1）因任职、受雇、履约等而在中国境内提供各种劳务取得的劳务报酬所得。

（2）将财产出租给承租人在中国境内使用取得的所得。

（3）转让中国境内的不动产等财产或者在中国境内转让其他财产取得的所得。

(4) 许可各种特许权在中国境内使用取得的所得。

(5) 从中国境内的企业、事业单位、其他组织以及居民个人取得的利息、股息、红利所得。

三、扣缴义务人

我国个人所得税实行代扣代缴和个人申报纳税相结合的征收管理制度。税法规定，个人所得税以所得人为纳税人，以支付所得的单位或者个人为扣缴义务人。扣缴义务人应当按照国家规定办理全员全额扣缴申报。纳税人有中国居民身份证号码的，以中国居民身份证号码为纳税人识别号；纳税人没有中国居民身份证号码的，由税务机关赋予其纳税人识别号。扣缴义务人在扣缴税款时，纳税人应当向扣缴义务人提供纳税人识别号。

第三节 征税对象

个人所得税的征税对象是个人取得的应税所得。《个人所得税法》列举征税的个人所得共有 9 项。

一、工资、薪金所得

工资、薪金所得是指个人因任职或者受雇而取得的工资、薪金、奖金、年终加薪、劳动分红、津贴、补贴以及与任职或者受雇有关的其他所得。

一般来说，工资、薪金所得属于非独立个人劳务所得。非独立个人劳务是指个人所从事的是由他人指定、安排并接受管理的劳动。工作或服务于公司、工厂、行政单位、事业单位的人员（私营企业主除外）均为非独立劳动者，他们从上述单位取得的劳动报酬是以工资、薪金的形式体现的。在这类报酬中，工资和薪金的收入主体略有差异。在通常情况下，我们把直接从事生产经营或服务的劳动者（工人）的收入称为工资，即“蓝领阶层”所得；而将从事社会公职或管理活动的劳动者（公职人员）的收入称为薪金，即“白领阶层”所得。但在实际立法的过程中，各国都从简便易行的角度考虑，将工资、薪金合并为一个项目计征个人所得税。

除工资、薪金以外，属于工资、薪金所得的其他项目为：

(1) 奖金、年终加薪、劳动分红、津贴、补贴。其中，年终加薪、劳动分红不分种类和取得情况，一律按工资、薪金所得征税，津贴、补贴等则有例外。

(2) 公司职工取得的用于购买企业国有股权的劳动分红。

(3) 出租汽车经营单位对出租车驾驶员采取单车承包或承租方式运营，出租车驾驶员从事客货运营取得的收入。

（4）解除劳动合同的经济补偿金。

（5）退休人员再任职（退休工资免税）。

（6）企业（职业）年金。

（7）股票期权的行权等。

［注意］个人独立劳动所得按“劳务报酬所得”项目征税，如个人兼职取得的收入。

根据目前我国个人收入的构成情况，税法规定：对于一些不属于工资、薪金性质的补贴、津贴或者不属于纳税人本人工资、薪金所得项目的收入，不予征税。这些项目包括：

（1）独生子女补贴。

（2）执行公务员工资制度未纳入基本工资总额的补贴、津贴差额和家属成员的副食品补贴。

（3）托儿补助费。

（4）差旅费津贴、误餐补助。其中，误餐补助是指按照财政部规定，个人因公在城区、郊区工作，不能在工作单位或返回就餐的，根据实际误餐顿数，按规定的标准领取的误餐费。单位以误餐补助名义发给职工的补助、津贴不能包括在内。

二、劳务报酬所得

劳务报酬所得是指个人从事设计、装潢、安装、制图、化验、测试、医疗、法律、会计、咨询、讲学、新闻、广播、审稿、书画、雕刻、影视、录音、录像、演出、表演、广告、展览、技术服务、介绍服务、经纪服务、代办服务以及其他劳务的所得。个人担任董事职务所取得的董事费收入，属于劳务报酬性质，按“劳务报酬所得”项目征税。

上述各项所得一般属于个人独立从事各种非雇用的劳务所得。是否存在雇用与被雇用关系，是判断一种收入属于劳务报酬所得，还是属于工资、薪金所得的重要标准。劳务报酬所得是个人独立从事某种技艺，独立提供某种劳务而取得的所得；工资、薪金所得是个人从事非独立劳动，从所在单位领取的报酬。后者存在雇用与被雇用的关系，而前者不存在这种关系。如果从事某项劳务活动取得的报酬是以工资、薪金形式体现的，如演员从剧团领取工资、教师从学校领取工资，就属于工资、薪金所得，而不属于劳务报酬所得。如果从事某项劳务活动取得的报酬不是来自聘用、雇用或工作的单位，如演员自己“走穴”或与他人组合“走穴”演出取得的报酬，教师无须经政府有关部门的批准而举办学习班、培训班取得的办班收入或课酬收入，就属于劳务报酬所得。

三、稿酬所得

稿酬所得是指个人因其作品以图书、报刊形式出版、发表而取得的所得。作品包括文学作品、书画作品、摄影作品以及其他作品。在作者去世后，财产继承人取得的遗作稿酬，亦应征收个人所得税。

稿酬所得具有特许权使用费、劳务报酬等的性质。在原个人所得税和个人收入调节税中，曾把稿酬所得列入特许权使用费所得或投稿、翻译所得。修订后的《个人所得税法》将稿酬所得单列为一个独立征税项目，不仅因为稿酬所得有着不同于特许权使用费所得和一般劳务报酬所得的特点，而且对稿酬所得单列征税，有利于单独制定征税办法，体现国家的优惠、照顾政策。

[注意] 与图书、报刊相关的翻译、审稿、书画所得，属于劳务报酬所得。

四、特许权使用费所得

特许权使用费所得是指个人提供专利权、商标权、著作权、非专利技术以及其他特许权的使用权取得的所得，不包括稿酬所得。特许权主要涉及以下四种权利：

1. 专利权

专利权是指由国家专利主管机关依法授予专利申请人在一定的时期内对某项发明创造享有的专有利用权，它是工业产权的一部分，具有专有性（独占性）、地域性、时间性。

2. 商标权

商标权是指商标注册人依法律规定取得的、对其注册商标在核定商品上使用的独占使用权。商标权也是一种工业产权，可以依法取得、转让、许可使用、继承、丧失、请求排除侵害。

3. 著作权

著作权（即版权）是指作者对其创作的文学、科学和艺术作品依法享有的某些特殊权利。著作权是公民的一项民事权利，既具有民法中的人身权性质，也具有民法中的财产权性质，主要包括发表权、署名权、修改权、保护权、使用权和获得报酬权。

4. 非专利技术

非专利技术是指专利技术以外的专有技术，这类技术大多尚处于保密状态，仅为特定人知晓并占有。

当上述四种权利及其他权利由个人提供或转让给他人使用时，会取得相应的收入。这类收入不同于一般所得，所以单独列为一类征税项目。对特许权使用费所得的征税办法，各国不尽一致。例如，有的国家对转让专利权所得征收资本利得税，而我国是将提供和转让合在一起，一并列入个人所得税的征税范围。

根据税法规定，提供著作权的使用权取得的所得，不包括稿酬所得。作者将自己的文字作品手稿原件或复印件公开拍卖（竞价）取得的所得，属于提供著作权的使用所得，应按“特许权使用费所得”项目缴纳个人所得税。个人其他物品的拍卖所得，属于财产转让所得。

个人取得特许权的经济赔偿收入，应按“特许权使用费所得”项目缴纳个人所得税，税款由支付赔款的单位或个人代扣代缴。

五、经营所得

经营所得是指个体工商户的生产经营所得和对企事业单位的承包、承租经营所得。

（1）个体工商户的生产经营所得，是指：

1）个体工商户从事工业、手工业、建筑业、交通运输业、商业、饮食业、服务业、修理业以及其他行业生产经营取得的所得。

2）个人经政府有关部门批准，取得执照，从事办学、医疗、咨询以及其他有偿服务活动取得的所得。

3）其他个人从事个体工商业生产经营取得的所得。

4）上述个体工商户和个人取得的与生产经营有关的各项应税所得。

个体工商户的上述生产经营所得实际上可以分为两类：一类是纯生产经营所得，如第1）、3）、4）项所得，它是指个人直接从事工商各业生产经营活动而取得的生产性、经营性所得以及有关的其他所得。另一类是独立劳动所得，如第2）项所得。独立劳动是指个人所从事的是由自己自由提供的，不受他人指定、安排和具体管理的劳动。例如，私人诊所的医生、私人会计师事务所的会计师以及独立从事教学、文艺等活动的个人均为独立劳动者，他们的收入具有不确定性。个体工商户和从事生产经营的个人，取得与生产经营活动无关的其他各项应税所得，应分别按照其他应税项目的有关规定计算缴纳个人所得税。

个人独资企业和合伙企业为个人所得税的纳税人，其生产经营所得参照个体工商户的“生产经营所得”项目纳税。

（2）对企事业单位的承包、承租经营所得是指个人承包经营、承租经营以及转包、转租取得的所得，还包括个人按月或者按次取得的工资、薪金性质的所得。个人对企事业单位的承包、承租大体上可以分为两类：

1）个人对企事业单位承包、承租经营后，工商登记改变为个体工商户的。这类承包、承租经营所得实际上属于个体工商业户的生产经营所得，应按个体工商户的“生产经营所得”项目缴纳个人所得税，不再缴纳企业所得税。

2）个人对企事业单位承包、承租经营后，工商登记仍为企业的，不论其分配方式如何，均应先按照企业所得税的有关规定缴纳企业所得税。然后承包、承租经营者按合同（协议）规定取得的所得，依照《个人所得税法》的有关规定缴纳个人所得税。具体为：

①承包、承租人对企业经营成果不拥有所有权，仅按合同（协议）规定取得一定所得的，应按“工资、薪金所得”项目缴纳个人所得税。

②承包、承租人按合同（协议）规定只向发包方、出租人交纳一定的费用，在交纳承包、承租费后的企业经营成果归承包、承租人所有的，其取得的所得按“企事业单位承包、承租经营所得”项目缴纳个人所得税。

外商投资企业采取发包、出租经营且经营人为个人的，对经营人从外商投资企业分享的收益或取得的所得，亦按照个人对企事业单位的承包、承租经营所得征收个人所得税。

六、利息、股息、红利所得

利息、股息、红利所得是指个人拥有债权、股权而取得的利息、股息、红利所得。其中：利息一般是指存款、贷款和债券的利息，股息、红利是指个人因拥有股权而取得的公司、企业分红。按照一定的比率派发的每股息金，称为股息；根据公司、企业应分配的、超过股息部分的利润，按股派发的红股，称为红利。

免税的利息包括国债和地方政府债券利息、国家发行的金融债券利息、储蓄存款利息。

除个人独资企业、合伙企业以外的其他企业的个人投资者，以企业资金为本人、家庭成员及其相关人员支付与企业生产经营无关的消费性支出及购买汽车、住房等财产性支出，视为企业对个人投资者的红利分配，按照“利息、股息、红利所得”项目计征个人所得税，企业的上述支出不得在所得税前扣除。

纳税年度内个人投资者从其投资企业（个人独资企业、合伙企业除外）借款，在该纳税年度终了后既不归还又未用于企业生产经营的，其未归还的借款可视为企业对个人投资者的红利分配，按照“利息、股息、红利所得”项目计征个人所得税。

七、财产租赁所得

财产租赁所得是指个人出租建筑物、土地使用权、机器设备、车船以及其他财产取得的所得。个人取得的财产转租收入，属于“财产租赁所得”的征税范围。

在确定纳税人时，应以产权凭证为依据，对无产权凭证的，由主管税务机关根据实际情况确定；产权所有人死亡，在未办理产权继承手续期间，该财产出租而有租金收入的，以领取租金的个人为纳税人。

八、财产转让所得

财产转让所得是指个人转让有价证券、股权、建筑物、土地使用权、机器设备、车船以及其他财产取得的所得，不含股票转让所得。目前，我国对股票转让所得暂不征收个人所得税，但对股权转让所得要征收个人所得税。

九、偶然所得

偶然所得是指个人得奖、中奖、中彩以及其他偶然性质的所得。其中，得奖是指参加各种有奖竞赛活动，因取得名次而获得的奖金；中奖、中彩是指参加各种有奖活动，如有奖销售、有奖储蓄或购买彩票，经过规定程序，抽中、摇中号码而取得的奖金。除此之外，偶然所得还包括企业向个人支付的不竞争款项、企业对累计消费达到一定额度的顾客给予的额外抽奖。

上述第一项至第四项所得（以下称为“综合所得”），居民个人按纳税年度合并计算个人所得税，非居民个人按月或者按次分项计算个人所得税；第五项至第九项所得，依照《个人所得税法》的规定分别计算个人所得税。

第四节 税 率

个人所得税依照所得项目的不同，分别确定了两种类别的所得税税率，即超额累进税率和比例税率：

(1) 综合所得，适用3%～45%的超额累进税率，见表5-1。

表5-1 个人所得税税率表1（综合所得适用）

级数	全年应纳税所得额	税率（%）
1	不超过36 000元的	3
2	超过36 000元至144 000元的部分	10
3	超过144 000元至300 000元的部分	20
4	超过300 000元至420 000元的部分	25
5	超过420 000元至660 000元的部分	30
6	超过660 000元至960 000元的部分	35
7	超过960 000元的部分	45

[注意] (1) 表5-1所称全年应纳税所得额是指以每一纳税年度的收入额减除费用6万元以及专项扣除、专项附加扣除和依法确定的其他扣除后的余额。

(2) 非居民个人的工资、薪金所得以每月收入额减除费用5 000元后的余额为应纳税所得额；劳务报酬所得、稿酬所得、特许权使用费所得以每次收入额为应纳税所得额。

[例5-1] 在下列各项中，适用3%～45%的7级超额累进税率征收个人所得税的有（ ）。

A. 个体工商户的生产经营所得

B. 工资、薪金所得

C. 对企事业单位的承包经营、承租经营所得

D. 稿酬所得

答案：BD

(2) 经营所得，适用5%～35%的超额累进税率，见表5-2。

表5-2 个人所得税税率表2（经营所得适用）

级数	全年应纳税所得额	税率（%）
1	不超过30 000元的	5
2	超过30 000元至90 000元的部分	10
3	超过90 000元至300 000元的部分	20
4	超过300 000元至500 000元的部分	30
5	超过500 000元的部分	35

［注意］表5－2所称全年应纳税所得额是指以每一纳税年度的收入总额减除成本、费用以及损失后的余额。

（3）利息、股息、红利所得，财产租赁所得，财产转让所得和偶然所得，适用比例税率，税率为20%。

第五节 计税依据的确定

一、计税依据的一般规定

个人所得税的计税依据是纳税人取得的应纳税所得额。应纳税所得额是个人取得的各项收入减去税法规定的扣除项目或扣除金额后的余额。正确计算应纳税所得额，是依法征收个人所得税的基础和前提。

1. 收入的形式

个人所得的形式，包括现金、实物、有价证券和其他形式的经济利益；所得为实物的，应当按照取得的凭证上所注明的价格计算应纳税所得额，无凭证的实物或者凭证上所注明的价格明显偏低的，参照市场价格核定应纳税所得额；所得为有价证券的，根据票面价格和市场价格核定应纳税所得额；所得为其他形式经济利益的，参照市场价格核定应纳税所得额。

2. 费用扣除的方法

在计算应纳税所得额时，除特殊项目外，一般允许从个人的应税收入中减去税法规定的扣除项目或扣除金额，包括为取得收入所支出的必要的成本或费用。因为个人在取得收入、所得的过程中，大多需要支付一些必要的成本或费用。从世界各国征收个人所得税的实践来看，一般都允许纳税人从其收入、所得总额中扣除必要的费用，仅就扣除费用后的余额征税。

《个人所得税法》对不同来源的所得规定了不同的扣除办法。

二、专项扣除

1. 子女教育

纳税人的子女接受全日制学历教育的相关支出，按照每个子女每月1 000元的标准定额扣除。学历教育包括义务教育（小学教育、初中教育）、高中阶段教育（普通高中教育、中等职业教育、技工教育）、高等教育（大学专科教育、大学本科教育、硕士研究生教育、博士研究生教育）。父母可以选择由一方按扣除标准的100%扣除，也可以选择由双方分别按扣除标准的50%扣除，具体扣除方式在一个纳税年度内不能变更。纳税人子女在中国境外接受教育的，纳税人应当留存境外学校录取通知书、留学签证等相关教育的证明资料备查。

2. 继续教育

纳税人在中国境内接受学历（学位）继续教育的支出，在学历（学位）教育期间按照每月 400 元定额扣除。同一学历（学位）继续教育的扣除期限不能超过 48 个月。纳税人接受技能人员职业资格继续教育、专业技术人员职业资格继续教育的支出，在取得相关证书的当年，按照 3 600 元定额扣除。

3. 大病医疗

在一个纳税年度内，纳税人发生的与基本医疗保险相关的医药费用支出，扣除医疗保险报销后个人负担（指医疗保险目录范围内的自付部分）累计超过 15 000 元的部分，由纳税人在办理年度汇算清缴时，在 80 000 元的限额内据实扣除。纳税人发生的医药费用支出可以选择由本人或者其配偶扣除；未成年子女发生的医药费用支出可以选择由其父母一方扣除。

4. 住房贷款利息

纳税人本人或者其配偶单独或共同使用商业银行或者住房公积金个人住房贷款为本人或者其配偶购买中国境内住房，发生的首套住房贷款利息支出，在实际发生贷款利息的年度，按照每月 1 000 元的标准定额扣除，扣除期限最长不超过 240 个月。纳税人只能享受一次首套住房贷款的利息扣除。首套住房贷款是指购买住房并享受首套住房贷款利率的住房贷款。

经夫妻双方约定，可以选择由其中一方扣除，具体扣除方式在一个纳税年度内不能变更。

夫妻双方婚前分别购买住房发生的首套住房贷款，其贷款利息支出，婚后可以选择其中一套购买的住房，由购买方按扣除标准的 100%扣除，也可以由夫妻双方对各自购买的住房分别按扣除标准的 50%扣除，具体扣除方式在一个纳税年度内不能变更。

5. 住房租金

纳税人在主要工作城市没有自有住房而发生的住房租金支出，可以按照以下标准定额扣除：

（1）直辖市、省会（首府）城市、计划单列市以及国务院确定的其他城市，扣除标准为每月 1 500 元。

（2）除第（1）项所列城市外，市辖区户籍人口超过 100 万的城市，扣除标准为每月 1 100 元；市辖区户籍人口不超过 100 万的城市，扣除标准为每月 800 元。

纳税人的配偶在纳税人的主要工作城市有自有住房的，视同纳税人在主要工作城市有自有住房。市辖区户籍人口以国家统计局公布的数据为准。主要工作城市是指纳税人任职受雇的直辖市、计划单列市、副省级城市、地级市（地区、州、盟）全部行政区域范围；纳税人无任职受雇单位的，为受理其综合所得汇算清缴的税务机关所在城市。夫妻双方主要工作城市相同的，只能由一方扣除住房租金支出。纳税人及其配偶在一个纳税年度内不能同时分别享受住房贷款利息和住房租金专项附加扣除。

6. 赡养老人

纳税人赡养一位及以上被赡养人的赡养支出，统一按照以下标准定额扣除：

（1）纳税人为独生子女的，按照每月 2 000 元的标准定额扣除。

（2）纳税人为非独生子女的，由其与兄弟姐妹分摊每月 2 000 元的扣除额度，每人分摊的额度不能超过每月 1 000 元。可以由赡养人均摊或者约定分摊，也可以由被赡养人指定分摊。采用约定或者指定分摊的需要签订书面分摊协议，指定分摊优先于约定分摊。具体分摊方式和额度在一个纳税年度内不能变更。被赡养人是指年满 60 岁的父母，以及子女均已去世的年满 60 岁的祖父母、外祖父母。

三、计税依据的特殊规定

（1）个人将其所得通过中国境内的社会团体、国家机关向教育和其他社会公益事业以及遭受严重自然灾害地区、贫困地区的捐赠，捐赠额未超过纳税人申报的应纳税所得额30%的部分，可以从其应纳税所得额中扣除（国务院规定对公益慈善事业捐赠实行全额税前扣除的，从其规定）。

（2）个人通过非营利的社会团体和国家机关向红十字事业的捐赠，在计算缴纳个人所得税时，准予从应纳税所得额中全额扣除。

（3）自 2001 年 7 月 1 日起，个人通过非营利的社会团体和国家机关向农村义务教育的捐赠，在计算缴纳个人所得税时，准予从应纳税所得额中全额扣除。

（4）个人通过非营利的社会团体和国家机关对公益性青少年活动场所（包括新建）的捐赠，在计算缴纳个人所得税时，准予从应纳税所得额中全额扣除。

（5）个人的所得（不含偶然所得、经国务院财政部门确定征税的其他所得）用于对非关联的科研机构和高等学校研发新产品、新技术、新工艺所发生的研发费用的资助，可以全额在下月（工资、薪金所得）、下次（按次计征的所得）或当年（按年计征的所得）计征个人所得税时，从应纳税所得额中扣除；不足抵扣的，不得结转抵扣。

（6）对个人购买符合规定的商业健康保险产品的支出，允许在当年（月）计算应纳税所得额时予以税前扣除，扣除限额为 2 400 元/年（200 元/月）。单位统一为员工购买符合规定的商业健康保险产品的支出，应分别计入员工个人的工资、薪金所得，视同个人购买，按上述限额予以扣除。

（7）自 2018 年 5 月 1 日起，在上海市、福建省（含厦门市）和苏州工业园区实施个人税收递延型商业养老保险试点。对试点地区个人通过个人商业养老资金账户购买符合规定的商业养老保险产品的支出，允许在一定标准内税前扣除；计入个人商业养老资金账户的投资收益，暂不征收个人所得税；个人在领取商业养老金时再征收个人所得税。

第六节　应纳税额的计算

一、居民个人的综合所得

2018 年 12 月 19 日，国家税务总局发布了《关于全面实施新个人所得税法若干征管衔接问题的公告》（以下简称《公告》），确保新旧税制平稳过渡。该《公告》明确，为了尽可能使居民个人日常被扣缴义务人预扣预缴的税款与其年度应纳税款接近，同时便于扣缴义务人和纳税人顺利适应税制转换，居民个人的工资、薪金所得的个人所得税，日常采取累计预扣法进行预扣预缴；劳务报酬所得、稿酬所得、特许权使用费所得的个人所得税，采取基本平移现行规定的做法预扣预缴。

考虑到综合所得预扣预缴个人所得税税额与居民个人年度综合所得应纳税额的计算方法存在一定差异，对于居民个人预缴税额与年度应纳税额之间的差额，应在年度终了后由居民个人于次年 3 月 1 日至 6 月 30 日向主管税务机关办理综合所得年度汇算清缴，税款多退少补。

（1）扣缴义务人向居民个人支付工资、薪金所得时，应当按照累计预扣法计算预扣税款，并按月办理全员全额扣缴申报。具体计算公式如下：

$$\text{本期应预扣预缴税额}=\left(\text{累计预扣预缴应纳税所得额}\times\text{预扣率}-\text{速算扣除数}\right)-\text{累计减免税额}-\text{累计已预扣预缴税额}$$

$$\text{累计预扣预缴应纳税所得额}=\text{累计收入}-\text{累计免税收入}-\text{累计减除费用}-\text{累计专项扣除}-\text{累计专项附加扣除}-\text{累计依法确定的其他扣除}$$

[注意] 累计减除费用应按照 5 000 元/月乘以纳税人当年截至本月在本单位的任职受雇月份数计算。该规定中的专项扣除包括居民个人按照国家规定的范围和标准缴纳的基本养老保险、基本医疗保险、失业保险等社会保险费和住房公积金（“三险一金”）等；专项附加扣除包括子女教育、继续教育、大病医疗、住房贷款利息或者住房租金、赡养老人等支出。其中，大病医疗的扣除需要由纳税人在年度汇算清缴时办理，即 2019 年的大病医疗支出要在 2020 年办理汇算清缴时才能予以抵扣，在 2019 年每月的专项附加扣除中不体现大病医疗扣除。

在上述公式中，计算居民个人工资、薪金所得预扣预缴税额的预扣率、速算扣除数，按《个人所得税预扣率表一》（见表 5－3）执行。

表 5－3　个人所得税预扣率表一

级数	累计预扣预缴应纳税所得额	预扣率（%）	速算扣除数（元）
1	不超过 36 000 元的部分	3	0
2	超过 36 000 元至 144 000 元的部分	10	2 520
3	超过 144 000 元至 300 000 的部分	20	16 920
4	超过 300 000 至 420 000 的部分	25	31 920
5	超过 420 000 至 660 000 的部分	30	52 920
6	超过 660 000 至 960 000 的部分	35	85 920
7	超过 960 000 的部分	45	181 920

[例 5－2]　2019 年，A 先生的每月税前工资均为 15 000 元，其中“三险一金”的总额为 2 000 元。A 先生有一位正在读小学的女儿，并且 A 先生与姐姐共同赡养老人。按照个人所得税专项附加扣除的规定，他每月可享受 1 000 元的子女教育专项附加扣除和 1 000 元的赡养老人专项附加扣除，此外再无减免收入。计算 2019 年 3 月 A 先生缴纳的个人所得税。

解：

$$3月A先生缴纳的个人所得税=(15\,000-2\,000-1\,000-1\,000-5\,000)\times3\times3\%-(15\,000-2\,000-1\,000-1\,000-5\,000)\times2\times3\%=180(元)$$

（2）扣缴义务人向居民个人支付劳务报酬所得、稿酬所得、特许权使用费所得，按次或者按月预扣预缴个人所得税。具体预扣预缴方法如下：

1）劳务报酬所得、稿酬所得、特许权使用费所得以收入减除费用后的余额为收入额。其中，稿酬所得的收入额减按70%计算。

2）劳务报酬所得、稿酬所得、特许权使用费所得每次收入不超过4 000元的，减除费用按800元计算；每次收入在4 000元以上的，减除费用按20%计算。

3）劳务报酬所得、稿酬所得、特许权使用费所得以每次收入额为预扣预缴应纳税所得额。劳务报酬所得适用20%～40%的超额累进预扣率（见表5-4《个人所得税预扣率表二》），稿酬所得、特许权使用费所得适用20%的比例预扣率。

劳务报酬所得应预扣预缴税额=预扣预缴应纳税所得额×预扣率－速算扣除数

稿酬所得、特许权使用费所得应预扣预缴税额=预扣预缴应纳税所得额×20%

表5-4 个人所得税预扣率表二

级数	累计预扣预缴应纳税所得额	预扣率（%）	速算扣除数（元）
1	不超过20 000元的部分	20	0
2	超过20 000元至50 000元的部分	30	2 000
3	超过50 000元的部分	40	7 000

［例5-3］ 2019年2月，B女士获得稿酬4 000元，该笔稿酬预扣预缴的个人所得税为多少？

解：

$$B女士应预扣预缴的个人所得税=(4\,000-800)\times70\%\times20\%=448(元)$$

二、非居民个人的工资、薪金所得

非居民个人的工资、薪金所得以每月收入额减除费用5 000元后的余额为应纳税所得额；劳务报酬所得、稿酬所得、特许权使用费所得以每次收入额为应纳税所得额，适用《个人所得税税率表三》（见表5-5）计算应纳税额。其中，劳务报酬所得、稿酬所得、特许权使用费所得以收入减除20%费用后的余额为收入额。稿酬所得的收入额减按70%计算。

扣缴义务人在向非居民个人支付工资、薪金所得，劳务报酬所得，稿酬所得和特许权使用费所得时，应当依照以下方法按月或者按次代扣代缴个人所得税：

非居民个人的工资、薪金所得，劳务报酬所得，稿酬所得，特许权使用费所得的应纳税额=应纳税所得额×税率－速算扣除数

表 5-5 个人所得税税率表三

（非居民个人工资、薪金所得，劳务报酬所得，稿酬所得，特许权使用费所得适用）

级数	应纳税所得额	税率（%）	速算扣除数（元）
1	不超过 3 000 元	3	0
2	超过 3 000 元至 12 000 元的部分	10	210
3	超过 12 000 元至 25 000 元的部分	20	1 410
4	超过 25 000 元至 35 000 元的部分	25	2 660
5	超过 35 000 元至 55 000 元的部分	30	4 410
6	超过 55 000 元至 80 000 元的部分	35	7 160
7	超过 80 000 元的部分	45	15 160

三、经营所得

经营所得是指个人或个体工商户从事生产经营活动所得，办学、医疗、咨询等有偿服务活动所得和对企事业单位的承包、承租经营所得。经营所得以每一纳税年度的收入总额减除成本、费用以及损失后的余额，为应纳税所得额。

（一）对个体工商户的生产经营所得的计税方法

个体工商户的生产经营所得以每一纳税年度的收入总额，减除成本、费用、税款、损失、其他支出以及允许弥补的以前年度亏损后的余额，为应纳税所得额。具体计算公式为：

应纳税额＝应纳税所得额×适用税率－速算扣除数

应纳税所得额＝全年收入总额－成本、费用及损失

1. 收入总额

个体工商户从事生产经营以及与生产经营有关的活动（以下简称“生产经营”）取得的货币形式和非货币形式的各项收入，为收入总额，包括销售货物收入、提供劳务收入、转让财产收入、利息收入、租金收入、接受捐赠收入和其他收入（包括个体工商户资产溢余收入、逾期一年以上的未退包装物押金收入、确实无法偿付的应付款项、已作坏账损失处理后又收回的应收款项、债务重组收入、补贴收入、违约金收入、汇兑收益等）。以上各项收入应当按照权责发生制原则确定。

2. 准予扣除的项目

在计算应纳税所得额时，准予从收入总额中扣除的项目包括成本、费用、税金、损失、其他支出以及允许弥补的以前年度亏损。

（1）成本，是指个体工商户在生产经营活动中发生的销售成本、销货成本、业务支出以及其他耗费。个体工商户使用或者销售存货，按照规定计算的存货成本，准予在计算应纳税所得额时扣除。

（2）费用，是指个体工商户在生产经营活动中发生的销售费用、管理费用和财务费用，已经计入成本的有关费用除外。个体工商户在生产经营活动中，应当分别核算生产经营费用和个人、家庭费用。对于生产经营费用与个人、家庭生活费用混用且难以分清的，

其中的40%视为与生产经营有关的费用，准予扣除。

（3）税金，是指个体工商户在生产经营活动中发生的除个人所得税和允许抵扣的增值税以外的各项税金及其附加。

（4）损失，是指个体工商户在生产经营活动中发生的固定资产和存货的盘亏、毁损、报废损失，转让财产损失，坏账损失，自然灾害等不可抗力因素造成的损失以及其他损失。

（5）其他支出，是指除成本、费用、税金、损失外，个体工商户在生产经营活动中发生的与生产经营活动有关的、合理的支出。

（6）亏损，是指个体工商户依照《个体工商户个人所得税计税办法》规定计算的应纳税所得额小于零的数额。个体工商户在纳税年度发生的亏损，准予向以后年度结转，用以后年度的生产经营所得弥补，但结转年限最长不得超过五年。

[注意] 除税收法律法规另有规定外，个体工商户实际发生的成本、费用、税金、损失和其他支出，不得重复扣除。

3. 准予在所得税前列支的其他项目及列支标准

（1）个体工商户实际支付给从业人员的、合理的工薪支出，准予扣除。

[注意] 个体工商户业主的工薪支出不得税前扣除。

（2）个体工商户按照国务院有关主管部门或者省级人民政府规定的范围和标准为其业主及从业人员缴纳的基本养老保险费、基本医疗保险费、失业保险费、生育保险费、工伤保险费和住房公积金，准予扣除。

（3）除个体工商户依照国家有关规定为特殊工种从业人员支付的人身安全保险费和财政部、国家税务总局规定可以扣除的其他商业保险费外，个体工商户业主本人或者为从业人员支付的商业保险费，不得扣除。

（4）个体工商户在生产经营活动中发生的合理的不需要资本化的借款费用，准予扣除。个体工商户为购置、建造固定资产、无形资产和经过12个月以上的建造才能达到预定可销售状态的存货发生借款的，在有关资产购置、建造期间发生的合理的借款费用，应当作为资本性支出计入有关资产的成本，并依照相关规定扣除。

（5）个体工商户在生产经营活动中发生的下列利息支出，准予扣除：

1）向金融企业借款的利息支出。

2）向非金融企业和个人借款的利息支出，不超过按照金融企业同期同类贷款利率计算的数额部分。

（6）个体工商户在货币交易中，以及纳税年度终了时将人民币以外的货币性资产、负债按照期末即期人民币汇率中间价折算为人民币时产生的汇兑损失，除已经计入有关资产成本的部分外，准予扣除。

（7）个体工商户向当地工会组织拨缴的工会经费、实际发生的职工福利费支出、职工教育经费支出分别在工资、薪金总额的2%、14%、2.5%的标准内据实扣除。个体工商户业主本人向当地工会组织缴纳的工会经费、实际发生的职工福利费支出、职工教育经费支出，以当地（地级市）上年度社会平均工资的3倍为计算基数，在规定比例内据实扣除。

[注意] 工资、薪金总额是指允许在当期税前扣除的工资、薪金支出数额。职工教育经费的实际发生数额超出规定比例当期不能扣除的数额，准予在以后纳税年度结转扣除。

（8）个体工商户发生的与生产经营活动有关的业务招待费，按照实际发生额的60%扣除，但最高不得超过当年销售（营业）收入的5‰。业主自申请营业执照之日起至开始生产经营之日止所发生的业务招待费，按照实际发生额的60%计入个体工商户的开办费。

（9）个体工商户每一纳税年度发生的与其生产经营活动直接相关的广告费和业务宣传费不超过当年销售（营业）收入15%的部分，可以据实扣除；超过部分，准予在以后纳税年度结转扣除。

（10）个体工商户按照规定缴纳的摊位费、行政性收费、协会会费等，按实际发生数额扣除。

（11）个体工商户根据生产经营活动的需要租入固定资产支付的租赁费，按照以下方法扣除：

1）以经营租赁方式租入固定资产发生的租赁费支出，按照租赁期限均匀扣除。

2）以融资租赁方式租入固定资产发生的租赁费支出，按照规定构成融资租入固定资产价值的部分应当提取折旧费用，分期扣除。

（12）个体工商户参加财产保险，按照规定缴纳的保险费，准予扣除。

（13）个体工商户发生的合理的劳动保护支出，准予扣除。

（14）个体工商户自申请营业执照之日起至开始生产经营之日止所发生的符合《个体工商户个人所得税计税办法》规定的费用，除为取得固定资产、无形资产的支出，以及应计入资产价值的汇兑损益、利息支出外，作为开办费，个体工商户可以选择在开始生产经营的当年一次性扣除，也可自生产经营月份起在不短于3年的期限内摊销扣除，但一经选定，不得改变。

[注意] 个体工商户的开始生产经营之日为取得第一笔销售（营业）收入的日期。

（15）个体工商户通过公益性社会团体或者县级以上人民政府及其部门，用于《中华人民共和国公益事业捐赠法》规定的公益事业的捐赠，捐赠额不超过其应纳税所得额30%的部分，可以据实扣除。财政部、国家税务总局规定可以全额在税前扣除的捐赠支出项目，按有关规定执行。个体工商户直接对受益人的捐赠，不得扣除。

（16）个体工商户为研发新产品、新技术、新工艺所发生的研发费用，以及为研发新产品、新技术而购置单台价值在10万元以下的测试仪器和试验性装置的购置费，准予直接扣除；单台价值在10万元（含10万元）以上的测试仪器和试验性装置，按固定资产管理，不得在当期直接扣除。

4. 不得在所得税前列支的项目

（1）个人所得税税款。

（2）税收滞纳金。

（3）罚金、罚款和被没收财物的损失。

（4）不符合扣除规定的捐赠支出。

（5）赞助支出。赞助支出是指个体工商户发生的与生产经营活动无关的各种非广告性质支出。

（6）用于个人和家庭的支出。

（7）与取得生产经营收入无关的其他支出。

（8）国家税务总局规定不准扣除的支出。

5. 应纳税额的计算方法

个体工商户个人所得税采用查账征收的，具体计算方法如下：

$$\text{累计应纳税所得额}=\left(\text{累计利润总额}-\text{弥补以前年度亏损}\right)\times\text{合伙企业合伙人分配比例}-\text{投资者减除费用}$$

$$\text{投资者减除费用}=\text{税法修改前实际经营月份数}\times 3\,500+\text{税法修改后实际经营月份数}\times 5\,000+\text{个人税收递延型商业养老保险等其他费用}$$

说明：适用于过渡期纳税人，2009 年 1 月 1 日开始按每月 5 000 元标准扣除。

$$\text{月度预缴税额}=\text{税法修改前的经营期应预缴税额}+\text{税法修改后的经营期应预缴税额}-\text{本年已预缴税额}$$

[例 5-4] 2018 年 1—10 月某个体工商户的生产经营利润为 86 500 元。其中，1—9 月的生产经营利润为 76 500 元，预缴了 5 250 元。计算 2018 年 10 月该个体工商户应缴纳的个人所得税。

解： 2018 年 10 月应缴纳的个人所得税为：

累计应纳税所得额＝865 000－3 500×9－5 000×1＝50 000(元)

10 月 1 日前的应纳税额＝(50 000×20%－3 750)×9/10＝5 625(元)

10 月 1 日后的应纳税额＝(50 000×10%－1 500)×1/10＝350(元)

该个体工商户 10 月份税款所属期的应纳税额＝5 625＋350－5 250＝725(元)

（二）对企事业单位的承包、承租经营所得的计税方法

对企事业单位的承包、承租经营所得是以每一纳税年度的收入总额减除必要费用后的余额，为应纳税所得额。其中，收入总额是指纳税人按照承包、承租经营合同规定分得的经营利润和工资、薪金性质的所得。个人的承包、承租经营所得，既有工资、薪金性质，又含生产经营性质，但考虑到个人按承包、承租经营合同规定分到的是经营利润，涉及的生产经营成本、费用已经扣除，具体计算如下：

应纳税额＝应纳税所得额×适用税率－速算扣除数

[注意] 纳税年度的收入总额包括承包人的个人工资，但不包括上交的承包费。

四、财产租赁所得

个人取得的财产转租收入，属于“财产租赁所得”的征税范围，由财产转租人缴纳个人所得税。

个人出租房产，在计算缴纳所得税时从收入（不含增值税）中依次扣除以下费用：

(1) 财产租赁过程中缴纳的税费（附加税费、房产税，增值税为价外税，不得扣除）。

(2) 向出租方支付的租金（无转租收入，不扣除此项）。

(3) 由纳税人负担的该出租财产实际开支的修缮费用，每次以 800 元为限；一次扣不完的下次继续扣，直至扣完为止。

(4) 税法规定的费用扣除标准（800 元或 20%）：

1）每次月收入不超过 4 000 元的：

$$\text{应纳税所得额}=\text{每次(月)收入额}-\text{准予扣除项目}-\text{修缮费用(800元为限)}-800$$

2）每次（月）收入超过 800 元的：

$$\text{应纳税所得额}=\left[\text{每次(月)收入额}-\text{准予扣除项目}-\text{修缮费用(800元为限)}\right]\times(1-20\%)$$

［例 5-5］ 2018 年 7 月，中国公民王某承租市区房屋一套，每月支付租金 2 000 元；9 月将该房屋转租，每月取得转租收入 4 000 元（不含增值税），并按规定缴纳了除增值税外的各项税费 66 元；当月还发生房屋修缮费用 1 000 元，取得装修公司正式发票。计算王某转租房屋应缴纳的个人所得税。

解：

王某应缴纳的个人所得税＝(4 000－66－2 000－800－800)×10%＝33.4(元)

五、财产转让所得

财产转让所得是以转让财产的收入额减除财产原值和合理费用后的余额，为应纳税所得额。

(1) 一般情况下财产转让所得应纳税额的计算：

应纳税额＝应纳税所得额×适用税率＝(收入总额－财产原值－合理税费)×20%

(2) 不同财产转让的个人所得税计算（房产、股权、有价证券、收藏品）：

1）个人住房转让所得应纳税额的计算：

①房产原值，如购置的商品房为实际支付的房价款及其缴纳的相关税费。

②合理费用，是指纳税人按照规定实际支付的住房装修费用、住房贷款利息、手续费、公证费等费用。

③转让房屋中缴纳的税金。

［例 5-6］ 中国公民张某为国内某企业的高级技术人员，3 月转让购买的三居室精装修房屋一套，不含增值税售价为 230 万元，转让过程中支付相关税费 13.8 万元。该套房屋的购进价为 100 万元，购房过程中支付的不包含增值税的相关税费为 3 万元。所有税费支出均取得合法凭证。计算转让该房屋所得应缴纳的个人所得税。

解：

转让该房屋所得应缴纳的个人所得税＝(230－100－13.8－3)×20%＝22.64(万元)

2）股权转让所得应纳税额的计算：

应纳税所得额＝股权转让收入－股权原值－合理费用

①个人股权转让包括出售、公司回购、强制过户等。

②“财产转让所得”项目缴纳个人所得税，以股权转让方为纳税人，以受让方为扣缴义务人，于股权转让相关协议签订后5个工作日内报送主管税务机关。

③股权转让收入包括违约金、补偿金以及其他名目的款项、资产、权益等。纳税人按照合同约定，在满足约定条件后取得的后续收入，应当作为股权转让收入。

六、利息、股息、红利所得和偶然所得

利息、股息、红利所得和偶然所得，以每次收入额为应纳税所得额。

（一）利息、股息、红利所得的计税方法

1. 应纳税所得额

利息、股息、红利所得以个人每次取得的收入额为应纳税所得额，不得从收入额中扣除任何费用。其中，每次收入是指支付单位或个人在每次支付利息、股息、红利时，个人所取得的收入。对于股份制企业在分配股息、红利时，以股票形式向股东个人支付应得的股息、红利（即派发红股），应以派发红股的票面金额为收入额，计算征收个人所得税。

2. 应纳税额的计算方法

利息、股息、红利所得适用20%的比例税率，具体计算公式为：

应纳税额＝应纳税所得额(每次收入额)×适用税率

[例5-7]　2018年，李某获得某股份有限公司（非上市）分配的股息200 000元。计算应缴纳的个人所得税。

解：

应缴纳的个人所得税＝200 000×20%＝40 000(元)

（二）偶然所得的计税方法

1. 应纳税所得额

偶然所得以个人每次取得的收入额为应纳税所得额，不扣除任何费用。除有特殊规定外，每次收入额就是应纳税所得额，以每次取得该项收入为一次。

2. 应纳税额的计算方法

偶然所得适用20%的比例税率，具体计算公式为：

应纳税额＝应纳税所得额(每次收入额)×适用税率

七、个人所得税的特殊计税方法

如何正确、合理地确定和计算应纳税所得额及应纳税额，是一个比较复杂的问题。除了以上几种应税项目的计税方法以外，税法还对计税过程中的一些普遍性问题和特殊问题，规定有专门的计税方法。

（一）扣除捐赠款的计税方法

税法规定，个人将其所得对教育事业和其他公益事业捐赠的部分，允许从应纳税所得额中扣除。上述捐赠是指个人将其所得通过中国境内的社会团体、国家机关向教育和其他社会公益事业以及遭受严重自然灾害地区、贫困地区的捐赠。我国的个人所得税在政策上鼓励个人向公益事业及灾区、贫困地区捐赠，以推动公益事业的发展。税法规定对教育和公益事业的捐赠给予扣除，不仅体现了国家的政策，也符合国际惯例。一般捐赠额的扣除以不超过纳税人申报应纳税所得额的30%为限。具体计算公式为：

捐赠扣除限额＝申报的应纳税所得额×30%

允许扣除的捐赠额＝实际捐赠额（≤捐赠限额）

如果实际捐赠额大于捐赠限额，只能按捐赠限额扣除。

应纳税额＝（应纳税所得额－允许扣除的捐赠额）×适用税率－速算扣除数

［注意］国务院规定对公益慈善事业捐赠实行全额税前扣除的，从其规定。个人的所得（不含偶然所得和经国务院财政部门确定征税的其他所得）用于资助非关联的科研机构和高等学校研发新产品、新技术、新工艺所发生的研发费用，可以全额在下月、下次或当年计征个人所得税时，从应纳税所得额中扣除。

（二）境外缴纳税额抵免的计税方法

居民纳税人从中国境外取得的所得，准予其在应纳税额中扣除已在境外缴纳的个人所得税税额，但扣除额不得超过该纳税人境外所得依我国税法规定计算的应纳税额。

在中国境内有住所，或者虽无住所，但一个纳税年度内在中国境内居住183天以上的个人，从中国境内和境外取得的所得，都应缴纳个人所得税。实际上，纳税人的境外所得一般均已缴纳或负担了有关国家的所得税税额。为了避免发生国家间对同一所得的重复征税，同时维护我国的税收权益，税法规定：纳税人从中国境外取得的所得，区别不同国家和不同应税项目，准予其在应纳税额中扣除已在境外实缴的个人所得税税款，但扣除额不得超过该纳税人境外所得依照我国税法规定的扣除标准和税率计算的应纳税额。具体的规定及计税方法如下：

1. 实缴境外税款

实缴境外税款（即实际已在境外缴纳的税额）是指纳税人从中国境外取得的所得，依照所得来源国或地区的法律应当缴纳并且实际已缴纳的税额。

2. 抵免限额

准予抵免（扣除）的实缴境外税款最多不能超过境外所得按我国税法计算的抵免限额（应纳税额或扣除限额）。我国个人所得税的抵免限额采用分国不分项限额法。也就是说，对于分别来自不同国家或地区的应税项目，依照税法规定的费用减除标准和适用税率计算抵免限额。具体计算公式为：

$$\text{来自某国或地区的抵免限额}=\text{综合所得抵免限额}+\text{经营所得抵免限额}+\text{其他所得抵免限额}$$

综合所得抵免限额、经营所得抵免限额和其他所得抵免限额是指纳税人境外所得依照《个人所得税法》规定计算的应纳税额。

上式中的费用减除标准和适用税率，均指《个人所得税法》及其实施条例规定的有关费用减除标准和适用税率。不同国家的抵免限额不能相加。

3. 允许抵免额

允许在纳税人应纳我国个人所得税税额中扣除的税额要分国确定，即在计算出的来自一国或地区的抵免限额与实缴该国或地区的税款之间进行比较，以数额较小者作为允许抵免额。

4. 超限额与不足限额的结转

如果在某纳税年度发生实缴境外税款超过抵免限额，即发生超限额的情形，超限额部分不允许在应纳税额中抵扣，但可以在以后纳税年度仍来自该国或地区的不足限额（即实缴境外税款低于抵免限额的部分）中补扣。这一做法称为限额的结转或轧抵。

5. 应纳税额的计算

在计算出抵免限额和确定了允许抵免额之后，便可以对纳税人的境外所得计算应纳税额。具体计算公式为：

$$\text{应纳税额}=\sum\left(\text{来自某国或地区的所得}-\text{费用减除标准}\right)\times\text{适用税率}-\text{速算扣除数}-\text{允许抵免额}$$

（三）两人以上共同取得同一项目收入的计税方法

两个或两个以上的个人共同取得同一项目收入的（如编著一本书、参加同一场演出等），应当对每个人取得的收入分别按照税法规定减除费用后计算纳税，即实行“先分、后扣、再税”的办法，对每个人分得的收入分别减除费用，并计算各自应缴纳的税款。

第七节 税收优惠

一、免征个人所得税的优惠

（1）省级人民政府、国务院部委和中国人民解放军军以上单位，以及外国组织颁发的科学、教育、技术、文化、卫生、体育、环境保护等方面的奖金。

（2）国债利息、地方政府债券利息、国家发行的金融债券利息。

（3）按国家统一规定发给的补贴、津贴。（两院院士的特殊津贴每人每年1万元。）

（4）福利费、抚恤金、救济金。

（5）保险赔款。

（6）军人的转业费、复员费。

（7）离退休工资。

(8) 驻华使馆、领事馆的人员免税。

(9) 中国政府参加的国际公约以及签订的协议中规定免税的所得。

(10) 政府或够条件的机构发放的见义勇为奖金。

(11) 企业和个人按照省级以上人民政府规定的标准，以个人工资中的部分作为社会保险（住房、医疗、失业、养老）免税。

个人在领取原提存的住房公积金、医疗保险金、基本养老保险金等社会保险时，免予征收个人所得税。

(12) 外籍个人以非现金形式或实报实销形式取得的：

1) 住房补贴、伙食补贴、搬迁费、洗衣费。

2) 按合理标准取得的境内外出差补贴。

3) 取得的探亲费、语言训练费、子女教育费等，经当地税务机关审核批准为合理的部分。其中，探亲费仅限于外籍个人在我国的受雇地与其家庭所在地（包括配偶或父母居住地）之间搭乘交通工具，且每年不超过两次的费用。

(13) 个人举报、协查违法、犯罪而获得的奖金。

(14) 个人办理代扣代缴税款的手续费。

(15) 个人转让自用达5年以上并且是唯一的家庭居住用房取得的所得。

(16) 达到离退休年龄，但确因工作需要，适当延长离退休年龄的高级专家，在延长离退休期间的工资、薪金所得，视同退休工资、离休工资，免征个人所得税。

(17) 外籍个人从外商投资企业取得的股息、红利所得。

(18) 符合条件的外籍专家的工资、薪金所得。

(19) 在股权分置改革中非流通股股东通过对价方式向流通股股东支付的股份、现金等收入，暂免征收流通股股东应缴纳的个人所得税。

(20) 被拆迁人按照国家有关城镇房屋拆迁管理办法规定的标准取得的拆迁补偿款。

(21) 保险营销员的佣金。

保险营销员的佣金由展业成本和劳务报酬构成：

1) 展业成本（佣金的40%），免征个人所得税。

展业成本=(不含增值税佣金收入−附加税费)×40%

2) 劳务报酬部分，在扣除实际缴纳的税金及附加后，依照税法有关规定计算征收个人所得税。

(22) 证券经纪人从证券公司取得的佣金收入。按照“劳务报酬所得”项目缴纳个人所得税，方法同上。

(23) 个人取得流通股股票的股息、红利所得——差别化待遇。根据持股期限分别按全额（1个月以内）、减按50%（1个月至1年）、免税（1年以上）计入应纳税所得额。

[例5-8] 2018年2月，张某购进甲上市公司股票100 000股，成交价格为每股12元。同年4月，因甲上市公司进行2016年度利润分配，张某取得35 000元分红所得。计算张某应缴纳的个人所得税。

解：

张某应缴纳的个人所得税=35 000×50%×20%=3 500(元)

二、减征个人所得税的优惠

(1) 残疾、孤老人员和烈属的所得。
(2) 因严重自然灾害造成重大损失的。
(3) 其他经国务院财政部门批准减税的。

第八节 征收管理

一、有下列情形之一的，纳税人应当依法办理纳税申报

(1) 取得综合所得，需要办理汇算清缴。
(2) 取得应税所得，没有扣缴义务人。
(3) 取得应税所得，扣缴义务人未扣缴税款。
(4) 取得境外所得。
(5) 因移居境外注销中国户籍。
(6) 非居民个人在中国境内从两处以上取得工资、薪金所得。
(7) 国务院规定的其他情形。

二、纳税人及扣缴义务人的法定义务

个人所得税以所得人为纳税人，以支付所得的单位或者个人为扣缴义务人。纳税人有中国居民身份证号码的，以中国居民身份证号码为纳税人识别号；纳税人没有中国居民身份证号码的，由税务机关赋予其纳税人识别号。扣缴义务人在扣缴税款时，纳税人应当向扣缴义务人提供纳税人识别号。扣缴义务人应当按照国家规定办理全员全额扣缴申报，并向纳税人提供其个人所得和已扣缴税款等信息。税务机关应根据扣缴义务人所扣缴的税款，付给 2%的手续费。

三、申报纳税期限

(1) 居民个人取得综合所得，按年计算个人所得税；有扣缴义务人的，由扣缴义务人按月或者按次预扣预缴税款；需要办理汇算清缴的，应当在取得所得的次年 3 月 1 日至 6 月 30 日内办理汇算清缴。预扣预缴办法由国务院税务主管部门制定。

居民个人向扣缴义务人提供专项附加扣除信息的，扣缴义务人在按月预扣预缴税款时应当按照规定予以扣除，不得拒绝。

(2) 非居民个人取得工资、薪金所得，劳务报酬所得，稿酬所得和特许权使用费所得，有扣缴义务人的，由扣缴义务人按月或者按次代扣代缴税款，不办理汇算清缴。

(3) 纳税人取得经营所得，按年计算个人所得税，由纳税人在月度或者季度终了后15日内向税务机关报送纳税申报表，并预缴税款；在取得所得的次年3月31日前办理汇算清缴。

(4) 纳税人取得利息、股息、红利所得，财产租赁所得，财产转让所得和偶然所得，按月或者按次计算个人所得税，有扣缴义务人的，由扣缴义务人按月或者按次代扣代缴税款。

(5) 纳税人取得应税所得、没有扣缴义务人的，应当在取得所得的次月15日内向税务机关报送纳税申报表，并缴纳税款。

纳税人取得应税所得、扣缴义务人未扣缴税款的，纳税人应当在取得所得的次年6月30日前缴纳税款；税务机关通知限期缴纳的，纳税人应当按照期限缴纳税款。

居民个人从中国境外取得所得的，应当在取得所得的次年3月1日至6月30日内申报纳税。

非居民个人在中国境内从两处以上取得工资、薪金所得的，应当在取得所得的次月15日内申报纳税。

纳税人因移居境外注销中国户籍的，应当在注销中国户籍前办理税款清算。

(6) 扣缴义务人每月或者每次预扣、代扣的税款，应当在次月15日内缴入国库，并向税务机关报送《扣缴个人所得税申报表》。

纳税人办理汇算清缴退税或者扣缴义务人为纳税人办理汇算清缴退税的，税务机关在审核后，按照国库管理的有关规定办理退税。

四、法律责任

扣缴义务人应扣未扣、应收未收税款的，由税务机关向纳税人追缴税款，对扣缴义务人处应扣未扣、应收未收税款50%以上三倍以下的罚款；纳税人、扣缴义务人逃避、拒绝或者以其他方式阻挠税务机关检查的，由税务机关责令改正，可以处10 000元以下的罚款；情节严重的，处10 000元以上50 000元以下的罚款。扣缴义务人的法人代表（或单位主要负责人）、财会部门的负责人及具体办理代扣代缴税款的有关人员，共同对依法履行代扣代缴义务负法律责任。根据税法规定，扣缴义务人有偷税或者抗税行为的，除依法追缴税款、处以罚款（罚金）外，对情节严重的，还应追究直接责任人的刑事责任。

【本章习题】

1. 个人所得税的纳税人有哪些？怎样判定居民纳税人和非居民纳税人？
2. 个人所得税的应税所得项目有哪些？
3. 个人所得税的税率是如何设置的？
4. 个人所得税的应纳税所得额和应纳税额如何计算？

5. 个人所得税的税收优惠措施有哪些？

6.《个人所得税法》对境外所得的税额扣除是怎样规定的？

7. 某公司高级职员李先生 2018 年的收入情况如下：

(1) 公司每月支付其工资 5 000 元，年终奖金为 20 000 元。

(2) 在国内专业杂志上发表文章两篇，分别取得稿酬收入 1 200 元和 700 元。

(3) 与某大学王教授合著一本专业著作，3 月共得稿酬收入 20 000 元，其中李先生分得稿酬 12 000 元，并拿出 3 000 元捐赠给希望工程基金会。

(4) 12 月为某集团公司做专题讲座 4 次，每次报酬为 2 000 元。

(5) 将其拥有的两套住房中的一套已使用 7 年的住房出售，转让收入为 220 000 元。该房产的造价为 120 000 元。李先生另支付交易费用等相关费用 4 000 元。

请根据上述资料分项计算李先生 2018 年应缴纳的个人所得税。

第六章 关 税

［内容简介］　本章主要介绍关税的概念、分类、特点和作用，并介绍关税的纳税人、征税对象、税目、税率、征收管理等内容。本章的重点是关税的计算。在学习时，学生要注意关税税率的运用，以及进口货物关税完税价格的规定和关税应纳税额的计算，同时对关税法中的特殊性规定也应有一定了解。

第一节　关税概述

一、关税的概念

关税是海关依法对进出关境的货物和物品征收的一种税。

关境又称海关境域或关税领域。在一般情况下，一国的“关境”和“国境”是一致的，包括一国全部的领土、领海、领空。但是，若一国在国境内设立了自由港、自由贸易区等，这些区域就进出口关税而言处在关境之外。比如我国的香港、澳门保持自由独立港地位，为我国的单独关境区。单独关境区是不完全适用该国海关法律、法规或实施单独海关管理制度的区域。

关税是伴随国家之间经济联系的需要而产生和发展起来的。在当今国际社会，它不仅是各国政府取得财政收入的一种形式，而且是在国际经济交往中维护国家权益的重要手段。我国关税历史悠久，西周就有“关市之征”的记载，其征税的目的是“关市之赋，以待王之膳服”。秦统一天下后，国境的概念就比较明显了。随着国际贸易往来的逐渐增多，出现了陆地边境关卡的征税和沿海港口市舶机构的征税，具有了国境关税的特征。清初时曾设立江、浙、闽、粤四处海关，其后在不平等条约下增开对外通商口岸，设立海关，征收关税。但国内各地关卡林立，常关税、厘金税、子口税、转口税等国内关税与国境关税同时并存，至1931年后才逐步撤销了内地关税，只在国境征收进出口关税。自新中国成立后，国家组建了海关总署，统一管理全国海关业务。1950年1月，政务院颁布了《关于关税政策和海关工作的决定》，1951年5月颁布了《中华人民共和国暂行海关法》、《中华人民共和国海关进出口税则》和《中华人民共和国海关进出口税则暂行实施条例》，统一了新中国的关税政策，建立了完全独立自主的保护关税制度。

随着改革开放的发展，我国的关税制度经历了多次修订和补充。自1992年以来，我国已多次大范围地自主降低关税税率：1992年年底降低了2 898个税目的关税税率；1993年年底降低了3 371个税目的关税税率；1996年4月降低了4 900个税目的关税税率；1997年10月的降税涉及4 874个税目的商品，降幅达26%，关税的算术平均税率从23%降至17%；2002年，我国加入世界贸易组织（WTO），关税总水平由15.3%降到12%。在7 316个税目中，有5 332个税目有不同程度的降低，降税的税目占总税目的比例达73%。进口商品的税率结构主要表现为产品的加工程度越深，其关税税率越高，即在不可再生性资源、一般资源性产品及原材料、半成品、制成品中，不可再生性资源的税率较低，而制成品的税率较高。

现行的关税法律规范以全国人民代表大会于2017年11月修订颁布的《中华人民共和国海关法》（以下简称《海关法》）作为法律依据，国务院于2003年11月发布的至今已经过4次修订的《中华人民共和国进出口关税条例》（以下简称《进出口关税条例》），以及由国务院关税税则委员会审定并报国务院批准，作为条例组成部分并经过相应修订的《中华人民共和国海关进出口税则》（以下简称《海关进出口税则》）和《中华人民共和国海关关于入境旅客行李物品和个人邮递物品征收进口税办法》为基本法规。

二、关税的分类

按照不同的标准，关税有多种分类方法。按商品的流向分类，关税可分为进口关税、出口关税和过境关税三类；按征收的目的分类，可分为财政关税、保护关税、惩罚关税或报复关税；按征税的计税标准分类，可分为从价税、从量税、复合税、滑准税；按货物国别来源而区别对待分类，可分为最惠国关税、协定关税、特惠关税和普通关税等。

（一）按商品流向分类

1. 进口关税

进口关税是海关对进口货物和物品所征收的关税。在我国加入WTO后，于2002年1月1日再次调整了进口税则中的税目、税率，将总税目增加到7 316个，其中5 332个税目的税率有不同程度的降低。进口关税是关税中最重要的一种，在许多废除了出口关税和过境关税的国家，进口关税是唯一的关税。

2. 出口关税

出口关税是海关对出口货物和物品所征收的关税。由于征收出口关税会增加出口货物的成本，所以不利于本国货物在国际市场上的竞争。目前，世界上大多数国家都不征收出口关税，还在征收出口关税的主要是发展中国家，其目的是取得财政收入与调节市场供求关系。我国在2002年的出口税则中仅对一小部分关系国计民生的重要出口商品征收出口关税，一共有36个税目，其中对23个税目实行出口暂定税率，对其余的税目不征税。

3. 过境关税

过境关税是对外国经过本国国境运往另一国的货物所征收的关税。目前，世界上大多数国家都不征收过境关税，我国也不征收过境关税。

（二）按征收目的分类

1. 财政关税

财政关税是以增加财政收入为主要目的的关税。财政关税的基本特征是对进口产品与本国同类产品征收同样的税，或者征收的关税既不引导本国生产这种产品，也不引导生产能转移这种产品需求的代用品。

2. 保护关税

保护关税是为保护本国工农业生产而征收的关税。现代各国关税保护的重点各有不同。发达国家要保护的通常是国际竞争性很强的产品，发展中国家注重保护本国幼稚工业的发展。

3. 惩罚关税或报复关税

惩罚关税或报复关税是指一国针对别国对其进行贸易歧视、违背协议，而对从该国进口的产品征收的进口附加税。

（三）按计税标准分类

1. 从价税

从价税是一种最常用的关税计税标准。从价税是以货物的价格或者价值为征税标准，以应征税额占货物价格或者价值的百分比为税率，即价格越高、税额越高。当货物进口时，一国可以以此税率和海关审定的实际进口货物完税价格相乘计算应征税额。从价税的特点是，相对于进口货物的价格高低，其税额也相应变化。从价税的优点是税负公平明确、易于实施。但是，从价税也存在一些不足，如不同品种、规格、质量的相同货物的价格有很大差异，海关估价有一定的难度，因此计征关税的手续较为繁杂。目前，我国海关计征关税的标准主要是从价税。

2. 从量税

从量税是以货物的数量、重量、体积、容量等计量单位为计税标准，以每计量单位货物的应纳税额为税率。从量税的特点是，每种货物的单位应纳税额固定，不受该货物的价格影响。在计税时，从量税以货物的计量单位乘以每单位应纳税额即可得出该货物的关税税额。从量税的优点是计算简便、通关手续快捷，并能起到抑制低廉商品或故意低瞒价格货物的进口。但是，由于应税货物的应纳税额固定，因而在物价涨落时，应纳税额不能相应变化，因此，在物价上涨时，关税的调控作用相对减弱。目前，我国对原油、啤酒和胶卷等进口货物征收从量税。

3. 复合税

复合税又称混合税，即设立从价、从量两种税率，并随着完税价格和进口数量不断变化，即在征收时使用两种税率合并计征。复合税是对某种进口货物混合使用从价税和从量税的一种关税计税标准。混合使用从价税和从量税的方法有多种：对某种货物同时征收一定数额的从价税和从量税；对低于某价格进口的货物只按从价税计征关税，而对高于该价格进口的货物则混合使用从价税和从量税；等等。复合税既可以发挥从量税抑制低价进口货物的特点，又可以发挥从价税税负合理、稳定的特点。目前，我国仅对录像机、放像机、摄像机、数字照相机和摄录一体机等进口货物征收复合税。

4. 滑准税

滑准税是根据货物的不同价格适用不同税率的一类特殊的从价关税。滑准税是一种关税税率随进口货物的价格由高至低而由低至高设置计征关税的方法。通俗地讲，就是进口货物的价格越高，其进口关税税率越低；进口货物的价格越低，其进口关税税率越高。滑准税的特点是可以保持实行滑准税货物的国内市场价格的相对稳定，从而不受国际市场价格波动的影响。

（四）按货物国别来源而区别对待分类

1. 最惠国关税

最惠国关税适用原产于与我国共同适用最惠国待遇条款的 WTO 成员的进口货物，或原产于与我国签订有相互给予最惠国待遇条款的双边贸易协定的国家或地区的进口货物。

2. 协定关税

协定关税适用原产于我国参加的含有关税优惠条款的区域性贸易协定的有关缔约方的进口货物。

3. 特惠关税

特惠关税适用原产于与我国签订有特殊优惠关税协定的国家或地区的进口货物。

4. 普通关税

普通关税适用原产于上述国家或地区以外的国家或地区的进口货物。

（五）特别关税

特别关税是为了应对个别国家对我国出口货物的歧视。如果任何国家或者地区对原产于我国的货物征收歧视性关税或者给予其他歧视性待遇，海关可以对原产于该国或地区的进口货物征收特别关税。特别关税包括报复性关税、反倾销关税与反补贴关税、保障性关税。征收特别关税的货物、适用国别、税率、期限和征收办法，由国务院关税税则委员会决定，海关总署负责实施。

三、关税的特点

1. 关税以进出国境或关境的货物和物品为征税对象

关税的征税对象是进出国境或关境的货物和物品。属于贸易性进出口的商品称为货物；属于入境旅客携带的、个人邮递的、运输工具服务人员携带的，以及用其他方式进口个人自用的非贸易性商品称为物品。关税不同于因货物交换或提供劳务取得收入而征收的流转税，也不同于因取得所得或拥有财产而征收的所得税或财产税，而是对特定货物和物品途经海关通道进出口征税。

2. 关税由海关在进出口环节一次征收

关税由海关总署及所属机构具体管理和征收，征收关税是海关工作的一个重要组成部分。监督管理、征收关税和查缉走私是当前我国海关的三项基本任务。关税在进出口环节由海关征收以后，再销售或流通时不再缴纳本国的关税。与消费税一样，关税是实行一次征收的税种。

3. 实行复式税则

关税的税则是关税征税范围及其税率的法则。复式税则又称多栏税则，是指一个税目设有两个或两个以上的税率，根据进口货物原产国的不同，分别适用高低不同的税率。复式税则是一个国家对外贸易政策的体现。目前在国际上，除极个别国家外，各国关税普遍实行复式税则。

4. 关税具有涉外统一性，执行统一的对外经济政策

关税是一个国家的重要税种。国家征收关税不单是为了满足政府的财政需要，更重要的是利用关税来贯彻执行统一的对外经济政策，实现国家的政治经济目的。在我国现阶段，关税被用于实现平等互利的对外贸易，保护并促进国内工农业生产和发展，为社会主义市场经济服务。

四、关税的作用

1. 维护国家权益，有利于贯彻对外开放政策

关税是国家贯彻对外开放政策的一个重要手段，这是由关税的涉外性特点所决定的。虽然关税是一个经济手段，仅在国内征收，从表面上看似乎只是一个与对外贸易相联系的税收问题，但它会影响本国与其他国家的贸易和经济关系，因而也会影响到与其他国家的政治和外交关系。关税既可以作为本国与其他国家增加友好贸易往来的手段，也可以作为本国对外国进行防卫、报复的手段。历史发展到今天，关税已成为各国政府维护本国政治、经济权益，乃至进行国际经济斗争的一个重要武器。我国根据平等互利和对等原则，通过关税复式税则的运用等方式，争取国际关税互惠，并反对他国对我国进行关税歧视，用以促进对外经济技术交往、扩大对外经济合作。

2. 保护和促进本国工农业生产的发展

一个国家采取什么样的关税政策，是实行自由贸易，还是采用保护关税政策，是由该国的经济发展水平、产业结构状况、国际贸易收支状况以及参与国际经济竞争的能力等多方面因素决定的。国际上许多发展经济学家认为，自由贸易政策不适合发展中国家的情况。相反，这些国家为了顺利地发展民族经济、实现工业化，必须实行保护关税政策。我国作为发展中国家，一直十分重视利用关税保护本国的幼稚工业，促进进口替代工业的发展，因而我国关税在保护和促进本国工农业生产的发展方面发挥了重要作用。

3. 调节国民经济和对外贸易

关税是国家的重要经济杠杆，通过税率的高低和关税的减免，可以影响进出口规模、调节国民经济活动。例如，通过调节出口产品和出口产品生产企业的利润水平，有意识地引导各类产品的生产，调节进出口产品的数量和结构，可以促进国内市场上产品供需平衡

的实现，保护国内市场的物价稳定等。

4. 筹集国家财政收入

从世界大多数国家尤其是发达国家的税制结构分析，关税收入在整个财政收入中的比重不大，并呈现下降趋势。但是，一些发展中国家，主要是那些国内工业不发达、工商税源有限、国民经济主要依赖于某种或某几种初级资源产品出口，以及国内许多消费品主要依赖于进口的国家，征收进出口关税仍是它们取得财政收入的重要渠道之一。我国的关税收入是财政收入的重要组成部分，关税收入全部归中央财政，这可以保证中央财政收入有稳定的来源，对于保证国家重点建设有着重要意义。自新中国成立以来，关税为经济建设提供了可观的财政资金。目前，充分发挥关税在筹集建设资金方面的作用，仍是我国关税政策的一项重要内容。

第二节　基本征收制度

一、征税对象

关税的征税对象是指准许进出我国关境的货物和物品。货物是指贸易性产品，物品是指入境旅客随身携带的行李物品、个人邮递物品、各种运输工具上的服务人员携带进口的自用物品、馈赠物品以及通过其他方式进境的个人物品。

二、纳税人

关税的纳税人包括进口货物的收货人、出口货物的发货人、进出境物品的所有人。进出口货物的收、发货人是取得对外贸易经营权，进口或者出口货物的法人或其他社会团体。进出境物品的所有人包括该物品的所有人和推定为所有人的人。

三、税目和税率

（一）进出口税则

进出口税则是一国政府根据国家关税政策和经济政策，通过一定的立法程序制定、公布与实施的进出口货物和物品的关税税率表。进出口税则以税率表为主体，通常还包括实施税则的法令、使用税则的有关说明和附录等。《海关进出口税则》是我国海关凭以征收关税的法律依据，也是我国关税政策的具体体现。

税率表作为税则主体，包括税则商品分类目录和税率栏两大部分。税则商品分类目录是把种类繁多的商品加以综合，按照其不同特点分门别类地将其简化成数量有限的商品类目，分别编号并按序排列，称为税则号列，然后列出该编号对应的商品名称。商品分类的原则就是归类规则，包括归类总规则和各类、章、目的具体注释。税率栏是按商品分类目录逐项制定的税率栏目。我国现行进口税则为四栏税率，出口税则为一栏税率。从1992年1月至今，我国实施了以《商品名称及编码协调制度》为基础的进出口税则。《商品名称及编码协调制度》是一部科学、系统的国际贸易商品分类体系，它是对国际上多个商品分类目录进行协调的产物，适于与国际贸易有关的多方面需求，如海关、统计、贸易、运输、生产等，成为国际贸易商品分类的一种"标准语言"。

表6-1列示了税则的部分内容。

表6-1 税则部分内容的展示

税则号列	货品名称	最惠国税率	普通税率	增值税税率
6601.1000	庭院用伞及类似伞	6%	130%	13%
6601.9100	折叠伞	4%	130%	13%
6603.2000	伞骨（包括装在伞柄上的伞骨）	6%	130%	13%

（二）税　率

1. 进口关税税率

在加入世界贸易组织（WTO）之前，我国进口税则设有两栏税率，即普通税率和优惠税率。对原产于与我国未订有关税互惠协议的国家或者地区的进口货物，按照普通税率征税；对原产于与我国订有关税互惠协议的国家或者地区的进口货物，按照优惠税率征税。在我国加入WTO后，为履行我国在加入WTO关税减让谈判中承诺的有关义务，享有WTO成员应有的权利，自2002年1月1日起，我国在进口税则中设有最惠国税率、协定税率、特惠税率、普通税率、关税配额税率等。为支持"一带一路"和自由贸易区建设，加快推进我国与相关国家的经济贸易合作，营造有利于经济长期健康稳定发展的外部条件，2019年我国对原产于23个国家或地区的部分商品实施协定税率，其中进一步降税的有中国分别与新西兰、秘鲁、哥斯达黎加、瑞士、冰岛、澳大利亚、韩国、格鲁吉亚签订的自贸协定以及《亚太贸易协定》。根据我国内地与香港、澳门签署的货物贸易协议，内地对原产于香港、澳门的进口货物将全面实施零关税。

对进口货物在一定期限内可实行暂定税率。《进出口关税条例》规定，适用最惠国税率的进口货物有暂定税率的，应当适用暂定税率。适用特惠税率、协定税率的进口货物有暂定税率的，应当从低适用税率。适用普通税率的进口货物，不适用暂定税率。

2. 出口关税税率

我国出口税则为一栏税率，即出口税率。国家仅对少数资源性产品及易于竞相杀价、盲目出口、需要规范出口秩序的半成品征收出口关税。自2019年1月1日起，我国继续对铬铁等108种出口产品征收出口关税或实行出口暂定税率，税率维持不变，对化肥、磷灰石、铁矿砂、矿渣、煤焦油、木浆等94种产品不再征收出口关税。

3. 税率的运用

《进出口关税条例》和《中华人民共和国海关进出口货物征税管理办法》对税率的运用做出了明确规定：对于进出口货物，应按纳税人申报进口或者出口之日实施的税率征税；在进口货物到达前，经海关核准先行申报的，应按照装卸此物的运输工具申报进境之日实施的税率征税；进出口货物的补税和退税，应按照该进出口货物所实施的税率进行。

［注意］在特殊情况下，进出口货物的适用税率见表6－2。

表6－2　特殊情况下适用税率的选择

具体情况	适用税率
减免税货物转让或改变成不免税用途的	海关接受纳税人再次填写报关单申报办理纳税手续之日实施的税率
加工贸易进口保税料件转为内销的	经批准的，为申报转内销之日的税率；未经批准擅自转为内销的，为查获之日的税率
暂时进口货物转为正式进口的	申报正式进口之日实施的税率
分期支付租金的租赁进口货物分期付税时	海关接受纳税人再次填写报关单申报办理纳税手续之日实施的税率
溢卸、误卸货物，事后需要补税的	其运输工具申报进境之日实施的税率；进口日期无法查明的，按确定补税当天的税率
税则归类改变、完税价格审定、其他工作差错而需要补税的	原征税日期实施的税率
缓税进口以后缴税的	原进口之日实施的税率
走私补税	查获之日的税率

四、原产地规则

确定进境货物原产国的主要原因之一是便于正确运用进口税则的各栏税率，对产自不同国家或地区的进口货物适用不同的关税税率。我国的原产地规则基本上采用了“全部产地生产标准”和“实质性加工标准”两种国际上通用的原产地标准。

1. 全部产地生产标准

全部产地生产标准是指进口货物完全在一个国家内生产或制造，生产或制造国就是该货物的原产国。完全在一国生产或制造的进口货物包括：

（1）在该国领土或领海内开采的矿产品。

（2）在该国领土上收获或采集的植物产品。

（3）在该国领土上出生或由该国饲养的活动物及从其所得产品。

（4）在该国领土上狩猎或捕捞所得的产品。

（5）在该国的船只上卸下的海洋捕捞物，以及由该国船只在海上取得的其他产品。

（6）在该国加工船上加工上述第（5）项所列产品所得的产品。

（7）在该国收集的只适用于做再加工制造的废碎料和废旧物品。

（8）在该国完全使用上述第（1）项至第（7）项所列产品加工成的制成品。

2. 实质性加工标准

实质性加工标准是用于确定有两个或两个以上国家参与生产的产品的原产国标准，以最后一个对货物进行经济上可以视为实质性加工的国家作为有关产品的原产国。实质性加工是指产品加工后，在进出口税则中的税则归类已有了改变，或者加工增值部分占新产品总值的比例已超过30%。

3. 其 他

机器、仪器、器材或车辆所用零件、部件、配件、备件及工具，如与主件同时进口且数量合理，其原产地按主件的原产地确定；分别进口的，则按各自的原产地确定。

五、关税减免

关税减免是对某些纳税人和征税对象给予鼓励与照顾的一种特殊调节手段。正是有了这一手段，关税政策才兼顾了普遍性和特殊性、原则性和灵活性。因此，关税减免是贯彻国家关税政策的一项重要措施。关税减免分为法定减免税、特定减免税和临时减免税。根据《海关法》的规定，除法定减免税外的其他减免税均由国务院决定。减征关税在我国加入世界贸易组织前以税则规定的税率为基准，在我国加入世界贸易组织后以最惠国税率或者普通税率为基准。

1. 法定减免税

对于符合税法规定可予减免税的进出口货物，纳税人无须提出申请，海关可按规定直接予以减免税。《海关法》和《进出口关税条例》明确规定，下列货物、物品予以减免关税：

（1）关税税额在人民币50元以下的一票货物，可免征关税。

（2）无商业价值的广告品和货样，可免征关税。

（3）外国政府、国际组织无偿赠送的物资，可免征关税。

（4）进出境运输工具装载的途中必需的燃料、物料和饮食用品。

（5）在海关放行前损失的货物，可免征关税。

（6）在海关放行前遭受损坏的货物，可以根据海关认定的受损程度减征关税。

（7）中华人民共和国缔结或者参加的国际条约规定减征、免征关税的货物、物品，按规定予以减免关税。

（8）法律规定减征、免征关税的其他货物、物品。

2. 特定减免税

特定减免税又称政策性减免税。在法定减免税之外，国家按照国际通行规则和我国实际情况制定发布的有关进出口货物减免关税的政策，称为特定减免税。特定减免税货物一般有地区、企业和用途的限制，海关需要进行后续管理，也需要进行减免税统计。实行特定减免税的货物、物品包括如下几类。

（1）科教用品。

（2）残疾人专用品。

（3）扶贫、慈善性捐赠物资。

3. 临时减免税

临时减免税是指以上法定减免税和特定减免税以外的其他减免税，即由国务院根据《海关法》对某个单位、某类商品、某个项目或某批进出口货物的特殊情况给予特别照顾，一案一批、专文下达的减免税，一般有单位、品种、期限、金额或数量等限制。

第三节 应纳税额的计算

一、应纳税额的计算

我国关税税额的计算以从价计征为主，除此之外，还有从量计征和复合计征。现行税则注明了滑准税税率的计算公式，该公式是一个与应税进（出）口货物完税价格相关的取整函数。

不同计税方式下关税应纳税额的计算公式见表6-3。

表6-3 不同计税方式下关税应纳税额的计算公式

从价税	关税税额＝应税进（出）口货物数量×单位完税价格×税率
从量税	关税税额＝应税进（出）口货物数量×单位货物税额
复合税	关税税额＝应税进（出）口货物数量×单位货物税额＋应税进（出）口货物数量×单位完税价格×税率
滑准税	关税税额＝应税进（出）口货物数量×单位完税价格×滑准税税率

二、关税完税价格

关税完税价格是海关以进出口货物的实际成交价格为基础，经调整确定的计征关税的价格。在税率一定的情况下，能否准确无误地审定关税完税价格，是正确计算关税的关键。

（一）一般进口货物的完税价格

关税完税价格＝货价＋运抵口岸的运费＋保险费

进口货物的关税完税价格由海关以货物的成交价格为基础审查确定，并应包括该货物运抵中华人民共和国境内输入地点起卸前的运输及其相关费用、保险费。进口货物关税完税价格的确认方法有成交价格估价方法和海关估价方法两种。

1. 成交价格估价方法

进口货物的成交价格是指卖方向我国境内销售该货物时，买方为进口该货物向卖方实付、应付的价款总额，其中包括直接支付的价款和间接支付的价款。

[注意] 进口货物的成交价格需要按照《完税价格办法》的有关规定进行调整，见表6-4。

表 6-4 对实付或应付价格进行调整的规定

计入完税价格的项目	不计入完税价格的项目
1. 由买方负担的佣金（除购货佣金）和经纪费 2. 由买方负担的与该货物视为一体的容器费用 3. 由买方负担的包装材料和包装劳务费用 4. 与进口货物的生产和向我国境内销售有关的，由买方以免费或者以低于成本的方式提供，并可按适当比例分摊的货物或者服务的价值 5. 买方需要向卖方或者有关方直接或者间接支付的特许权使用费 6. 卖方直接或间接从买方对该货物进口后销售、处置或使用所得中获得的收益	1. 买方为购买进口货物向自己的采购代理人支付的劳务费用 2. 厂房、机械、设备等货物进口后的建设、安装、装配、维修或者技术援助费用 3. 进口货物运抵我国境内输入地点起卸后发生的运输及其相关费用、保险费 4. 进口关税、进口环节海关代征税及其他国内税 5. 为了在境内复制进口货物而支付的费用 6. 境内外技术培训及境外考察费用 7. 同时符合下列条件的利息费用： a. 利息费用是买方为购买进口货物而融资所产生的 b. 有书面的融资协议 c. 利息费用单独列明 d. 纳税人可以证明有关利率不高于在融资当时当地此类交易通常应当具有的利率水平，且没有融资安排的相同或类似进口货物的价格与进口货物的实付、应付价格非常接近

2. 海关估价方法

对于价格不符合成交价格条件或成交价格不能确定的进口货物，由海关估价确定。海关估价依次使用的方法包括：

（1）相同或类似货物成交价格估价方法。相同或类似货物成交价格估价方法是指海关以与进口货物同时或者大约同时向中华人民共和国境内销售的类似货物的成交价格为基础，审查确定进口货物完税价格的估价方法。

（2）倒扣价格估价方法。倒扣价格估价方法是指海关以进口货物、相同或者类似进口货物在境内的销售价格为基础，扣除境内发生的有关费用后，确定进口货物完税价格的估价方法。

（3）计算价格估价方法。计算价格估价方法是指海关以下列各项的总和为基础，审查确定进口货物完税价格的估价方法。

1）生产该货物所使用的料件成本和加工费用。

2）向境内销售同等级或者同种类货物通常的利润和一般费用（包括直接费用和间接费用）。

3）该货物运抵境内输入地点起卸前的运输及相关费用、保险费。

（4）其他合理方法。其他合理方法是指当海关无法根据以上方法确定进口货物完税价格时，应遵循客观、公平、统一的原则，以客观量化的数据资料为基础审查确定进口货物完税价格的估价方法。但是，不得使用以下价格：

1）境内生产的货物在境内的销售价格。

2）可供选择的价格中较高的价格。

3）货物在出口地市场的销售价格。

4）以计算价格估价方法规定的有关各项之外的价值或费用计算的价格。

5）出口到第三国或地区的货物的销售价格。

6）最低限价或武断虚构的价格。

（二）进口货物完税价格中的运输及相关费用、保险费的计算

（1）进口货物的运输及相关费用应当按照由买方实际支付或应当支付的费用计算。如果进口货物的运输及相关费用无法确定，海关应按该货物进口同期的正常运输成本审查确定。

（2）运输工具作为进口货物，利用自身动力进境的，海关在审查确定完税价格时，不再另行计入运输及相关费用。

（3）进口货物的保险费应按实际支付的费用计算。如果进口货物的保险费无法确定或未实际发生，海关应当按照“货价＋运费”的3‰计算保险费，即

保险费＝(货价＋运费)×3‰

（4）邮运进口的货物应当以邮费作为运输及相关费用、保险费。

（三）出口货物的完税价格

1．以成交价格为基础的完税价格

出口货物的完税价格由海关以该货物的成交价格为基础审查确定，并应包括货物运至我国境内输出地点装载前的运输及相关费用、保险费，不包含出口关税以及在货物价款中单独列明的货物运至中华人民共和国境内输出地点装载后的运输及相关费用、保险费。具体计算公式为：

完税价格＝(离岸价格－单独列明的境外运费、保险费)÷(1＋出口关税税率)

2．出口货物的海关估价方法

当出口货物的成交价格不能确定时，其完税价格由海关依次使用下列方法估定：

（1）同时或大约同时向同一国家或地区出口的相同货物的成交价格。

（2）同时或大约同时向同一国家或地区出口的类似货物的成交价格。

（3）根据境内生产相同或类似货物的成本、利润和一般费用，以及境内发生的运输及相关费用、保险费计算所得的价格。

（4）按照合理方法估定的价格。

三、计算举例

［例6-1］　某市A商场进口一批高档化妆品。这批货物在国外的购买价为120万元，货物运抵我国关境前发生的运输费、保险费和其他费用分别为10万元、6万元和4万元。在货物报关后，该商场按规定缴纳了进口环节的增值税和消费税并取得了海关开具的缴款书。从海关将高档化妆品运往商场所在地，取得运费的增值税专用发票，发票上注明的运输费为5万元，增值税为0.45万元。这批化妆品当月在国内全部销售，取得不含税销售额520万元（假定高档化妆品的进口关税税率为20%）。计算这批高档化妆品在进口环节应缴纳的关税。

解:

关税完税价格＝120＋10＋6＋4＝140(万元)

应纳进口关税＝140×20％＝28(万元)

[例 6－2] 10 月，有进出口经营权的某外贸公司经有关部门批准，从境外进口小轿车 30 辆，每辆小轿车的购买价为 15 万元，运抵我国海关前发生的运输费、保险费无法确定。经海关查实，其他运输公司相同业务的运输费占货价的比例为 2％。该外贸公司向海关缴纳了相关税款，并取得了完税凭证（假定该小轿车的关税税率为 20％）。计算这批小轿车在进口环节应缴纳的关税。

解:

进口小轿车的货价＝15×30＝450(万元)

进口小轿车的运输费＝450×2％＝9(万元)

进口小轿车的保险费＝(450＋9)×3‰＝1.38(万元)

进口小轿车的关税完税价格＝450＋9＋1.38＝460.38(万元)

进口关税＝460.38×20％＝92.076(万元)

四、跨境电子商务零售进口税收政策

自 2016 年 4 月 8 日起，对跨境电子商务零售进口商品按照货物征收关税和进口环节增值税、消费税，购买跨境电子商务零售进口商品的个人为纳税人，实际交易价格（包括货物的零售价格、运输费和保险费）为完税价格，电子商务企业、电子商务交易平台企业或物流企业可作为代扣代缴义务人。

跨境电子商务零售进口商品的单次交易限值为人民币 5 000 元，个人年度交易限值为人民币 26 000 元。在限值以内进口的跨境电子商务零售进口商品，关税税率暂设为 0；进口环节增值税、消费税取消免征税额，暂按法定应纳税额的 70％征收。超过单次限值、累加后超过个人年度限值的单次交易，以及完税价格超过 5 000 元限值的单个不可分割商品，均按照一般贸易方式全额征税。

第四节 征收管理

一、关税缴纳

（1）申报时间：进口货物自运输工具申报进境之日起 14 日内；出口货物在运抵海关监管区后装货的 24 小时以前。

（2）纳税期限：关税的纳税人或其代理人应自海关填发税款缴款书之日起 15 日内向

指定银行缴纳。

(3) 不能按期缴纳税款，经海关总署批准，可延期缴纳，但最长不得超过 6 个月。

二、关税的强制执行

纳税人未在关税缴纳期限内缴纳税款，即构成关税滞纳。为了保证海关征收关税决定的有效执行和国家财政收入的及时入库，《海关法》赋予海关对滞纳关税的纳税人强制执行的权力。强制措施主要有两类：

(1) 征收关税滞纳金。

$$滞纳金金额=滞纳关税税额\times滞纳金比率(0.5‰)\times滞纳天数$$

关税滞纳金的起征点为 50 元。

(2) 强制征收。若纳税人自缴款期限届满之日起 3 个月仍未缴纳税款，经海关关长批准，海关可以采取强制扣缴、变价抵缴等强制措施。

三、关税退还

关税退还是关税纳税人按海关核定的税额缴纳关税后，因某种原因的出现，海关将溢征税额退还给原纳税人的一种行政行为。纳税人遇下列情况之一，可自缴纳税款之日起 1 年内，书面声明理由，连同原纳税收据向海关申请退税，并加算同期活期存款利息，逾期不予受理：

(1) 因海关误征，多纳税款的。

(2) 海关核准免验进口的货物，在完税后，发现有短缺情况，经海关审查认可的。

(3) 已征出口关税的货物，因故未装运出口，申报退关，经海关查验属实的。

四、关税补征和追征

补征和追征是海关在纳税人按海关核定的税额缴纳关税后，发现实际征收税额少于应纳税额时，责令纳税人补缴差额的一种行政行为。

(1) 关税补征是因为非纳税人违反海关规定造成少征或漏征关税，关税补征期为缴纳税款或货物放行之日起 1 年内。

(2) 关税追征是因为纳税人违反海关规定造成少征或漏征关税，关税追征期为自纳税人应缴纳税款之日起 3 年内，并加收万分之五的滞纳金。

五、关税纳税争议的处理

当纳税人与海关发生争议时，可以向海关申请复议，但同时应当在规定期限内按海关核定的税额缴纳关税，逾期则构成滞纳，海关有权按规定采取强制执行措施。

纳税争议的申诉程序为：纳税人自海关填发税款缴款书之日起 30 日内，向原征税海关的上一级海关书面申请复议。逾期申请复议的，海关不予受理。海关应当自收到复议申请之日起 60 日内做出复议决定，并以复议决定书的形式正式答复纳税人。纳税人对海关复议决定仍然不服的，可以自收到复议决定书之日起 15 日内，向人民法院提起诉讼。

【本章习题】

1. 简述关税的征税对象及纳税人。
2. 关税对我国经济发展的作用有哪些？
3. 如何确定进口关税的完税价格？
4. 关税应纳税额是怎样计算的？
5. 关税征收管理的内容有哪些？关税在缓纳和滞纳后，其利息和滞纳金如何计算？
6. 某公司从境外引进钢结构产品自动生产线，境外成交价格（FOB）为 1 600 万元。该生产线运抵我国输入地点起卸前的运输费和保险费为 120 万元，境内运输费为 12 万元。此外，该公司还支付由买方负担的经纪费 10 万元、包装材料和包装劳务费 20 万元，与生产线有关的境外开发设计费用 50 万元，生产线进口后的现场培训指导费用 200 万元，并取得海关开具的完税凭证及国内运输部门开具的运输业专用发票。计算该生产线在进口环节应缴纳的关税。

第七章

土地增值税

［内容简介］　本章主要讲解土地增值税的概念、计算和征收管理，主要包括土地增值税的特点、作用、纳税人、征税对象以及土地增值税的税率。学生在学习时应对超率累进税率的计算方法进行重点理解和掌握。正确计算土地增值额是本章的学习难点。在学习时，学生应注意税法中对房地产转让收入和扣除项目的相关规定。

第一节　土地增值税概述

一、概　述

土地增值税是对有偿转让国有土地使用权及地上建筑物和其他附着物产权，取得增值收入的单位和个人征收的一种税。

土地属于不动产，对土地征税是一种古老的税收形式，也是各国普遍征收的一种财产税。有些国家和地区将土地单列出来征税，如土地税、地价税、农地税、未开发土地税、荒地税、城市土地税、土地登记税、土地转让税、土地增值税、土地租金税、土地发展税等。有些国家和地区鉴于土地与地面上的房屋、建筑物及其他附着物密不可分，对土地、房屋及其他附着物一起征税，统称房地产税、不动产税、财产税等。

对土地征税，依据征税的税基不同，大致可以分为两大类：一类是财产性质的土地税，它以土地的数量或价值为税基，或实行从量计税，或采取从价计税，前者如我国历史上曾开征的田赋和地亩税，后者如地价税等。这类土地税的历史十分悠久，属于原始的直接税或财产税。另一类是收益性质的土地税，其实质是对土地收益或地租的征税。

自新中国成立以来，虽然先后开征过契税、城市房地产税、房产税、城镇土地使用税等税种，但这些税种大多属于传统的土地税，有的还带有行为税的特点，它们调节房地产市场的力度很有限。国务院于1993年12月13日发布了《中华人民共和国土地增值税暂行条例》，财政部于1995年1月27日颁布了《中华人民共和国土地增值税暂行条例实施细则》，决定自1994年1月1日起在全国开征土地增值税，这是我国（除台湾地区外）第一个专门对土地增值额或土地收益额征税的税种。

二、土地增值税的特点

土地增值税有以下特点：

（1）以转让房地产取得的增值额为征税对象。我国的土地增值税将土地、房屋的转让收入合并征收。作为征税对象的增值额，是纳税人转让房地产的收入减除税法准予扣除项目金额后的余额。

（2）征税面较广。凡在我国境内转让房地产并取得增值收入的单位和个人，除税法规定免税的外，均应依照税法规定缴纳土地增值税。

（3）采取扣除法和评估法计算增值额。土地增值税在计算时，以纳税人转让房地产取得的收入，减除法定扣除项目金额后的余额作为计税依据。对旧房及建筑物的转让，以及对纳税人转让房地产申报不实、成交价格偏低的，采用评估价格法确定增值额，计征土地增值税。

（4）实行超率累进税率。土地增值税的税率是以转让房地产的增值率高低为依据，按照累进原则设计的，实行分级计税。房地产的增值率高的，适用的税率高、多纳税，反之亦然。

（5）实行按次征收。土地增值税发生在房地产转让环节，实行按次征收，每发生一次转让行为，就应根据每次取得的增值额征税。土地增值税的纳税时间和缴纳方法根据房地产转让情况而定。

三、土地增值税的作用

开征土地增值税是国家运用税收手段规范房地产秩序、合理调节土地增值收益分配、维护国家利益、促进房地产市场健康发展的重要举措，其作用主要体现在以下三个方面：

1. 加强国家对房地产开发、交易行为的宏观调控

在改革开放前，我国土地使用制度一直采取行政划拨的方式，也就是说，我国土地实行无偿、无限期使用，不允许土地进行买卖，既没有土地交易行为，更不存在土地交易市场。实践证明，这种土地制度不利于提高土地资源的使用效益。在改革开放后，我国对土地使用制度逐步进行改革，随着1987年深圳第一块土地买卖成交，自此改变了土地无偿使用、不准买卖的传统规定，确立了房地产有偿使用、允许转让土地使用权的政策和制度。新的土地使用政策和制度的实施，从根本上促进了我国房地产市场的建立。这对于合理配置土地资源、提高土地使用效益、增加政府财政收入、改善城市基础设施和人民生活居住条件以及带动国民经济相关产业的发展，都产生了积极的作用。

但是，由于我国有关土地管理的各项制度滞后、不健全、不配套，以及行政管理上的

偏差，从而在房地产业的发展中出现了一些问题。主要表现为房地产开发过热、炒买炒卖房地产的投机之风一度盛行、房地产价格上涨过猛、投入房地产的资金规模过大、国家土地资源浪费严重、国有土地资源流失过多，从而冲击和危害了国民经济的健康、协调发展，而且也造成了社会分配不公的矛盾。为此，我国决定借鉴世界上一些国家和地区的有益做法，开征土地增值税，利用税收杠杆对房地产业的开发、经营和房地产的价格进行适当调控，以保护房地产业和房地产市场的健康发展，控制房地产的投机行为，促进土地资源的合理利用，调节部分单位和个人通过房地产交易取得的过高收入。

2. 抑制土地炒买炒卖，保障国家的土地权益

土地收益主要来源于土地的增值，而土地增值主要基于两个方面的原因：一是自然增值，即土地资源是有限的，随着经济建设的发展、生产和生活建设用地的扩大，土地资源相对发生紧缺，导致土地价格上升。这是土地增值的主要因素。二是投资增值，即投入资金开发建造，把“生地”变为“熟地”，建成各种生产、生活、商业设施，由于改善了生产和生活环境而形成土地增值。在我国，土地资源属于国家所有，国家为整治和开发土地投入巨额资金，应参与土地增值收益分配，并取得较大份额。与此同时，对于房地产开发者投资、开发房地产，也应保证其获得合理收益，即能使其得到合理的投资回报，以促进房地产业的正常发展。

然而，有些地区出于招商引资或急于求成搞建设的考虑，盲目进行土地开发，竞相压低国有土地批租价格，给炒买炒卖者留下可乘之机，致使国家土地增值收益流失严重，极大地损害了国家利益。通过对土地增值性收益征税，可以在一定程度上堵塞漏洞，减少国家土地资源及增值性收益的流失，遏制土地投机行为，保护房地产开发者的合法权益，同时维护国家的整体利益。

3. 规范国家参与土地增值收益的分配方式，增加财政收入

目前，我国涉及房地产交易市场的税收主要有增值税、企业所得税、个人所得税、契税等。这些税种对转让房地产的收益只具有一般的调节作用，对房地产转让增值所获得的过高收入起不到特殊的调节作用。对土地增值收益征税，可以为增加国家财政收入开辟新的财源。

分税制财政体制规定，土地增值税属于地方财政收入。在土地增值税开征前，有些地区已通过征收土地增值费的办法，对土地增值收益进行分配，但办法不统一，收费标准也不规范，各地的政策相差悬殊。因此，有必要由国家以法律、法规的形式，用强制性的税收方式，规范土地增值性收益的分配制度。

第二节 纳税人、征税对象和税率

一、土地增值税的纳税人和征税对象

土地增值税的纳税人为转让国有土地使用权、地上的建筑及其附着物（以下简称“转

让房地产”）并取得收入的单位和个人。单位包括各类企业、事业单位、国家机关和社会团体及其他组织。个人包括个体经营者。

土地增值税是对转让国有土地使用权及其地上建筑物和附着物的行为征税，不包括国有土地使用权的出让所取得的收入。

国有土地使用权的出让是指国家以土地所有者的身份将土地使用权在一定年限内让给土地使用者，并由土地使用者向国家支付土地使用权出让金的行为，属于土地买卖的一级市场。土地使用权的出让方是国家，国家凭借土地的所有权向土地使用者收取土地的租金。土地使用权出让的目的是实行国有土地有偿使用制度，合理开发、利用、经营土地，因此土地使用权的出让不属于土地增值税的征税对象。

国有土地使用权的转让是指土地使用者通过出让等形式取得土地使用权后，将土地使用权再转让的行为，包括出售、交换与赠予，它属于土地买卖的二级市场。随着土地使用权的转让，其地上的建筑物、其他附着物的所有权随之转让。土地使用权的转让属于土地增值税的征税对象。

土地增值税的征税对象包括：

（1）转让国有土地使用权。国有土地是指按国家法律规定属于国家所有的土地。出售国有土地使用权是指土地使用者通过出让方式，向政府缴纳了土地出让金，有偿受让土地使用权后，仅对土地进行通水、通电、通路和平整地面等土地开发，不进行房地产开发，然后直接将空地出售。

（2）地上的建筑物及其附着物连同国有土地使用权一并转让。地上的建筑物是指建于土地上的一切建筑物，包括地上和地下的各种附属设施。附着物是指附着于土地上的不能移动或一经移动即遭损坏的物品。纳税人取得国有土地使用权后进行房屋开发建造，然后出售的，这种情况就是一般所说的房地产开发。

（3）存量房地产的买卖。存量房地产是指已经建成并投入使用的房地产，其房屋所有人将房屋产权和土地使用权一并转让给其他单位和个人。这种行为按照国家有关的房地产法律和法规，应当到有关部门办理房产产权和土地使用权的转移变更手续。

［注意］土地增值税只对有偿转让的房地产征税，对以继承、赠予等方式无偿转让的房地产，不予征税。

二、税　率

土地增值税的主要作用在于抑制房地产的投机、炒卖活动，限制滥占耕地的行为，并适当调节纳税人的收入分配，保障国家权益，因此土地增值税税率设计的基本原则是：增值多的多征，增值少的少征，无增值的不征。

根据上述原则，土地增值税实行四级超率累进税率，即以纳税对象的增值率为累进依据，按照超额累进方式计算应纳税额的税率。采用超率累进税率，需要确定以下三个因素：一是纳税对象数额的相对率（土地增值税的增值额与扣除项目金额的比率为相对率）；二是把纳税对象的相对率从低到高划分为若干级次；三是按各级次分别规定不同的税率。土地增值税的税率表可以清晰地反映这三个因素，见表 7－1。

表 7-1 土地增值税四级超率累进税率表

级次	增值额占扣除项目金额的比率	税率	速算扣除系数
1	50%（含）以下	30%	0%
2	50%以上至 100%（含）	40%	5%
3	100%以上至 200%（含）	50%	15%
4	200%以上	60%	35%

从土地增值税的税率表中可以看到，土地增值税的最低税率为 30%，最高税率为 60%，其税收负担高于企业所得税。实行这样的税率结构和负担水平，一方面，对于正常的房地产开发经营，可以通过较低的税率体现优惠政策；另一方面，对于取得过高收入，尤其是通过炒买炒卖房地产获取暴利的单位和个人，能发挥一定的调节作用。

第三节 应纳税额的计算

土地增值税的计税依据是转让房地产所取得的增值额。转让房地产的增值额是转让房地产的收入减除税法规定的扣除项目金额后的余额。因此，土地增值额的大小取决于房地产转让收入和扣除项目这两大因素。税法中对这两个因素做了较为详尽的规定。

一、转让收入的确定

税法规定，纳税人转让房地产取得的应税收入，应包括转让房地产的全部价款及有关的经济利益。从形式上看，转让房地产的收入包括货币收入、实物收入和其他收入。

（1）货币收入。货币收入是指纳税人转让房地产所取得的现金、银行存款、支票、银行本票、汇票等各种信用票据和国库券、金融债券、企业债券、股票等有价证券。这些类型的收入实质上都是转让方因转让土地使用权、房屋产权而向取得方收取的价款。货币收入一般比较容易确定。

（2）实物收入。实物收入是指纳税人转让房地产所取得的各种实物形态的收入，如钢材、水泥等建材，房屋、土地等不动产等。实物收入的价值不太容易确定，一般要对这些实物形态的财产进行估价。

（3）其他收入。其他收入是指纳税人转让房地产所取得的无形资产收入或具有财产价值的权利，如专利权、商标权、著作权、专有技术使用权、土地使用权、商誉权等。这种类型的收入比较少见，其价值需要进行专门的评估。

二、扣除项目

在确定房地产转让的增值额和计算应纳土地增值税时，允许从房地产转让收入总额中扣除的项目及其金额，如果从征税对象或税基划分，大致可以分为三类：一是当土地使用权人将未建建筑物或其他附着物的土地使用权出售给买受人时，允许从收入额中扣除的项目及其金额；二是纳税人在取得土地使用权后建造商品房，并将建造的商品房连同使用范围内的土地使用权出售给买受人，允许扣除的项目及其金额；三是纳税人出售上述两种情况之外的其他房地产，如出售旧房及建筑物，允许扣除的项目及其金额。

以上三类扣除项目依据具体内容的不同，又可分为以下六类：

1. 取得土地使用权所支付的金额

取得土地使用权所支付的金额包括两方面的内容：

(1) 纳税人为取得土地使用权所支付的地价款。如果是以协议、招标、拍卖等出让方式取得土地使用权的，地价款为纳税人所支付的土地出让金；如果是以行政划拨方式取得土地使用权的，地价款为按照国家有关规定补缴的土地出让金；如果是以转让方式取得土地使用权的，地价款为向原土地使用人实际支付的地价款。

(2) 纳税人在取得土地使用权时按国家统一规定缴纳的有关费用。它是指纳税人在取得土地使用权过程中为办理有关手续，按国家统一规定缴纳的有关登记、过户手续费。

2. 房地产开发成本

房地产开发成本是指纳税人在房地产开发项目中实际发生的成本，包括土地的征用及拆迁补偿费、前期工程费、建筑安装工程费、基础设施费、公共配套设施费、开发间接费用等。

(1) 土地征用及拆迁补偿费，包括土地征用费、耕地占用税、劳动力安置费及有关地上和地下附着物拆迁补偿的净支出、安置动迁用房支出等。

(2) 前期工程费，包括规划、设计、项目可行性研究和水文、地质、勘察、测绘、“三通一平”等支出。

(3) 建筑安装工程费，是指以出包方式支付给承包单位的建筑安装工程费和以自营方式发生的建筑安装工程费。

(4) 基础设施费，包括开发小区内道路、供水、供电、供气、排污、排洪、通信、照明、环卫、绿化等工程发生的支出。

(5) 公共配套设施费，包括不能有偿转让的开发小区内公共配套设施发生的支出。

(6) 开发间接费用，是指直接组织、管理开发项目发生的费用，包括工资、职工福利费、折旧费、修理费、办公费、水电费、劳动保护费、周转房摊销等。

3. 房地产开发费用

房地产开发费用是指与房地产开发项目有关的销售费用、管理费用和财务费用。根据现行财务会计制度的规定，这三项费用作为期间费用，直接计入当期损益，不按成本核算对象进行分摊。因此，作为土地增值税扣除项目的房地产开发费用，不按纳税人房地产开发项目实际发生的费用扣除，而按照税法中规定的标准进行扣除。

税法规定，财务费用中的利息支出，凡能够按转让房地产项目计算分摊并提供金融机构证明的，允许据实扣除，但最高不能超过按商业银行同类同期贷款利率计算的金额。其他房地产开发费用，则按上述1、2项（即取得土地使用权所支付的金额和房地产开发成本，下同）计算的金额之和在5%以内计算扣除。凡不能按转让房地产项目计算分摊利息支出或不能提供金融机构证明的，房地产开发费用按上述1、2项计算的金额之和，在10%以内计算扣除。计算扣除的具体比例，由各省、自治区、直辖市人民政府规定。

上述规定的具体含义是：

(1) 纳税人能够按转让房地产项目计算分摊利息支出，并能提供金融机构贷款证明的，其允许扣除的房地产开发费用为利息+(取得土地使用权所支付的金额+房地产开发成本)×5%以内（说明：利息最高不能超过按商业银行同类同期贷款利率计算的金额）。

(2) 纳税人不能按转让房地产项目计算分摊利息支出或不能提供金融机构贷款证明的，其允许扣除的房地产开发费用为（取得土地使用权所支付的金额+房地产开发成本）×10%以内。

全部使用自有资金、没有利息支出的，按照以上方法扣除。上述具体适用的比例按省级人民政府此前规定的比例执行。

(3) 房地产开发企业既向金融机构借款，又有其他借款的，其在房地产开发费用计算扣除时不能同时适用上述（1）、（2）项所述的方法。

(4) 在土地增值税清算时，已经计入房地产开发成本的利息支出应调整至财务费用中计算扣除。

此外，财政部、国家税务总局还对扣除项目金额中利息支出的计算问题做了两点专门规定：一是利息的上浮幅度按国家的有关规定执行，超过上浮幅度的部分不允许扣除；二是超过贷款期限的利息部分和加罚的利息不允许扣除。

4. 与转让房地产有关的税金

与转让房地产有关的税金是指在转让房地产时缴纳的城市维护建设税、印花税及教育费附加。

5. 其他扣除项目

对专门从事房地产开发的企业，可按上述1、2项金额之和，加计20%的扣除额。该优惠只适用于从事房地产开发的纳税人，除此之外的纳税人不适用。这条规定的目的是抑制炒买炒卖房地产的投机行为，保护正常开发投资者的积极性。

6. 旧房及建筑物的评估价格

纳税人转让旧房的，应将房屋及建筑物的评估价格、取得土地使用权所支付的地价款或出让金、按国家统一规定缴纳的有关费用和转让环节缴纳的税金作为扣除项目金额计征土地增值税。对取得土地使用权时未支付地价款或不能提供已支付的地价款凭据的，在计征土地增值税时不允许扣除。

旧房及建筑物的评估价格是指在转让已使用的房屋及建筑物时，由政府批准设立的房地产评估机构设定的重置成本乘以成新度折扣率后的价格。评估价格须经当地税务机关确认。

重置成本的含义是：对旧房及建筑物，按转让时的建材价格及人工费用计算，建造同样面积、同样层次、同样结构、同样建设标准的新房及建筑物所需花费的成本与费用。成新度折扣率的含义是按旧房的新旧程度做一定比例的折扣。例如，有一栋旧房屋，按转让时的建材及人工费用计算，建同样的新房需要花费1 000万元。假定该房有七成新，则这栋房屋的评估价格为700万元（=1 000×70%）。

三、税收优惠

1. 建造普通标准住宅的税收优惠

纳税人建造普通标准住宅出售，增值额未超过扣除项目金额20%的，免征土地增值税。普通标准住宅是指按所在地一般民用住宅标准建造的居住用住宅。高级公寓、别墅、度假村等不属于普通标准住宅。

对于纳税人既建造普通标准住宅，又从事其他房地产开发的，应分别核算增值额。不分别核算增值额或不能准确核算增值额的，其建造的普通标准住宅不能适用这一免税规定。

2. 国家征用、收回的房地产的税收优惠

因国家建设需要依法征用、收回的房地产，免征土地增值税。因国家建设需要依法征用、收回的房地产是指因城市实施规划、国家建设的需要而被政府批准征用的房产或收回的土地使用权。

3. 因城市规划、国家建设需要而搬迁，由纳税人自行转让原房地产的税收优惠

因城市实施规划、国家建设的需要而搬迁，由纳税人自行转让原房地产的，免征土地增值税。

因城市实施规划而搬迁，是指因旧城改造或因企业污染、扰民（指产生过量废气、废水、废渣和噪声，使城市居民生活受到一定危害），而由政府或政府有关主管部门根据已审批通过的城市规划进行搬迁的情况。因国家建设的需要而搬迁，是指因实施国务院、省级人民政府、国务院有关部委批准的建设项目而进行搬迁的情况。

4. 对企事业单位、社会团体以及其他组织转让旧房作为公共租赁住房房源的税收优惠

对企事业单位、社会团体以及其他组织转让旧房作为公共租赁住房房源且增值额未超过扣除项目金额20%的，免征土地增值税。

四、应纳税额的计算

土地增值税以转让房地产的增值额为税基，依据超率累进税率计算应纳税额。该计算的基本原理和方法是：首先，以出售房地产的总收入减除扣除项目金额，求得增值额；其次，将增值额与扣除项目相比，其比值就是土地增值率；最后，根据土地增值率的高低确定适用税率，用增值额和适用税率相乘，求得应纳税额。具体计算公式如下：

$$应纳税额=\sum(每级距的土地增值额\times适用税率)$$

但在实际工作中，分步计算比较烦琐，一般可以采用速算扣除法计算。也就是说，在计算土地增值税税额时，可按增值额乘以适用的税率减去扣除项目金额乘以速算扣除系数的简便方法计算，具体方法如下：

（1）当增值额未超过扣除项目金额的50%时，具体计算公式为：

$$土地增值税税额=增值额\times30\%$$

(2) 当增值额超过扣除项目金额的 50%、未超过 100%时，具体计算公式为：

土地增值税税额＝增值额×40%－扣除项目金额×5%

(3) 当增值额超过扣除项目金额的 100%、未超过 200%时，具体计算公式为：

土地增值税税额＝增值额×50%－扣除项目金额×15%

(4) 当增值额超过扣除项目金额的 200%时，具体计算公式为：

土地增值税税额＝增值额×60%－扣除项目金额×35%

上述公式中的 5%、15%、35%分别为 2、3、4 级的速算扣除系数，见表 7-1。

[例 7-1] 某公司是一家专门从事房地产开发的企业。2018 年，该公司转让一块已开发土地的使用权，取得转让收入 1 400 万元。该公司为取得土地使用权而支付的地价款为 320 万元，开发土地成本为 65 万元，开发土地的费用为 21 万元，缴纳的有关税费为 15.4 万元。计算该公司应缴纳的土地增值税。

解：首先，计算增值额。由于开发费用为 21 万元，未超过前两项成本之和的 10%(38.5 万元)，可据实扣除。因为从事房地产开发的纳税人可以加计扣除 20%，故

加计扣除额＝(320＋65)×(1＋20%)＝462(万元)

允许扣除的项目金额合计＝462＋21＋15.4＝498.4(万元)

增值额＝1 400－498.4＝901.6(万元)。

由于

增值额占扣除项目的比例＝901.6÷498.4＝180.90%

则根据土地增值税的计算方法，当增值额超过扣除项目金额的 100%、未超过 200%时，具体计算公式为：

土地增值税税额＝增值额×50%－扣除项目金额×15%

因此

某公司应缴纳的土地增值税＝901.6×50%－498.4×15%＝376.04(万元)

[例 7-2] 某公司是一家工业企业。2018 年，该公司转让 20 年前建造的一个厂房，当时的造价为 100 万元，土地使用权为无偿取得。如果按现行的材料费、人工费计算，建造同样的厂房需要 600 万元，该厂房为七成新，按 500 万元出售，支付的有关税费共计 5.5 万元。计算该公司转让旧厂房应缴纳的土地增值税税额。

解：

评估价格＝600×70%＝420(万元)

允许扣除的税金＝5.5(万元)

扣除项目金额合计＝420＋5.5＝425.5(万元)

增值额＝500－425.5＝74.5(万元)

增值额占扣除项目的比例＝74.5÷425.5＝17.51%

由于增值率不超过 50%，因此

应纳税额＝74.5×30%－425.5×0＝22.35(万元)

五、房地产开发企业的土地增值税清算

各省税务机关可按以下规定对房地产开发企业的土地增值税进行清算。

1. 土地增值税的清算单位

土地增值税以国家有关部门审批的房地产开发项目为单位进行清算，对于分期开发的项目，以分期项目为单位清算。

在开发项目中同时包含普通住宅和非普通住宅的，应分别计算增值额。

2. 土地增值税的清算条件

（1）符合下列情形之一的，纳税人应进行土地增值税的清算：

1）房地产开发项目全部竣工、完成销售的。

2）整体转让未竣工决算房地产开发项目的。

3）直接转让土地使用权的。

（2）符合下列情形之一的，主管税务机关可要求纳税人进行土地增值税清算：

1）已竣工验收的房地产开发项目，已转让的房地产建筑面积占整个项目可售建筑面积的比例在85%以上，或该比例虽未超过85%，但剩余的可售建筑面积已经出租或自用的。

2）取得销售（预售）许可证满3年仍未销售完毕的。

3）纳税人申请注销税务登记但未办理土地增值税清算手续的。

4）省税务机关规定的其他情况。

3. 非直接销售和自用房地产的收入确定

（1）房地产开发企业将开发的产品用于职工福利、奖励、对外投资、分配给股东或投资人、抵偿债务、换取其他单位和个人的非货币资产等，在发生所有权转移时应视同销售房地产。

（2）房地产开发企业在将开发的部分房地产转为企业自用或用于出租等商业用途时，如果产权未产生转移，不征收土地增值税，在税款清算时不列收入，不扣除相应的成本和费用。

（3）在土地增值税清算时，已全额开具商品房销售发票的，按照发票所载金额确认收入；未开具发票或未全额开具发票的，以交易双方签订的销售合同所载的售房金额及其他收益确认收入；销售合同所载商品房面积与有关部门实际测量面积不一致，在清算前已发生补、退房款的，应在计算土地增值税时予以调整。

4. 土地增值税的扣除项目

（1）除另有规定外，扣除取得土地使用权所支付的金额、房地产开发成本、费用及与转让房地产有关的税金，须提供合法有效凭证；不能提供合法有效凭证的，不予扣除。

（2）房地产开发企业办理土地增值税清算所附送的前期工程费、建筑安装工程费、基础设施费、开发间接费用的凭证或资料不符合清算要求或不实的，地方税务机关可参照当地建设工程造价管理部门公布的建安造价定额资料，结合房屋结构、用途、区位等因素，核定上述四项开发成本的单位面积金额标准，并据以计算扣除。

（3）房地产开发企业开发建造的与清算项目配套的居委会和派出所用房、会所、停车

场（库）、物业管理场所、变电站、热力站、水厂、文体场馆、学校、幼儿园、托儿所、医院、邮电通信等公共设施，符合下列情形之一的，其成本、费用可以扣除。

1）建成后产权属于全体业主所有。

2）建成后无偿移交给政府、公用事业单位用于非营利性社会公共事业。

3）建成后有偿转让。

（4）房地产开发企业销售已装修的房屋，其装修费用可以计入房地产开发成本。房地产开发企业的预提费用，除另有规定外，不得扣除。

（5）属于多个房地产项目共同的成本、费用，应按清算项目可售建筑面积占多个项目可售总建筑面积的比例或其他合理的方法，计算确定清算项目的扣除金额。

（6）房地产开发企业在工程竣工验收后，根据合同约定，扣留建筑安装企业一定比例的工程款，作为开发项目的质量保证金。在计算土地增值税时，建筑安装施工企业就质量保证金对房地产开发企业开具发票的，按发票所载金额予以扣除；未开具发票的，扣留的质量保证金不得计算扣除。

（7）房地产开发企业因逾期开发缴纳的土地闲置费不得扣除。

（8）房地产开发企业为取得土地使用权所支付的契税，应视同“按国家统一规定交纳的有关费用”计入“取得土地使用权所支付的金额”中扣除。

（9）拆迁安置费的扣除规定：

1）房地产企业用建造的房地产安置回迁户的，安置用房视同销售处理，同时将此确认为房地产开发项目的拆迁补偿费。房地产开发企业支付给回迁户的补差价款，计入拆迁补偿费；回迁户支付给房地产开发企业的补差价款，应抵减项目拆迁补偿费。

2）开发企业采取异地安置，异地安置的房屋属于自行开发建造的，房屋价值计入项目的拆迁补偿费；异地安置的房屋属于购入的，以实际支付的购房支出计入拆迁补偿费。

3）货币安置拆迁的，房地产开发企业凭合法有效凭据计入拆迁补偿费。

5. 土地增值税的核定征收

房地产开发企业有下列情形之一的，税务机关可以参照与其开发规模和收入水平相近的当地企业的土地增值税税负情况，按不低于预征率的征收率核定征收土地增值税：

（1）依照法律、行政法规的规定应当设置但未设置账簿的。

（2）擅自销毁账簿或者拒不提供纳税资料的。

（3）虽设置账簿，但账目混乱或者成本资料、收入凭证、费用凭证残缺不全，难以确定转让收入或扣除项目金额的。

（4）符合土地增值税清算条件，未按照规定的期限办理清算手续，经税务机关责令限期清算，逾期仍不清算的。

（5）申报的计税依据明显偏低且无正当理由的。

核定征收必须严格依照税收法律法规规定的条件进行，任何单位和个人不得擅自扩大核定征收范围，严禁在清算中出现“以核定为主、一核了之”“求快图省”的做法。凡擅自将核定征收作为本地区土地增值税清算主要方式的，必须立即纠正。对确需核定征收的，要严格按照税收法律法规的要求，从严、从高确定核定征收率。为了规范核定工作，核定征收率原则上不得低于5%，各省级税务机关要结合本地实际，区分不同房地产类型制定核定征收率。

6. 清算后再转让房地产的处理

在土地增值税清算时未转让的房地产，清算后销售或有偿转让的，纳税人应按规定进行土地增值税的纳税申报，扣除项目金额按清算时的单位建筑面积成本、费用乘以销售或转让面积计算。

单位建筑面积成本、费用＝清算时的扣除项目总金额÷清算的总建筑面积

7. 土地增值税清算后应补缴的土地增值税加收滞纳金

纳税人按规定预缴土地增值税后，因清算补缴的土地增值税，在主管税务机关规定的期限内补缴的，不加收滞纳金。

第四节 征收管理

一、纳税地点

土地增值税的纳税人应向房地产所在地主管税务机关办理纳税申报，并在税务机关核定的期限内缴纳土地增值税。房地产所在地是指房地产的坐落地。纳税人转让的房地产坐落在两个或两个以上地区的，应按房地产所在地分别申报纳税。

在实际工作中，纳税地点的确定可分为以下两种情况：

（1）纳税人是法人的，当转让的房地产坐落地与其机构所在地或经营所在地一致时，则在办理税务登记的原管辖税务机关申报纳税即可；当转让的房地产坐落地与其机构所在地或经营所在地不一致时，则应在房地产坐落地的主管税务机关申报纳税。

（2）纳税人是自然人的，当转让的房地产坐落地与其居住所在地一致时，则在住所所在地税务机关申报纳税；当转让的房地产坐落地与其居住所在地不一致时，则在办理过户手续所在地的税务机关申报纳税。

二、纳税申报

土地增值税的纳税人应在转让房地产合同签订后的 7 日内，到房地产所在地主管税务机关办理纳税申报，并向税务机关提交房屋及建筑物产权证书、土地使用权证书、土地转让合同、房产买卖合同、房地产评估报告及其他与转让房地产有关的资料。

纳税人因经常发生房地产转让而难以在每次转让后申报的，经税务机关审核同意后，可以定期进行纳税申报，具体期限由税务机关根据相关规定确定。

纳税人因经常发生房地产转让而难以在每次转让后申报，是指房地产开发企业开发建造的房地产因分次转让而频繁发生纳税义务，难以在每次转让后申报纳税的情况，土地增值税可按月或按各省、自治区、直辖市和计划单列市地方税务机关规定的期限申报缴纳。

纳税人选择定期申报方式的，应向纳税所在地的地方税务机关备案。定期申报方式在确定后，一年之内不得变更。

根据《土地增值税暂行条例》的规定，对于纳税人预售房地产取得的收入，凡当地税务机关规定预征土地增值税的，纳税人应当到主管税务机关办理纳税申报，并按规定比例预缴，待办理决算后，多退少补；凡当地税务机关规定不预征土地增值税的，也应在取得收入时先到税务机关登记或备案。

《土地增值税纳税申报表》包括适用于从事房地产开发纳税人的《土地增值税纳税申报表（一）》，以及适用于非从事房地产开发纳税人的《土地增值税纳税申报表（二）》。国家税务总局规定，纳税人必须按照税法的有关规定，向房地产所在地主管税务机关如实申报转让房地产所取得的收入、扣除项目金额以及应纳土地增值税税额，并按期缴纳税款。

【本章习题】

1. 从形式上看，房地产转让收入可分为哪几类？
2. 计算土地增值税时允许扣除的项目有哪几类？
3. 试述土地增值税的计算程序。
4. 某公司为一家房地产开发公司，2018 年转让商品房一栋，取得的收入总额为 1 000 万元，应扣除购买土地的金额、开发成本的金额、开发费用的金额、相关税金的金额、其他扣除金额合计为 400 万元。计算该公司应缴纳的土地增值税。

第八章 其他税种

［内容简介］ 本章介绍的税种主要包括城市维护建设税、教育费附加和地方教育附加、烟叶税、资源税、城镇土地使用税、房产税、车辆购置税、车船税、船舶吨税、印花税、契税、环境保护税。本章的重点是掌握各税种的概念、纳税人、征税对象、税率、计算、税收优惠、征收管理等内容。

第一节 城市维护建设税

一、城市维护建设税概述

（一）城市维护建设税的概念

城市维护建设税是对从事经营活动，缴纳增值税、消费税的单位和个人征收的一种税。

自新中国成立以来，我国的城市建设和维护在不同时期都取得了较大成绩，但国家在城市建设方面一直资金不足。在 1979 年以前，我国用于城市维护建设的资金来源由当时的工商业税附加、城市公用事业附加和国家下拨的城市维护费组成。1985 年 2 月 8 日，国务院正式颁布了《中华人民共和国城市维护建设税暂行条例》（以下简称《城市维护建设税暂行条例》），并于同年的 1 月 1 日在全国范围内施行。

（二）城市维护建设税的特点

城市维护建设税是一种具有受益性质的行为税，它与其他税收相比，具有以下特点：

1. 税款专款专用，具有受益税性质

按照财政的一般要求，税收及其他政府收入应当纳入国家预算，根据需要统一安排用途，并不规定各税种收入的具体使用范围和方向。但是，也有个别税种事先明确规定了使用范围与方向，使税款的缴纳与受益更直接地联系起来，我们通常称其为受益税。城市维护建设税专款专用，用来保证城市的公共事业和公共设施的维护及建设，故其是一种具有受益税性质的税种。

2. 属于一种附加税

城市维护建设税与其他税种不同，它是以纳税人实际缴纳的增值税、消费税（以下简称“两税”）税额为计税依据，随两税同时附征，其本身没有特定的征税对象，相应的征管方法也完全比照两税的有关规定办理，故其本质上属于一种附加税。

3. 根据城镇规模设计税率

一般来说，城镇规模与所需的建设和维护资金数额成正比。例如，纳税人所在地在城市市区的，税率为7%；在县城、镇的，税率为5%，撤县建市后的税率为7%；不在市区、县城或者镇的，税率为1%；开采海洋石油资源的中外合作油气田所在地在海上，其税率为1%。这种根据城镇规模不同，设置差别税率的办法，满足了不同的城市建设需要。

4. 征收范围较广

由于增值税、消费税在我国现行税制中属于主体税种，而城市维护建设税又是其附加税，从原则上讲，只要缴纳增值税、消费税中任一税种的纳税人都要缴纳城市维护建设税。这意味着除了减免税等特殊情况以外，任何从事生产经营活动的企业、单位和个人都要缴纳城市维护建设税，这个征税范围相当广泛。

（三）城市维护建设税的作用

1. 补充城市维护建设资金的不足

城市在国民经济建设中有着重要的作用。随着我国经济体制改革的深入和市场经济的迅速发展，以及城乡物资交流和对外贸易的不断扩大，城市的中心地位越来越重要，但由于城市建设资金不足，导致城市的维护建设欠账较多，远远跟不上工农业生产和各项事业发展的需要。在1984年以前，我国用于城市维护建设的资金，除了在基本建设投资中安排及征收城市公用事业附加外，还在部分城市试行从上年利润中提取5%城市维护费的办法。采用这种办法集中的城市维护建设资金，不仅面窄、量少，而且极不稳定。1984年国营企业实行利改税后，企业利润减少，又直接影响了城市维护建设资金的提取。开征城市维护建设税，以增值税、消费税作为计税依据，保证了税源的充足，对补充城市维护建设资金的不足产生了积极的作用。

2. 限制对企业的乱摊派

长期以来，有些地区和部门借口城市维护建设资金不足，随意向企业摊派物资和资金，加重了企业的负担，影响了企业的正常生产经营。征收城市维护建设税，就可以将企业、单位对城市建设的财政义务和地方政府用于城市维护建设的资金来源，用法律形式稳定、固定下来。所以《城市维护建设税暂行条例》第八条明确规定：“开征城市维护建设税后，任何地区和部门，都不得再向纳税人摊派资金或物资。遇到摊派情况，纳税人有权拒绝执行。”这就为限制有些地区和部门对企业的乱收费提供了法律保证。

3. 调动了地方政府进行城市维护建设的积极性，为推行分税制创造条件

《城市维护建设税暂行条例》第六条规定：“城市维护建设税应当保证用于城市的公用事业和公共设施的维护建设，具体安排由地方人民政府确定。”该规定明确了城市维护建设税是一个具有专款专用性质的地方税。将城市维护建设税收入与当地的城市建设直接挂钩，当地的税收收入越多，城镇建设资金就越充裕，城镇建设发展就越快。这样，就可以充分调动地方政府的积极性，使其关心城市维护建设税收入，加强城市维护建设税的征收管理。此外，城市维护建设税作为一个主要的地方税种，充实和完善了地方税体系，扩大了地方财政收入的规模，为实行分税制财政体制奠定了基础。

二、纳税人和征税范围

1. 纳税人

城市维护建设税的纳税人是在征税范围内从事经营活动，缴纳增值税、消费税的单位和个人。包括国有企业、集体企业、私营企业、股份制企业、其他企业和行政单位、事业单位、军事单位、社会团体、其他单位，以及个体工商户及其他个人。只要缴纳了两税中的任何一种税，都必须同时缴纳城市维护建设税。

2. 征税范围

城市维护建设税的征税范围比较广，具体包括城市、县城、建制镇以及税法规定征收两税的其他地区。城市、县城、建制镇的范围应以行政区划为划分标准，不能随意扩大或缩小各行政区域的管辖范围。各类纳税人的进口环节不缴纳城市维护建设税。

三、税　率

1. 城市维护建设税税率的基本规定

城市维护建设税采用地区差别比例税率。按纳税人所在地的不同，城市维护建设税的税率分别规定为7%、5%、1%三个档次。不同地区的纳税人实行不同档次的税率，具体适用范围为：

（1）纳税人所在地为市区的，税率为7%。

（2）纳税人所在地为县城、镇的，税率为5%。

（3）纳税人所在地不在市区、县城或镇的，税率为1%；开采海洋石油资源的中外合作油气田所在地在海上，其城市维护建设税适用1%的税率。

［注意］这里的“市”是指国务院批准设立市建制的城市，“市区”是指省人民政府批准的市辖区（含市郊）的区域范围。《国家税务总局关于撤县建市城市维护建设税适用税率问题的批复》（税总函［2015］511号）规定，在撤县建市后，城市维护建设税的适用税率为7%。

2. 城市维护建设税税率的特殊规定

在上述一般规定之外，对于城市维护建设税也有特殊的规定。对于以下两种情况，可按缴纳两税所在地的规定税率就地缴纳城市维护建设税：

（1）由受托方代扣代缴、代收代缴两税的单位和个人，其代收代缴、代扣代缴的城市维护建设税按受托方所在地适用税率执行。

（2）流动经营等无固定纳税地点的单位和个人，应该在经营地缴纳两税的，其城市维护建设税的缴纳按照经营地的适用税率执行。

四、计税依据及税额的计算

1. 计税依据

城市维护建设税的计税依据是纳税人向税务机关实际缴纳的增值税、消费税之和。

城市维护建设税以两税税额为计税依据，是指两税的实纳税额，包括纳税人被税务机关查补的增值税、消费税和纳税人出口货物免、抵的增值税，但不包括加收的滞纳金和罚款。因为滞纳金和罚款是税务机关对纳税人采取的一种经济制裁，不是对两税的征收。

［注意］城市维护建设税是以增值税、消费税税额之和为计税依据并与两税同时征收的。这样，税法规定对纳税人减免两税时，相应也减免了城市维护建设税。因此，城市维护建设税基本上没有单独规定减免税。但对一些特殊情况，财政部和国家税务总局做了特殊减免税规定：

（1）城市维护建设税随同两税的减免而减免。

（2）对于因减免税而需要进行两税退库的，城市维护建设税也同时退库。但是，对出口产品退还增值税、消费税的，不退还已缴纳的城市维护建设税；对两税实行先征后返、先征后退、即征即退办法的，除另有规定外，对随两税附征的城市维护建设税和教育费附加，一律不予退（返）还。

（3）海关对进口产品代征增值税、消费税，不征收城市维护建设税。

（4）为支持国家重大水利工程建设，对国家重大水利工程建设基金免征城市维护建设税。

2. 应纳税额的计算

城市维护建设税税额的计算公式为：

应纳税额＝纳税人实际缴纳的增值税、消费税税额之和×适用税率

［例 8－1］ 地处县城的某国有企业，2018 年 8 月实际缴纳消费税 40 万元、增值税 20 万元。计算该国有企业应缴纳的城市维护建设税。

解：

应纳税额＝(40＋20)×5％＝3(万元)

五、征收管理

城市维护建设税的纳税环节、纳税地点、纳税期限、违章处理等事项，比照消费税、增值税的有关规定办理。

1. 纳税环节

城市维护建设税的纳税环节是纳税人实际缴纳两税的环节。

2. 纳税地点

根据税法规定的原则，纳税人缴纳两税的地点就是该纳税人缴纳城市维护建设税的地点。针对一些比较复杂并有特殊性的纳税地点问题，财政部和国家税务总局做了如下规定：

（1）代扣代缴、代收代缴两税的单位和个人，由受托方代收代扣两税的。代收代扣城市维护建设税按照受托方所在地的规定税率（代收代扣方所在地的适用税率），在代收代扣方所在地缴纳城市维护建设税。

（2）纳税人跨地区提供建筑服务、销售和出租不动产的，应在建筑服务发生地、不动产所在地预缴增值税时，以预缴增值税税额为计税依据，并按预缴增值税所在地的城市维护建设税适用税率和教育费附加征收率就地计算缴纳城市维护建设税和教育费附加。预缴增值税的纳税人在其机构所在地申报缴纳增值税时，以其实际缴纳的增值税税额为计税依据，并按机构所在地的城市维护建设税适用税率和教育费附加征收率就地计算缴纳城市维护建设税和教育费附加。

（3）流动经营等无固定纳税地点的单位和个人，应随同两税在经营地按适用税率缴纳城市维护建设税。

3. 纳税期限

城市维护建设税的纳税期限分别与两税的纳税期限一致。具体纳税期限由主管税务机关根据纳税人应纳税额的大小分别核定；不能按照固定期限按期纳税的，可以按次纳税。

4. 违章处理

由于城市维护建设税是与消费税、增值税同时征收的，所以在一般情况下，城市维护建设税不单独加收滞纳金或罚款。但是，如果纳税人缴纳了两税后，却不按照规定缴纳城市维护建设税，主管税务机关可以对其单独加收滞纳金，也可以单独进行罚款。

【本节习题】

1. 城市维护建设税有哪些特点？
2. 城市维护建设税的纳税地点如何确定？
3. 位于市区的某内资生产企业为增值税一般纳税人，经营内销和出口业务。2019 年 5 月，该企业实际向税务机关缴纳增值税 70 万元。另外，该企业因进口货物缴纳增值税 17 万元、消费税 40 万元。计算该企业 5 月应缴纳的城市维护建设税。

第二节　教育费附加和地方教育附加

教育费附加和地方教育附加是对缴纳增值税、消费税的单位和个人，就其实际缴纳的税额为计算依据征收的一种附加费。

教育费附加是为了加快地方教育事业发展、扩大地方教育经费的资金而征收的专用基金。1984 年，国务院颁发了《关于筹措农村学校办学经费的通知》，开征了农村教育事业费附加。1985 年，中共中央做出了《关于教育体制改革的决定》，指出必须在国家增拨教育基本建设投资和教育经费的同时，充分调动企事业单位和其他各种社会力量办学的积极性，开辟多种渠道筹措经费。为此，国务院于 1986 年 4 月 28 日颁布了《征收教育费附加的暂行规定》，并于同年 7 月 1 日施行。为了贯彻落实《国家中长期教育改革和发展规划纲要（2010—2020 年）》，进一步规范和拓宽财政性教育经费的筹措渠道，支持地方教育发展，2010 年 11 月财政部下发了《关于统一地方教育附加政策有关问题的通知》，对各省、市、自治区的地方教育附加进行了统一。

一、纳税义务人、征收范围及计征依据

与城市维护建设税类似，教育费附加和地方教育附加是对缴纳增值税、消费税的单位和个人征收，以其实际缴纳的两税为计税依据，与增值税、消费税同时缴纳。

二、教育费附加和地方教育附加的计征比率

在 1986 年开征时，教育费附加的计征比率为 1%；1990 年 5 月，《国务院关于修改〈征收教育费附加的暂行规定〉的决定》规定的比率是 2%；1994 年 2 月 7 日，《国务院关于教育费附加征收问题的紧急通知》规定教育费附加的征收比率是 3%。从 2010 年起，我国将地方教育附加的征收率统一规定为 2%。

三、教育费附加和地方教育附加的计算公式

应纳教育费附加＝实际缴纳的两税税额×3%

应纳地方教育附加＝实际缴纳的两税税额×2%

［例 8－2］　某企业地处市区，2018 年 3 月被税务机关查补增值税 4 万元、消费税 3 万元。计算该企业应补缴的教育费附加和地方教育附加。

解：

应补缴的税款＝(40 000＋30 000)×(3%＋2%)＝3 500(元)

四、教育费附加和地方教育附加的减免规定

总体说来，对由于减免增值税、消费税而发生退税的，可以同时退还已征收的教育费

附加；对海关进口的产品征收的两税，不征收教育费附加；对出口产品退还两税的，不退还已征的教育费附加；对国家重大水利工程建设基金，免征教育费附加。

【本节习题】

1. 简述教育费附加和地方教育附加的计税依据和税率。
2. 教育费附加的纳税地点如何选择？
3. 教育费附加和地方教育附加是否适用《税收征管法》？
4. 机构所在地在B县的甲建筑企业是增值税一般纳税人，当月在B县向税务机关缴纳的增值税为10万元。计算甲企业在B县缴纳的教育费附加和地方教育附加。

第三节 烟叶税

烟叶税是以纳税人收购烟叶实际支付的价款总额为计税依据征收的一种税。新中国在成立之初，就对烟草公司收购的烟叶征税，当时属于工商统一税的一个税目，税率为50%。此后，经历了几次调整，1998年我国将农业特产中烟叶的税率降至20%。该税率一直执行到2005年的“农村税费改革”。2006年年初，我国全面取消农业税，2006年4月28日实施《中华人民共和国烟叶税暂行条例》，烟叶税自此成为一个独立税种。

2017年12月27日，中华人民共和国第十二届全国人民代表大会常务委员会第三十一次会议通过并公布了《中华人民共和国烟叶税法》，并自2018年7月1日起施行。2006年4月28日国务院公布的《中华人民共和国烟叶税暂行条例》同时废止。此次立法不仅提高了烟叶税法律制度的科学性、稳定性、权威性，更重要的是在落实税收法定原则方面迈出了坚定的步伐。与此同时，这也是加强国家治理体系和治理能力现代化进程中的一个重要举措。

一、纳税人和征税范围

在中华人民共和国境内，依照《中华人民共和国烟草专卖法》的规定收购烟叶的单位为烟叶税的纳税人。纳税人应当依照《中华人民共和国烟草专卖法》的规定缴纳烟叶税。收购烟叶的单位是指依照《中华人民共和国烟草专卖法》的规定有权收购烟叶的烟草公司或者受其委托收购烟叶的单位，不包括个人。

烟叶税的征税范围是指晾晒烟叶、烤烟叶，而不是种的烟叶、卖的烟叶。烟叶税的应纳税额按照纳税人收购烟叶的收购金额和规定的税率计算。烟叶税实行比例税率（即20%），该税率的调整由国务院决定。烟叶税由地方税务机关征收。

二、应纳税额的计算与征收管理

（一）应纳税额的计算

烟叶税的计税依据为纳税人收购烟叶实际支付的价款总额。

烟叶税的应纳税额按照纳税人收购烟叶实际支付的价款总额乘以税率计算。

应纳税额的计算公式为：

应纳税额＝烟叶收购金额×税率

上式中的烟叶收购金额包括纳税人支付给烟叶销售者的烟叶收购价款和价外补贴。按照简化手续、方便征收的原则，对价外补贴统一暂按烟叶收购价款的10%计入烟叶收购金额征税，即

烟叶收购金额＝收购价款×(1＋10%)

[例8-3]　甲县某烟草公司去乙县收购烟叶，在2018年8月10日支付烟叶收购价款90万元，并对烟农支付了价外补贴。计算该烟草公司应缴纳的烟叶税。

解：

应纳税额＝90×(1＋10%)×20%＝19.8(万元)

（二）征收管理

烟叶税由税务机关依照《中华人民共和国烟叶税法》和《税收征管法》的有关规定征收管理。

1. 纳税义务发生时间

烟叶税的纳税义务发生时间为纳税人收购烟叶的当天。收购烟叶的当天是指纳税人向烟叶销售者付讫收购烟叶款项或者开具收购烟叶凭据的当天。

2. 纳税地点

纳税人收购烟叶，应当向烟叶收购地的主管税务机关申报纳税。烟叶收购地的主管税务机关是指烟叶收购地的县级地方税务机关或者其指定的税务分局、所。

3. 纳税期限

烟叶税按月计征，纳税人应当于纳税义务发生月度终了之日起15日内申报并缴纳税款，具体纳税期限由主管税务机关核定。关于烟叶税的纳税申报时间，由各烟叶收购地的主管税务机关在不影响税款征收的情况下自主核定。

【本节习题】

1. 简述烟叶税的纳税人和计税依据。

2. 某烟草公司（增值税一般纳税人）收购烟叶，支付烟叶生产者收购价款8万元，

并支付价外补贴 8 000 元。计算该烟草公司应缴纳的烟叶税。

第四节 资源税

一、资源税的概念

资源税是对在我国领域及管辖海域从事应税矿产品开采及生产盐（以下称为“开采或者生产应税产品”）的单位和个人征收的一种税，属于对自然资源占用征税的范畴。

对资源的使用行为征税，是国家以自然资源所有者的身份，向自然资源使用者赋予使用权而取得的一种报酬收入，具有有偿使用资源的性质。自然资源是天然存在的自然物质资源，包括土地资源、矿藏资源、水利资源、森林资源、山岭、草原、荒地、海洋、滩涂资源等。就其性质看，有再生性资源和非再生性资源两类。再生性资源如果开采无度，最终也将消耗殆尽，而非再生性资源更是迟早会有枯竭之日。自然资源是人类赖以生存和发展的物质基础，因此人类必须对自然资源进行保护及合理开发。大多数国家对自然资源的开发和利用征税，其目的之一，就是促进资源的合理开发和利用。

我国对资源的征税可追溯到春秋时期齐国的“官山海”，管仲对盐铁以专卖为名，行征税之实，可以说是资源税的萌芽。此后的各个朝代，基本上都把盐税作为一项重要的财政收入。在新中国成立后，政务院于 1950 年发布的《全国税政实施要则》中，明确将盐税列为一个税种征收，使我国对盐业资源的征税制度延续下来。在 1958 年以前，盐税由盐务部门负责征收管理，1958 年改由税务机关负责。1973 年，我国将盐税并入工商税，1984 年盐税又分离出来，成为独立税种。1984 年我国开征资源税时，普遍认为征收资源税主要依据的是受益原则、公平原则和效益原则三方面。1984 年 9 月 18 日，国务院发布《中华人民共和国资源税条例（草案）》，从 1984 年 10 月 1 日起实行。鉴于当时的一些客观原因，资源税税目只有煤炭、石油和天然气三种，后来又扩大到对铁矿石征税。1986 年 10 月 1 日，《中华人民共和国矿产资源法》施行，该法第五条进一步明确：国家对矿产资源实行有偿开采，开采矿产资源，必须按照规定缴纳资源税和资源补偿费。“税费并存”的制度从此以法律的形式确立下来。在 1993 年全国财税体制改革中对 1984 年第一代资源税法律制度做了重大修改，形成了第二代资源税制度。从 1994 年 1 月 1 日起，我国开始实行新的包括盐税在内的资源税。

自 2010 年 6 月起，我国分步骤开始了原油、天然气、煤炭资源税由从量计征改为从价计征的改革；自 2016 年 7 月 1 日起，我国全面推进资源税改革，资源税的计税依据为应税产品的销售额或销售量，但对经营分散、多为现金交易且难以控管的黏土、砂石，按照便利征管的原则，仍实行从量定额计征，同时在河北省开展水资源税试点工作。

二、资源税的特点

1. 征税范围较窄

我国现行资源税的征税对象既不是全部的自然资源，也不是所有具有商品属性的资源，而是将部分级差收入较大、资源较为普遍、易于征收管理的矿产品和盐列为征税范围。随着我国经济的快速发展，对自然资源的合理利用和有效保护越来越重要，因此资源税的征税范围应逐步扩大。

2. 具有受益税的性质

从自然资源的所有权关系分析，如果应税资源非国家所有，则国家单纯凭借政治权力对资源征税，属于严格意义上的税；反之，如果应税资源属于国家所有，对这类资源采取征税形式，那么资源税具有资源有偿分配的性质。一般来说，国家可以凭借对自然资源的所有权向资源的开发经营者收取占用费或租金，也可以凭借政治权力征税。在我国，国家既是自然资源的所有者，又是政治权力的行使者，国家把两种权力结合起来作为分配依据，使资源税的征收更加名副其实。资源税的征收是国家政治权力和所有权的统一，一方面体现了税收强制性、固定性的特征，另一方面主要体现了对国有资源的有偿占用性。单位或个人开发经营国有自然资源，既应当为拥有开发权而付出一定的“代价”，又因享受国有自然资源有义务支付一定的“费用”。所以说，我国资源税具有受益税的性质。

3. 具有级差收入税的特点

各种自然资源在客观上都存在着好坏、贫富、储存状况、开采条件、选矿条件、地理位置等种种差异。由于这些客观因素的影响，必然出现各资源开发者和使用者在资源丰瘠及收益多少上差距悬殊。一些占用和开发优质资源的企业和经营者，因资源条件的优越可以获得平均利润以外的级差收入；而开发和占用劣质资源的企业和经营者，则不能获得级差收入。我国从 1994 年 1 月 1 日起不再按超额利润征税，而是按矿产品的销售量征税，按照“普遍征收、级差调节”的原则，就资源赋税情况、开采条件、资源等级、地理位置等客观条件的差异规定了幅度税额，为每一个征税矿区规定了适用税率。这一规定考虑了资源条件优劣的差别，对级差收益进行了有效调节。可见，资源税实际上是一种级差收入税。

4. 实行源泉征税

不论采掘或生产单位是否独立核算，资源税均规定在矿产品开采地或盐的生产地实行源泉扣缴，收购未税矿产品的扣缴义务人代扣代缴的资源税也应向收购地主管税务机关缴纳。这样既照顾了采掘地的利益，又避免了税款的流失。这与其他税种由独立核算的单位统一缴纳不同。

三、资源税的作用

1. 通过合理调节资源级差收入水平，有利于促进企业之间开展公平竞争

我国幅员辽阔，各地资源状况参差不齐，资源开发条件也存在较多差异。随着市场经

济的发展，从事资源开发、利用的企业、单位和个人越来越多，经济成分也越来越复杂。这样，不同的开发主体因利用自然资源的开发条件不同，就必然形成多寡不同的级差收入。例如，处于资源蕴藏丰富、矿体品位高、开发条件好的地域的企业、单位和个人，收入水平就高；反之，收入水平就低。这就使得资源开发主体的利润水平难以真实地反映其生产经营成果，给人造成一种虚假现象，不利于各经营主体之间的平等竞争。我国级差资源税的设计使资源税能够比较有效地调节由于自然资源条件差异等客观因素给企业带来的级差收入，减少或排除资源条件差异对企业盈利水平的影响，为企业之间开展平等竞争创造有利的外部条件。

2. 通过征收资源税，可促进国有资源的合理开采、节约使用和有效配置

在开征资源税之前，国家对资源的管理措施比较缺乏，使得资源的开发和利用处于一种无序状态，从而降低了资源的开发和使用效益，助长了一些企业采富弃贫、采易弃难、采大弃小、乱采乱挖等破坏和浪费国家资源的现象。开征资源税，可以根据资源和开发条件的优劣，确定不同的税额，把资源的开采和利用与纳税人的切身利益结合起来，一方面有利于国家加强对自然资源的保护和管理，防止经营者乱采滥用资源，减少资源的损失浪费；另一方面也有利于经营者出于自身经济利益方面的考虑，提高资源的开发利用率，最大限度地开发利用国家资源。这样，对开发、利用应税资源的行为征收资源税，体现了国有自然资源有偿占用的原则，从而可以促使纳税人节约、合理地开发和利用自然资源，有利于我国经济的可持续发展。

3. 开征资源税有利于配合其他税种，发挥税收杠杆的整体功能

国家对资源税与增值税、企业所得税进行了配套改革，建立了资源税、增值税与企业所得税相辅相成的综合调节机制，使税收的调节作用有效地贯穿于资源开发、产品生产和产品流通各个环节。这样，一方面可以弥补增值税调节不足的缺陷，另一方面也为充分发挥企业所得税的调节功能，正确处理国家、企业、个人之间的利益分配关系创造了必要的条件。此外，由于这次资源税制改革扩大了征收范围，适度提高了税率，也能使国家财政收入得到一定幅度的增长。

4. 为国家取得一定的财政收入

随着征收范围的逐渐扩展，资源税的收入规模及其在税收收入总额中所占的比重都相应增加，其财政意义也日渐明显，在为国家筹集财政资金方面发挥着不可忽视的作用。

四、纳税人与扣缴义务人

1. 纳税人

在中华人民共和国领域及管辖海域从事应税矿产品开采及生产盐的单位和个人，为资源税的纳税人。

上述单位是指国有企业、集体企业、私营企业、股份制企业、其他企业和行政单位、事业单位、军事单位、社会团体及其他单位。个人是指个体经营者及其他个人。其他单位和其他个人包括外商投资企业、外国企业及外籍人员。

[注意] 除上述单位和个人外，进口矿产品或盐以及经营已税矿产品或盐的单位和个人均不属于资源税的纳税人。

2. 扣缴义务人

为便于加强对资源税的征管和保证税款及时、安全入库，堵塞漏洞，在《中华人民共和国资源税暂行条例》（以下简称《资源税暂行条例》）和细则中规定，以收购未税矿产品的单位作为资源税的扣缴义务人。扣缴义务人主要是对那些税源小、零散、不定期开采，税务机关难以控制，容易发生漏税的单位和个人，在收购其未税矿产品时代扣代缴其应纳的税款。收购未税矿产品的单位或中外合作开采油气田作业者为资源税的扣缴义务人，应在收购未税矿产品时代扣代缴资源税。

具体说来，扣缴义务人可以是独立矿山、联合企业和其他收购未税矿产品的单位（包括个体户）。独立矿山是指只有采矿或只有采矿和选矿，独立核算、自负盈亏的单位，其生产的原矿和精矿主要用于对外销售。联合企业是指采矿、选矿、冶炼（或加工）连续生产的企业或采矿、冶炼（或加工）连续生产的企业，其采购单位通常是该企业的二级或二级以下核算单位。

[注意] 其他单位包括收购未税矿产品的个体户在内，但不包括其他个人。

五、税目、税率

1. 税　目

从理论上说，资源税的征税范围应当包括一切开发和利用的国有资源，但考虑到我国开征资源税还缺乏经验，所以《资源税暂行条例》遵循纳入征税范围的资源必须具有商品属性，即该资源必须具有使用价值和交换价值的原则。资源税的税目反映征收资源税的具体范围，是资源税征税对象的具体表现形式。《资源税暂行条例》对税目的确定，既着眼于合理调节级差收入水平，又适当考虑了征收管理水平的现状。在确定资源税的税率时，我国根据资源的储存状况、开采条件、品位质量、稀缺性、价值高低等经济和技术因素划分矿山资源等级，并根据等级相应确定了差别税额。应税品种之间和主要品种开采者之间的税额应体现出差别。资源条件好的，税额高一些；资源条件差的，税额低一些。在具体设计税目时，采取列举法，即按照各种征税产品的类别分别设置税目，只将原油、天然气、煤炭、金属矿、其他非金属矿 5 大类列入了征税范围，然后在 5 个税目下又设有若干子目。具体规定为：

（1）原油。对开采的天然原油征税；对人造石油不征税。

（2）天然气。对专门开采的天然气和与原油同时开采的天然气征税；对煤矿生产的天然气暂不征税。

（3）煤炭。对原煤和以未税原煤加工的洗选煤征税；对已税原煤加工的洗选煤和其他煤炭制品不征税。

（4）金属矿。该税目包含铁矿、金矿、铜矿、铝土矿、铅锌矿、镍矿、锡矿、钨矿、钼矿、未列举名称的其他金属矿产品原矿或精矿。

（5）其他非金属矿。该税目包含石墨、硅藻土、高岭土、萤石、石灰石、硫铁矿、磷矿、氯化钾、硫酸钾、井矿盐、湖盐、提取地下卤水晒制的盐、煤层（成）气、海盐、稀土、未列举名称的其他非金属矿产品。

[注意] 纳税人在开采主矿产品过程中伴采的其他应税矿产品，凡未单独规定适用税

额的，一律按主矿产品或视同主矿产品征收资源税。

对未列举名称的其他金属和非金属矿产品，按照从价计征为主、从量计征为辅的原则，由省级人民政府根据实际情况确定具体税目和适用税率，报财政部和国家税务总局备案。

2. 税　率

资源税采取从价定率或者从量定额的办法计征，实施级差调节的原则。运用资源税对因资源贮存状况、开采条件、资源优劣、地理位置等客观差别而产生的资源级差收入，通过实施差别税率或差别税额标准进行调节。2016 年 7 月 1 日我国全面推进资源税改革后，资源税主要采用比例税率从价计征，实行从量定额计征的项目较少：一是对经营分散、多为现金交易且难以控管的黏土、砂石，按照便利征管的原则，仍实行每吨或立方米 0.1 元～5 元的从量定额方法计征资源税；二是对未列举名称的其他非金属矿产品（原矿或精矿）按照从价计征为主、从量计征为辅的原则，对其中的部分矿产品征收每吨或立方米不超过 30 元的从量税。

纳税人应当分别核算不同税目应税产品的销售额或者销售数量；未分别核算或者不能准确提供不同税目应税产品的销售额或者销售数量的，从高适用税率。

煤炭资源税的税率幅度为 2%～10%，具体适用税率要区分跨省与非跨省的情况。非跨省煤田的税率由省级财税部门在此幅度内，根据本地区清理收费基金、企业承受能力、煤炭资源条件等因素提出建议，报省级人民政府拟定。省级人民政府需要将拟定的适用税率在公布前报财政部、国家税务总局审批，而跨省煤田的税率由财政部、国家税务总局确定。

六、应纳税额的计算

资源税的计税依据为应税产品的销售额或销售量，具体说来，分为从价定率和从量定额征收的计税依据，从而应纳税额的计算也要区分从价与从量。

（一）资源税的基本计税规定

1. 从价定率应纳税额的计算

应纳税额＝销售额×适用税率

实行从价定率征收资源税的计税依据是销售额，它包括纳税人销售应税产品向购买方收取的全部价款和价外费用，不包括增值税销项税额和运杂费用。从价定率征收资源税的销售额不包括与销售额分别核算的运杂费用。

纳税人开采应税产品由其关联单位对外销售的，按其关联单位的销售额征收资源税。纳税人既有对外销售应税产品，又有将应税产品用于除连续生产应税产品以外的其他方面的，则自用的这部分应税产品按纳税人对外销售应税产品的平均价格计算销售额并征收资源税。纳税人将其开采的应税产品直接出口的，按其离岸价格（不含增值税）计算销售额并征收资源税。此外，纳税人以人民币以外的货币结算销售额的，应当折合成人民币计算。其销售额的人民币折合率可以选用销售额发生的当天或者当月 1 日的人民币汇率中间价。纳税人应在事先确定采用何种折合率计算方法，确定后 1 年内不得变更。

2. 从量定额应纳税额的计算：

应纳税额＝征税数量×适用的单位税额

实行从量定额征收资源税的计税依据是销售数量，而不是开采量或生产量。销售数量的具体规定为：

(1) 纳税人能准确提供应税产品销售数量或移送使用数量的，以实际销售数量或者以视同销售的自用数量为征税数量。

(2) 纳税人不能准确提供应税产品销售数量或移送使用数量的，以应税产品的产量或根据主管税务机关确定的折算比换算成的数量为征税数量。

[例8-4] 2018年5月，某砂石厂开采砂石7 000立方米，对外销售5 000立方米，当地砂石资源税的税率为3元/立方米。计算该砂石厂当月应缴纳的资源税。

解：

应纳税额＝5 000×3＝15 000(元)

(3) 收购未税矿产品的扣缴义务人代扣代缴资源税应纳税额的计算：

代扣代缴应纳税额＝收购的未税矿产品数量(对应的价款)×适用的单位税额(税率)

(二) 资源税的特殊计税规定

1. 原矿销售额与精矿销售额的换算或折算

为了公平原矿与精矿之间的税负，对同一种应税产品，若征税对象为精矿，则纳税人在销售原矿时，应将原矿销售额换算为精矿销售额缴纳资源税；若征税对象为原矿，则纳税人在销售自采原矿加工的精矿时，应将精矿销售额折算为原矿销售额缴纳资源税。换算比或折算率原则上应根据原矿售价、精矿售价和选矿比计算，也可根据原矿销售额、加工环节平均成本和利润计算。换算比或折算率应按简便可行、公平合理的原则，由省级财税部门确定，并报财政部、国家税务总局备案。

2. 资源税的“税不重征”原则

纳税人用已纳资源税的应税产品进一步加工应税产品销售的，不再缴纳资源税。纳税人以未税产品和已税产品混合销售或者混合加工为应税产品销售的，应当准确核算已税产品的购进金额，在计算加工后的应税产品销售额时，准予扣减已税产品的购进金额；未分别核算的，一并计算缴纳资源税。

3. 资源税的单一环节征税原则

资源税具有单一环节一次征收的特点，只在开采后的出厂销售或移送自用环节纳税，其他批发、零售环节不再纳税。

4. 组成计税价格

纳税人申报的应税产品销售额明显偏低且无正当理由的、有视同销售应税产品行为而无销售额的，除财政部、国家税务总局另有规定外，按下列顺序确定销售额：

(1) 按纳税人最近时期同类产品的平均销售价格确定。

(2) 按其他纳税人最近时期同类产品的平均销售价格确定。

(3) 按组成计税价格确定。组成计税价格的计算公式为：

组成计税价格＝成本×(1＋成本利润率)÷(1－税率)

上式中的成本是指应税产品的实际生产成本；成本利润率由省、自治区、直辖市税务机关确定。

(4) 按后续加工非应税产品的销售价格，减去后续加工环节的成本利润后确定。

(5) 按其他合理方法确定。

(三) 煤炭资源税的计算方法

煤炭资源税的应纳税额按照原煤或者洗选煤的计税销售额乘以适用税率计算，即

原煤应纳税额＝原煤销售额×适用税率

纳税人开采原煤直接对外销售的，以原煤销售额作为应税煤炭销售额计算缴纳资源税。其中，原煤销售额不包含从坑口到车站、码头或购买方指定地点的运输费用、建设基金以及随运输产生的装卸、仓储、港杂等费用。纳税人将其开采的原煤自用于连续生产洗选煤的，在原煤移送使用环节不缴纳资源税；自用于其他方面的，视同销售原煤，计算缴纳资源税。洗选煤应纳税额的计算公式为：

洗选煤的应纳税额＝洗选煤的销售额×折算率×适用税率

纳税人将其开采的原煤加工为洗选煤销售的，以洗选煤的销售额乘以折算率作为应税煤炭的销售额计算缴纳资源税。洗选煤的销售额中包括洗选副产品的销售额，但不包含从洗选煤厂到车站、码头或购买方指定地点的运输费用、建设基金以及随运输产生的装卸、仓储、港杂等费用。洗选煤的折算率可通过洗选煤的销售额扣除洗选环节成本、利润计算，也可通过洗选煤的市场价格与其所用同类原煤市场价格的差额及综合回收率计算。

[注意] 纳税人同时销售应税原煤和洗选煤的，应当分别核算原煤和洗选煤的销售额；未分别核算或者不能准确提供原煤和洗选煤销售额的，一并视同销售原煤计算缴纳资源税。

[例 8-5] 2018 年 7 月，某煤炭开采企业销售洗选煤 7 万吨，开具的增值税专用发票上注明的金额为 8 000 万元，另取得从洗选厂到码头不含增值税的运费收入 30 万元（能取得相应凭证）。假设洗选煤的折算率为 80%，资源税的税率为 8%，计算该企业 7 月应缴纳的资源税。

解：

应纳税额＝8 000×80%×8%＝512(万元)

七、税收优惠

1. 减税、免税项目

资源税贯彻普遍征收、级差调节的原则，因此规定的减免税项目比较少。

(1) 开采原油过程中用于加热、修井的原油，免税。

(2) 纳税人开采或者生产应税产品的过程中，因意外事故或者自然灾害等原因遭受重大损失的，由省、自治区、直辖市人民政府酌情决定减税或者免税。

(3) 铁矿石资源税减按40%征收。自2015年5月1日起，铁矿石资源税由减按规定税额标准的80%征收调整为减按规定税额标准的40%征收。在2016年7月1日资源税改革后，铁矿石的减税政策被取消，但考虑到目前开采企业仍然困难，政府在测算和拟定近几年铁矿石资源税的税率时，按开采企业缴纳资源税金额的40%作为平移的资源税收入。因此，尽管该项税收优惠政策取消，但已在税率中予以体现，因而铁矿石开采企业的税负水平不会提高。

(4) 对鼓励利用的低品位矿、废石、尾矿、废渣、废水、废气等提取的矿产品，由省级人民政府根据实际情况确定是否减税或免税，并制定具体办法。

(5) 自2007年1月1日起，对地面抽采煤矿瓦斯暂不征收资源税。

(6) 自2010年6月1日起，纳税人在新疆开采的原油、天然气，自用于连续生产原油、天然气的，不缴纳资源税；自用于其他方面的，视同销售，依照规定计算缴纳资源税。

(7) 我国总共规定了八类减免税项目：

1) 对油田范围内运输稠油过程中用于加热的原油、天然气，免征资源税。

2) 对稠油、高凝油和高含硫天然气的资源税减征40%。

3) 对三次采油的资源税减征30%。

4) 对低丰度油气田的资源税暂减征20%。

5) 对水深超过300米的深水油气田的资源税减征30%。

6) 对实际开采年限在15年以上的衰竭期矿山开采的矿产资源，资源税减征30%。

7) 对依法在建筑物、铁路、水体下通过充填开采方式采出的矿产资源，资源税减征50%。

8) 共伴生矿的征免税规定。共生矿物是指同一成因、同一成矿期（或成矿阶段）中所形成的出现在一起的不同种矿物。比如在花岗岩中，有岩浆作用期所形成的共生矿物长石和石英。伴生矿物只考虑空间上的位置，而不管彼此间在形成时间和成因上是否有一定的联系，也就是在自然界中出现于同一空间范围内的不同种矿物。

为了促进共伴生矿的综合利用，纳税人开采、销售共伴生矿，若共伴生矿与主矿产品的销售额分开核算，对共伴生矿暂不计征资源税；若没有分开核算，共伴生矿按主矿产品的税目和适用税率计征资源税。财政部、国家税务总局另有规定的，从其规定。

2. 出口应税产品不退（免）资源税的规定

《资源税暂行条例》规定，仅对在中国境内开采或生产应税产品的单位和个人征收资源税，对进口的矿产品和盐不征收资源税。由于我国对进口应税产品不征收资源税，相应地对出口应税产品也不免征或退还已纳资源税。

八、征收管理

1. 纳税义务发生时间

纳税义务发生时间是指纳税人发生应税行为，应当承担纳税义务的起始时间。根据纳税人的生产经营、货款结算方式和资源税征收的状况，其纳税义务发生时间可分为以下几种情况：

(1) 纳税人销售自产应税产品的纳税义务发生时间：

1) 纳税人采用分期收款结算方式的，为销售合同规定的收款日期的当天。

2) 纳税人采取预收货款结算方式的，为发出应税产品的当天。

3) 纳税人采取其他结算方式的，为收讫销售款或者取得索取销售款凭据的当天。

(2) 纳税人自产自用应税产品的纳税义务发生时间，为移送使用应税产品的当天。

(3) 扣缴义务人代扣代缴税款的纳税义务发生时间，为支付首笔货款或首次开具支付货款凭据的当天。

2. 纳税期限

根据规定，资源税的纳税期限由主管税务机关根据纳税人（扣缴义务人）应纳（应缴）税额的多少，分别核定为1日、3日、5日、10日、15日或者1个月，通常是应纳税额越大，纳税期限越短，反之亦然。不能按固定期限计算纳税的，可以按次计算纳税。

纳税人以1个月为一期纳税的，自期满之日起10日内申报纳税；以1日、3日、5日、10日或者15日为一期纳税的，自期满之日起5日内预缴税款，于次月1日起10日内申报纳税并结清上月税款。

3. 纳税环节

(1) 资源税在应税产品的销售或自用环节计算缴纳。以自采原矿加工精矿产品的，在原矿移送使用时不缴纳资源税，在精矿销售或自用时缴纳资源税。

(2) 纳税人以自采原矿加工金锭的，在金锭销售或自用时缴纳资源税。纳税人销售自采原矿或者自采原矿加工的金精矿、粗金，在原矿或者金精矿、粗金销售时缴纳资源税，在移送使用时不缴纳资源税。

(3) 以应税产品投资、分配、抵债、赠予、以物易物等，视同销售，依照上述有关规定计算缴纳资源税。

4. 纳税地点

(1) 纳税人的应纳资源税应当向应税产品的开采或者生产所在地主管税务机关缴纳。纳税人在本省、自治区、直辖市范围内开采或者生产应税产品，其纳税地点需要调整的，由省级地方税务机关决定。

(2) 纳税人跨省开采资源税应税产品，其下属生产单位与核算单位不在同一省、自治区、直辖市的，对其开采或者生产的应税产品，一律在开采地或生产地纳税。实行从量计征的应税产品，其应纳税款一律由独立核算、自负盈亏的单位，按照开采地或者生产地的实际销售量（或者自用量）及适用的单位税额计算划拨。实行从价计征的应税产品，其应纳税款一律由独立核算、自负盈亏的单位，按照每个开采地或者生产地的实际销售量、单位销售价格及适用的单位税率计算划拨。

(3) 收购未税矿产品的扣缴义务人代扣代缴的资源税，也应向收购地主管税务机关缴纳。

【本节习题】

1. 资源税的纳税人有哪些？

2. 资源税的税率是如何确定的？

3. 资源税的应纳税额是如何计算的？

4. 资源税的纳税义务发生时间和纳税地点是怎样规定的？

5. 某省煤炭资源税的税率为8%。2018年3月，某企业销售自采原煤取得收入300万元（不含增值税，下同）；用自采原煤加工成洗选煤700吨，销售300吨，每吨售价900元。已知在计算资源税时洗选煤的折算率为80%，计算该企业当月应缴纳的资源税。

第五节 城镇土地使用税

一、城镇土地使用税概述

（一）城镇土地使用税的概念

城镇土地使用税法是指国家制定的、用于调整城镇土地使用税征收与缴纳权利及义务关系的法律规范。

城镇土地使用税是以国有土地为征税对象，对拥有土地使用权的单位和个人征收的一种税。土地是人类赖以生存、从事生产活动必不可少的物质条件。由于我国人多地少，因而珍惜土地、节约用地是一项基本国策。早在新中国成立初期，我国就开征了地产税。1951年8月，中央人民政府政务院颁布的《城市房地产税暂行条例》，规定在城市中合并征收房产税和地产税，称为城市房地产税。1973年在简化税制时，我国把对国内企业征收的房地产税并入工商税。长期以来，我国对非农业土地基本实行行政划拨、无偿使用的办法。实践证明，这种做法不利于合理节约使用土地。为了控制乱占滥用耕地，国务院于1987年4月1日发布了《中华人民共和国耕地占用税暂行条例》，其目的是用经济手段加强对耕地的管理，但城镇非农业土地使用中的浪费现象仍然严重存在。为了合理利用城镇土地资源，加强对土地的控制和管理，调节不同地区、不同地段之间的土地级差收入，促使土地使用者节约用地、提高土地使用效益，国务院在1988年9月27日发布了《中华人民共和国城镇土地使用税暂行条例》，并于当年11月1日施行。现行的城镇土地使用税法的基本规范是2006年12月31日国务院修改并颁布的《中华人民共和国城镇土地使用税暂行条例》（以下简称《城镇土地使用税暂行条例》），2013年12月7日国务院对其进行了部分修改。

（二）城镇土地使用税的特点

1. 对占用或使用土地的行为征税

土地是一种财产，对土地征税在国外属于财产税。但是，根据我国《宪法》的规定，城镇土地的所有权归国家，单位和个人对占用的土地只有使用权而无所有权。因此，现行的城镇土地使用税实质上是对占用或者使用土地行为的征税，属于准财产税，而非严格意义上的财产税。

2. 征税对象是国有土地

由于我国的城镇土地归国家所有，单位和个人只有占用权或使用权而无所有权，因此国家既可以凭借财产权利对土地使用人获取的收益进行分配，又可以凭借政治权力对土地使用者进行征税。开征城镇土地使用税，实质上是运用国家政治权力，将纳税人获取的本应属于国家的土地收益集中到国家手中。农业集体所有的土地未纳入征税范围。

3. 实行差别幅度税额

开征城镇土地使用税的主要目的之一是调节土地的级差收入，而级差收入的产生主要取决于土地的位置。占有土地位置优越的纳税人，可以节约运输和流通费用，扩大销售和经营规模，取得额外的经济收益。为了有利于体现国家政策，城镇土地使用税实行差别幅度税额。对不同城镇适用不同税额，对同一城镇的不同地段，根据市政建设状况和经济繁荣程度也确定不等的负担水平。

（三）城镇土地使用税的作用

1. 促进合理使用土地

土地是一种宝贵的自然资源，虽然我国幅员辽阔，但人均占有的土地面积并不宽裕。过去，我国对非农业用地基本上都采取行政划拨、无偿使用的办法，企业、单位总是尽量多占地、占好地，占而不用，造成大量土地资源的浪费，与我国土地资源严重不足形成了尖锐的矛盾。开征城镇土地使用税后，国有土地不再由单位、个人无偿使用，而要按规定向国家纳税。城镇土地使用税的税额按大、中、小城市和县城、建制镇、工矿区分为四个档次，每个档次又由地方政府根据土地所处位置的好坏确定高低不等的适用税额。企业多占地、占好地就要多缴税；少占地、占次地，就可少缴税。这样，就可以促使企业在用地时精打细算，把空余不用或可少用的土地让出来，起到加强土地管理、合理节约用地的作用。

2. 调节土地级差收入，鼓励平等竞争

在我国目前的市场经济条件下，影响企业效益的因素有很多。其中，地理位置好坏是影响企业运输成本、流通费用高低，进而影响企业利润的重要因素之一。由于因地理位置差异而获得的土地级差收入与企业自身经营状况无关，如果对土地级差收入不征税，既不利于企业的经济核算，也无法对企业的主观经营成果进行比较。因此，应征收城镇土地使用税，并按城镇土地的不同位置设置差别税额：土地位置好、级差收入多的，多征税；土地位置差、级差收入少的，少征税。这样，将国有土地的级差收入纳入国家财政，不仅有利于理顺国家和土地使用者的分配关系，还为企业之间的平等竞争创造了一个基本公平的用地条件。

3. 有利于筹集地方财政资金，完善地方税体系

土地是一种税源稳定且具有非流动性的税基，通常是地方财政的主要收入来源之一。根据 1994 年分税制财政体制的规定，城镇土地使用税是地方税，收入归地方政府支配。由于我国土地资源广阔，该税种又在所有大、中、小城市和县城、建制镇、工矿区开征，收入额较大，因此它可以成为地方财政的一项稳定收入来源，为完善地方税体系和分税制

财政体制创造条件。

二、纳税人和征税范围

1. 纳税人

凡在城市、县城、建制镇、工矿区范围内使用土地的单位和个人，为城镇土地使用税的纳税人。由于在现实经济生活中使用土地的情况十分复杂，为了确保将城镇土地使用税及时、足额地征收入库，税法根据用地者的不同情况，对纳税人做了如下具体规定：

(1) 城镇土地使用税由拥有土地使用权的单位或个人缴纳。

(2) 拥有土地使用权的单位和个人不在土地所在地的，其土地的实际使用人和代管人为纳税人。

(3) 土地使用权未确定或权属纠纷未解决的，其实际使用人为纳税人。

(4) 土地使用权共有的，共有各方都是纳税人，由共有各方分别纳税。

上述单位包括国有企业、集体企业、私营企业、股份制企业、外商投资企业、外国企业以及其他企业和事业单位、社会团体、国家机关、军队及其他单位。上述个人包括个体工商户以及其他个人。

2. 征税范围

城镇土地使用税的征税范围包括在城市、县城、建制镇和工矿区内的国家所有及集体所有的土地。建立在城市、县城、建制镇和工矿区以外的工矿企业不需要缴纳城镇土地使用税。其中，城市是指经国务院批准设立的市，其征税范围包括市区和郊区；县城是指县人民政府所在地，其征税范围为县人民政府所在地的城镇；建制镇是指经省、自治区、直辖市人民政府批准设立的，符合国务院规定的镇建制标准的镇，其征税范围为镇人民政府所在地；工矿区是指工商业比较发达，人口比较集中，符合国务院规定的镇建制标准，但尚未设立建制镇的大中型工矿企业所在地，工矿区的设立必须经省、自治区、直辖市人民政府批准。

建立在城市、县城、建制镇和工矿区以外的工矿企业不需要缴纳城镇土地使用税。

三、适用税率、计税依据和应纳税额的计算

1. 定额税率

城镇土地使用税实行分级幅度税额。每平方米土地的年税额规定如下：

(1) 大城市为 1.5 元至 30 元。

(2) 中等城市为 1.2 元至 24 元。

(3) 小城市为 0.9 元至 18 元。

(4) 县城、建制镇、工矿区为 0.6 元至 12 元。

上述大、中、小城市是以公安部门登记在册的非农业正式户口人数为依据，按照国务院颁布的《城市规划条例》规定的标准划分的。其中，人口在 50 万以上的，称为大城市；人口在 20 万～50 万之间的，称为中等城市；人口在 20 万以下的，称为小城市。

根据《城镇土地使用税暂行条例》的规定，省、自治区、直辖市人民政府应当在法定

税额幅度内，根据市政建设状况、经济繁荣程度等条件，确定所辖地区的适用税额幅度。市、县人民政府应当根据实际情况，将本地区土地划分为若干等级，在省、自治区、直辖市人民政府确定的税额幅度内，制定适用的税额标准，报省、自治区、直辖市人民政府批准执行。城镇土地使用税采用幅度税额，拉开档次，每个幅度税额的差距规定为 20 倍。经省、自治区、直辖市人民政府批准，经济落后地区的土地使用税适用税额标准可以适当降低，但降低额不得超过规定的最低税额的 30%。经济发达地区土地使用税的适用税额标准可以适当提高，但须报经财政部批准。

2. 计税依据

城镇土地使用税以纳税人实际占用的土地面积为计税依据。

纳税人实际占用的土地面积是指由省、自治区、直辖市人民政府确定的单位组织测定的土地面积。尚未组织测量，但纳税人持有政府部门核发的土地使用证书的，以证书确认的土地面积为准；尚未核发土地使用证书的，应由纳税人据实申报土地面积，据以纳税，待核发土地使用证以后再做调整。

[**注意**] 对在城镇土地使用税征税范围内单独建造的地下建筑用地，按规定征收城镇土地使用税。其中，已取得地下土地使用权证的，按地下土地使用权证确认的土地面积计算应征税额；未取得地下土地使用权证或地下土地使用权证上未标明土地面积的，按地下建筑的垂直投影面积计算应征税额，并对上述地下建筑用地暂按应征税额的 50%征收城镇土地使用税，但地上、地下相连的建筑物不执行上述规定。

3. 应纳税额的计算

城镇土地使用税的应纳税额依据纳税人实际占用的土地面积和适用单位税额计算。具体计算公式如下：

全年应纳税额＝实际占用应税土地面积(平方米)×适用税额

单独建造的地下建筑物应纳税额的计算公式为：

$$全年应纳税额=\frac{证书确认的应税土地面积}{或地下建筑物的垂直投影面积(平方米)}\times 适用税额\times 50\%$$

如果土地使用权由几方共有，由共有各方按照各自实际使用的土地面积占总面积的比例，分别计算缴纳城镇土地使用税。

[**例 8-6**] 设在某城市的一家企业 2018 年使用的土地面积为 20 000 平方米。经税务机关核定，该土地为应税土地，每平方米的年税额为 4 元。计算该企业全年应缴纳的土地使用税。

全年应纳税额＝20 000×4＝80 000(元)

四、税收优惠

城镇土地使用税的税收优惠包括法定免缴城镇土地使用税的优惠和省、自治区、直辖市地方税务机关确定的城镇土地使用税的减免优惠。

（一）法定免缴城镇土地使用税的优惠

（1）国家机关、人民团体、军队自用的土地。

1）人民团体是指经国务院授权的政府部门批准设立或登记备案并由国家拨付行政事业经费的各种社会团体。

2）国家机关、人民团体、军队自用的土地，是指这些单位本身的办公用地和公务用地。

（2）由国家财政部门拨付事业经费的单位自用的土地。

1）事业单位自用的土地，是指这些单位本身的业务用地。

2）企业办的学校、医院、托儿所、幼儿园，其用地能与企业其他用地明确区分的，可以比照由财政部拨付事业经费的单位自用的土地，免征土地使用税。

（3）宗教寺庙、公园、名胜古迹自用的土地。

1）宗教寺庙自用的土地，是指举行宗教仪式等的用地和寺庙内的宗教人员生活用地。

2）公园、名胜古迹自用的土地，是指供公众参观游览的用地及其管理单位的办公用地。

公园、名胜古迹中附设的营业单位（如影剧院、饮食部、茶社、照相馆等）使用的土地，应征收城镇土地使用税。

（4）市政街道、广场、绿化地带等公共用地。但是，非社会性的公共用地不能免税，如企业内的广场、道路、绿化等占用的土地。

（5）直接用于农、林、牧、渔业的生产用地，是指直接从事种植、养殖、饲养的专业用地。农副产品加工厂占地和从事农、林、牧、渔业生产单位的生活、办公用地不包括在内。

（6）开山填海整治的土地。经批准开山填海整治的土地和改造的废弃土地，从使用月份起免缴土地使用税5年至10年。

具体免税期限由各省、自治区、直辖市地方税务机关在《城镇土地使用税暂行条例》规定的期限内自行确定。

（7）对非营利性医疗机构、疾病控制机构和妇幼保健机构等卫生机构自用的土地，免征城镇土地使用税。

（8）免税单位无偿使用纳税单位的土地（如公安、海关等单位使用铁路、民航等单位的土地），免征城镇土地使用税。纳税单位无偿使用免税单位的土地，纳税单位应照章缴纳城镇土地使用税。纳税单位与免税单位共同使用、共有使用权的土地上的多层建筑，对纳税单位可按其占用的建筑面积占建筑总面积的比例计征城镇土地使用税。例如总共15层的大厦，一单位租用5层，另一单位租用10层，则并不是只占有第一层的单位交税。

（9）对行使国家行政管理职能的中国人民银行总行（含国家外汇管理局）所属分支机构自用的土地，免征城镇土地使用税。

（10）由财政部另行规定免税的能源、交通、水利用地和其他用地，包括武警部队举办的专门为武警部门内部生产弹药、军训器材、部队装备的工厂的用地，矿山企业的采矿场、排土场、炸药库安全区等的用地。

（11）自 2016 年 1 月 1 日至 2018 年 12 月 31 日，对专门经营农产品的农产品批发市场、农贸市场使用（包括自有和承租，下同）的房产、土地，暂免征收房产税和城镇土地使用税。对同时经营其他产品的农产品批发市场和农贸市场使用的房产、土地，按其他产品与农产品交易场地面积的比例确定征免房产税和城镇土地使用税。

（二）省、自治区、直辖市地方税务机关确定的城镇土地使用税的减免优惠

个人所有的居住房屋及院落用地，房产管理部门在房租调整改革前经租的居民住房用地，免税单位职工家属的宿舍用地，集体和个人举办的各类学校、医院、托儿所、幼儿园用地等的征免税，由省、自治区、直辖市税务机关确定。

五、征收管理

1. 纳税期限

城镇土地使用税按年计算，分期缴纳。城镇土地使用税的缴纳期限由省、自治区、直辖市人民政府确定。

2. 纳税义务发生时间

使用城镇土地，一般是从次月起发生纳税义务，只有新征用耕地是在批准使用之日起满一年时开始纳税。

3. 纳税地点

城镇土地使用税的纳税地点为土地所在地，由土地所在地的税务机关负责征收。纳税人使用的土地不在同一市（县）管辖范围内的，由纳税人分别向土地所在地的税务机关申报缴纳。在同一省（自治区、直辖市）管辖范围内，纳税人跨地区使用的土地，由各省、自治区、直辖市地方税务机关确定纳税地点。

4. 纳税申报

纳税人应依照当地税务机关规定的期限，填写《城镇土地使用税纳税申报表》，将其占用土地的权属、位置、用途、面积和税务机关规定的其他内容，据实向当地税务机关办理纳税申报登记，并提供有关的证明文件资料。

【本节习题】

1. 简述城镇土地使用税的纳税人。
2. 简述城镇土地使用税的征税范围。
3. 城镇土地使用税的减免税有哪些？
4. 某企业购买一幢单独建造的地下建筑物用于存放货物，并于 2018 年 9 月 3 日签署合同，在 9 月 15 日取得了地下建筑物的产权证书及土地使用证书，该证书上注明的土地面积为 800 平方米，当地城镇土地使用税的单位年税额为每平方米 12 元。计算该企业 2018 年应缴纳的城镇土地使用税。

第六节 房产税

一、房产税概述

（一）房产税的概念

房产税是以房屋为征税对象，按房屋的计税余值或租金收入，向房产所有人征收的一种财产税。征收房产税既有利于地方政府筹集财政收入，也有利于地方政府加强房产管理。

在新中国成立后，政务院于 1951 年 8 月颁布了《城市房地产税暂行条例》，规定对城市中的房屋合并征收房产税和地产税，称为城市房地产税。1973 年简化税制，我国把对企业征收的这个税种并入了工商税。对房地产管理部门和个人的房屋，以及外资企业、中外合资企业、中外合作经营企业的房屋，继续保留征收房产税。在我国实行改革开放以后，为了发挥税收的作用，1984 年 10 月国务院决定在推行第二步“利改税”和改革工商税制时，对国内企业单位恢复征收房产税。这样，原房地产税的税名与征收范围已名不符实，故将城市房地产税分为房产税和城镇土地使用税。现行的房产税是第二步“利改税”以后开征的。1986 年 9 月 15 日，国务院正式发布了《中华人民共和国房产税暂行条例》，从当年 10 月 1 日开始施行。各省、自治区、直辖市政府根据《中华人民共和国房产税暂行条例》（以下简称《房产税暂行条例》）的规定，先后制定了施行细则。至此，房产税又在全国范围内全面征收。

（二）房产税的特点

现行房产税是在原计划经济体制和财产所有结构的框架内恢复征收的，一方面继承了过去房产税的传统做法，另一方面又考虑了我国新、旧体制转换过程中的某些特殊情况，因此具有自身的特点。

1. 房产税属于财产税中的个别财产税

财产税按征税对象的范围不同，可以分为一般财产税与个别财产税。一般财产税又称综合财产税，是对纳税人拥有的各类财产实行综合征收的税收。个别财产税又称单项财产税，是对纳税人拥有的土地、房屋、资本和其他财产分别征收的税收。房产税属于个别财产税，其征税对象只是房屋。

2. 征税范围限于城镇的经营性房屋

房产税在城市、县城、建制镇和工矿区范围内征收，不涉及农村。农村的房屋，除了农副业生产用房外，大部分是农民居住用房，为了减轻农民的负担，农村的房屋没有纳入征税范围。另外，对某些拥有房屋，但自身没有纳税能力的单位，如国家拨付行政经费、事业经费和国防经费的单位自用的房产，税法也通过免税的方式将这类房屋排除在征税范围之外。因为这些单位本身没有经营收入，若对其征税，就要相应增加财政拨款，征税也就失去了意义。

3. 根据房屋的经营使用方式规定征税办法

拥有房屋的单位和个人，既可以将房屋用于经营自用，又可以把房屋用于出租。房产税根据纳税人经营使用方式的不同，对前一类房屋按房产计税余值征收，对后一类房屋按租金收入计税，使征税办法符合纳税人的经营特点，便于平衡税收负担和征收管理。

（三）房产税的作用

1. 筹集地方财政收入

我国的房产税属于地方税，征收房产税可以为地方财政筹集一部分市政建设资金，缓解地方财力不足的矛盾。此外，房产税以房屋为征税对象，其税源比较稳定，随着地方经济的发展和工商各业的兴旺，房产税收入将成为地方财政收入的一个主要来源。

2. 有利于加强房产管理，配合城市住房制度改革

对房屋拥有者征收房产税，不仅可以调节单位、居民之间的财富分配，还有利于加强对房屋的管理、提高房屋的使用效益、控制固定资产的投资规模。另外，房产税规定对个人拥有的非营业用房屋不征房产税，可以鼓励个人建房、购房和改善住房条件，配合和推动城市住房制度改革。

3. 调节财富分配

房屋是法人和个人拥有财富的主要形式。对房屋尤其是对个人拥有的经营性房屋征收房产税，在调节财富分配方面可以发挥积极作用。

二、房产税的征税范围和纳税人

1. 征税范围

房产税的征税对象是房产。房产是指有屋面和围护结构（有墙或两边有柱），能够遮风避雨，可供人们在其中生产、学习、工作、娱乐、居住或储藏物资的场所。此外，房产不等于建筑物。房地产开发企业建造的商品房，在出售前不征收房产税，但对出售前房地产开发企业已使用或出租、出借的商品房应按规定征收房产税。

房产税的征税范围为城市、县城、建制镇和工矿区。

（1）城市是指经国务院批准设立的市。城市的征税范围为市区、郊区和市辖县县城，不包括农村。

（2）县城是指未设立建制镇的县人民政府所在地。

（3）建制镇是指经省、自治区、直辖市人民政府批准设立的建制镇。建制镇的征税范围为镇人民政府所在地，不包括所辖的行政村。

（4）工矿区是指工商业比较发达，人口比较集中，符合国务院规定的建制镇标准，但尚未设立镇建制的大中型工矿企业所在地。开征房产税的工矿区须经省、自治区、直辖市人民政府批准。

2. 纳税人

房产税以在征税范围内的房屋产权所有人为纳税人。

（1）产权属国家所有的，由经营管理单位纳税；产权属集体和个人所有的，由集体单位和个人纳税。

（2）产权出典的，由承典人纳税。产权出典是指产权所有人将房屋、生产资料等的产权，在一定期限内典当给他人使用，并取得资金的一种融资业务。这种业务大多发生于出典人急需用款，但又想保留产权回赎权的情况。承典人向出典人交付一定的典价之后，在质典期内就获得了抵押物品的支配权，并可转典。产权的典价一般要低于卖价。出典人在规定期间内须归还典价的本金和利息，方可赎回出典房屋等的产权。由于在房屋出典期间，产权所有人已无权支配房屋，因此税法规定对房屋具有支配权的承典人为纳税人。

（3）产权所有人、承典人不在房屋所在地的，或者产权未确定及租典纠纷未解决的，由房产代管人或者使用人纳税。

租典纠纷是指产权所有人在房产出典和租赁关系上，与承典人、租赁人发生各种争议，特别是权利和义务的争议悬而未决的。此外，还有一些产权归属不清的问题，也属于租典纠纷。对租典纠纷尚未解决的房产，规定代管人或使用人为纳税人，主要目的在于加强征收管理，保证房产税及时入库。

（4）无租使用其他房产的问题。纳税单位和个人无租使用房产管理部门、免税单位及纳税单位的房产，应由使用人代为缴纳房产税。

三、房产税的税率

房产税采用比例税率，根据房产税的计税依据分为两种：依据房产计税余值计税的，税率为1.2%；依据房产租金收入计税的，税率为12%。从2001年1月1日起，对个人按市场价格出租的居民住房，用于居住的，其应缴纳的房产税暂减按4%的税率征收。自2008年3月1日起，对个人出租住房，不区分用途，均按4%的税率征收房产税。

四、房产税的计税依据和应纳税额的计算

房产税的计税依据是房产的计税价值或房产的租金收入。按照房产价值征税的，称为从价计征；按照房产租金收入计征的，称为从租计征。

（一）从价计征

《房产税暂行条例》规定，房产税按照房产原值一次减除10%至30%损耗价值以后的余额计算缴纳。

（1）房产原值是指纳税人按照会计制度规定，在账簿“固定资产”科目中记载的房屋原价。因此，凡按会计制度规定在账簿中记载有房屋原价的，应以房屋原价按规定减除一定比例后作为房产余值计征房产税；没有记载房屋原价的，按照上述原则并参照同类房屋确定房产原值，按规定计征房产税。

需要注意的是，对按照房产原值计税的房产，无论会计上如何核算，房产原值均应包含地价，包括为取得土地使用权支付的价款、开发土地发生的成本与费用等。宗地容积率低于0.5的，按房产建筑面积的2倍计算土地面积并据此确定计入房产原值的地价。

（2）房产原值应包括与房屋不可分割的各种附属设备或一般不单独计算价值的配套设施。

（3）纳税人对原有房屋进行改建、扩建的，要相应增加房屋的原值。

（4）在确定计税余值时，房产原值的具体减除比例，由省、自治区、直辖市人民政府在税法规定的减除幅度内自行确定。

（5）对投资联营的房产，在计征房产税时应予以区别对待。对于以房产投资联营、投资者参与投资利润分红、共担风险的，将房产的余值作为计税依据计征房产税；对于以房产投资、收取固定收入、不承担联营风险，实际是以联营名义取得房产租金的，应根据《房产税暂行条例》的有关规定由出租方按租金收入计算缴纳房产税。

（6）对融资租赁房屋的，在计征房产税时应以房产余值计算征收。

（7）居民住宅区内业主共有的经营性房产缴纳房产税，且是由实际经营（包括自营和出租）的代管人或使用人缴纳房产税。对于自营的，依照房产原值减除10%～30%后的余值计征，没有房产原值或不能将业主共有房产与其他房产的原值准确分开的，应由房屋所在地的地方税务机关参考同类房产核定房产原值。对于出租的，按照租金收入计征。

（8）凡在房产税征收范围内具备房屋功能的地下建筑物，包括与地上房屋相连的地下建筑以及完全建在地面以下的建筑、地下人防设施等，均应按照有关规定征收房产税。

在从价计征房产税的情况下，应纳税额的计算公式为：

应纳税额＝应税房产原值×(1－扣除比例)×1.2%

[例8-7] 某公司购置的办公大楼的原值为90 000万元，当地规定的房产原值减除比例为20%。计算2018年该公司应缴纳的房产税。

解：

应纳税额＝90 000×(1－20%)×1.2%＝864(万元)

（二）从租计征

对于房产出租的，以房产的租金收入为房产税的计税依据。

房产的租金收入是房屋产权所有人出租房产使用权所取得的报酬，包括货币收入和实物收入。对于以劳务或其他形式作为报酬抵付房租收入的，应根据当地同类房产的租金水平确定一个标准租金额，从租计征。

[注意] 如果纳税人对个人出租房屋的租金收入申报不实或其申报数与同一地段同类房屋的租金收入相比明显不合理，税务部门可以按照《税收征管法》的有关规定，采取科学合理的方法核定其应纳税款。具体办法由各省、自治区、直辖市地方税务机关结合当地实际情况制定。

在从租计征房产税的情况下，应纳税额的计算公式为：

应纳税额＝租金收入×12%(或4%)

[例8-8] 2018年，某公司出租房屋10间，年租金收入为400 000元，适用税率是12%。计算该公司2018年应缴纳的房产税。

解：

应纳税额＝400 000×12%＝48 000(元)

五、房产税的减免税优惠

依据《房产税暂行条例》及有关规定，目前房产税的减免税优惠主要有：

(1) 国家机关、人民团体、军队自用的房产，免征房产税。

1) 人民团体是指经国务院授权的政府部门批准设立或登记备案的各种社会团体。例如，从事广泛群众性社会活动的团体，从事文学艺术、美术、音乐、戏剧的文艺工作团体，从事某种专门学术研究的团体，从事社会公益事业的社会公益团体，等等。

2) 自用的房产是指这些单位本身的办公用房和公务用房。

(2) 国家财政部门拨付事业经费的单位自用的房产，免征房产税。

1) 事业单位自用的房产是指这些单位本身的业务用房。

2) 对实行全额或差额预算管理的事业单位在业务范围内使用的房产，免征房产税。

(3) 宗教寺庙、公园、名胜古迹自用的房产，免征房产税。

1) 宗教寺庙自用的房产是指举行宗教仪式等的房屋和宗教人员使用的生活用房屋。

2) 公园、名胜古迹自用的房产是指供公众参观游览的房屋及其管理单位的办公用房屋。公园、名胜古迹中附设的营业单位（如影剧院、饮食部、茶社、照相馆等）所使用的房产及出租的房产，应征收房产税。

对国家机关、人民团体、军队、国家财政部门拨付事业经费的单位以及宗教寺庙、公园、名胜古迹自用的房产免征房产税，主要是考虑到这些单位的经费来源由国家财政部门拨款，本身没有纳税能力。至于这些单位非自用的房产，如出租或作营业用的，因为已有收入来源和纳税能力，所以应按照规定征收房产税。

(4) 个人拥有的非营业用的房产，免征房产税。

对个人所有的非营业用房产给予免税，主要是为了照顾我国城镇居民目前住房的实际状况，鼓励个人建房、购房、改善住房条件，并配合城市住房制度的改革。但是，对个人所有的营业用房或出租等非自用的房产，应按照规定征收房产税。

(5) 经财政部批准免税的其他房产。根据规定，下列房产可免征房产税：

1) 对非营利性医疗机构、疾病控制机构和妇幼保健机构等卫生机构自用的房产，免征房产税。

2) 从 2001 年 1 月 1 日起，对按政府规定价格出租的公有住房和廉租住房，包括企业和自收自支事业单位向职工出租的单位自有住房，房管部门向居民出租的公有住房，落实私房政策中带户发还产权并以政府规定租金标准向居民出租的私有住房等，暂免征收房产税。

3) 对经营公租房的租金收入，免征房产税。

六、房产税的申报缴纳

1. 纳税申报

纳税人应根据税法的要求，将现有房屋的坐落地点、结构、面积、原值、出租收入等情况，据实向当地税务机关办理纳税申报，并按规定纳税。如果纳税人的住址发生变更、产权发生转移，以及出现新建、改建、扩建、拆除房屋等情况，进而引起房产原值发生变化或者租金收入变化的，都要按规定及时向税务机关办理变更登记，以便税务机关及时掌握纳税人的房产变动情况。

2. 纳税期限

房产税实行按年计算、分期缴纳，具体纳税期限由省、自治区、直辖市人民政府规定。

房产税的纳税义务发生时间具体包括：

（1）纳税人将原有房产用于生产经营，从生产经营的月份起，缴纳房产税。

（2）纳税人自行新建房屋用于生产经营，从建成的次月起，缴纳房产税。

（3）纳税人委托施工企业建设的房屋，从办理验收手续的次月起，缴纳房产税。

（4）纳税人购置新建商品房，自房屋交付使用的次月起，缴纳房产税。

（5）纳税人购置存量房，自办理房屋权属转移、变更登记手续，房地产权属登记机关签发房屋权属证书的次月起，缴纳房产税。

（6）纳税人出租、出借房产，自交付出租、出借房产的次月起，缴纳房产税。

（7）房地产开发企业自用、出租、出借本企业建造的商品房，自房屋使用或交付的次月起，缴纳房产税。

（8）纳税人因房产的实物或权利状态发生变化，而依法终止房产税纳税义务的，其应纳税款的计算应截至房产的实物或权利状态发生变化的当月末。

3. 纳税地点

房产税在房产所在地缴纳。房产不在同一地方的纳税人，应按房产的坐落地点分别向房产所在地的税务机关缴纳。

【本节习题】

1. 简述房产税的纳税人和征税范围。
2. 房产税的计税依据是如何规定的？
3. 简述房产税的免税规定。
4. 2018 年 12 月，某公司购进一处房产，该房产的原值为 4 000 万元，当地政府规定的减除幅度为 30%。计算该公司 2018 年应缴纳的房产税。

第七节　车辆购置税

一、车辆购置税概述

车辆购置税是以在中国境内购置的规定车辆为征税对象，在特定环节向车辆购置者征收的一种税。就车辆购置税的性质而言，它属于直接税的范畴；它是在原交通部门收取的车辆购置附加费的基础上，通过“费改税”方式演变而来的。车辆购置税基本保留了原车辆购置附加费的特点。

2000年10月22日，国务院颁布《中华人民共和国车辆购置税暂行条例》，规定自2001年1月1日起施行。自该条例施行以来，车辆购置税的征管比较平稳。2018年12月29日，第十三届全国人民代表大会常务委员会第七次会议通过《中华人民共和国车辆购置税法》，该法自2019年7月1日起施行。2000年10月22日国务院公布的《中华人民共和国车辆购置税暂行条例》同时废止。

（一）车辆购置税的特点

车辆购置税作为一个特殊税种，除具有税收的共同特点外，还有其自身的特点。

1. 征收范围单一

车辆购置税以购置的特定车辆为征税对象，而不是对所有财产或消费财产征税，其征税范围窄，属于特种财产税。

2. 征收环节单一

车辆购置税实行一次课征制，它不是在生产经营和消费的每个环节都征收，而是在消费领域的特定环节一次性征收。

3. 税率单一

车辆购置税只规定一个统一的比例税率，该税率具有不随征税对象数额变动的特点，因而计征简便、负担稳定，有利于依法治税。

4. 征收方法单一

车辆购置税根据纳税人购置应税车辆的计税价格实行从价计征，以价格为计税标准，因而应纳税额与价值直接发生关系，即价值大者多征税、价值小者少征税。

5. 征税具有特定目的

车辆购置税为中央税，它取之于应税车辆，用之于交通建设，具有专门用途，不准挪作他用，由中央财政根据国家交通建设投资计划统筹安排。这种特定目的的税收可以保证国家财政支出的需要，既有利于统筹合理地安排资金，又有利于保证特定事业和建设支出的需要。

6. 价外征收，不转嫁税负

征收车辆购置税的商品价格中不含车辆购置税税额，车辆购置税是附加在价格之外的，且税收的缴纳者就是最终的税收负担者，税负没有转嫁。

（二）开征车辆购置税的作用

（1）有利于合理筹集建设资金，积累国家财政收入，促进交通基础设施建设事业的发展。国家通过开征车辆购置税参与国民收入的再分配，可以更好地将一部分消费基金转化为财政资金，为社会主义建设筹集更多的资金，以满足国家行使职能的需要。首先，车辆购置税是在消费（使用）环节征税，具有经常税的特点，只要纳税人发生了购置和使用应税车辆的行为就要征税，这比对所得和商品征税更具及时性。其次，车辆购置税按统一比例税率征收，具有相对的稳定性。最后，车辆购置税是依法征收的，具有税收强制性和固定性的属性，因而它具有可靠性。因此，车辆购置税更有利于依法合理地筹集交通基础设施建设和维护资金，保证资金专款专用，从而促进交通基础设施建设事业的健康发展。

（2）有利于规范政府行为，理顺税费关系，深化和完善财税制度改革。开征车辆购置税，有利于理顺税费关系，进一步完善财税制度，实现税制结构的不断优化。此外，“费改税”不但能规范政府行为、遏制乱收费，同时对正确处理税费关系、深化和完善财税体制改革也能起到积极的作用。

（3）有利于调节收入差别，缓解社会分配不公的矛盾。车辆购置税对消费应税车辆的使用者征税，能更好地体现两条原则：第一，兼顾公平的原则。兼顾公平的原则就是保护合法收入，取缔非法收入，整顿不合理收入，调节过高收入。因此，开征车辆购置税可以对过高的消费支出进行调节。第二，纳税能力原则。纳税能力原则是指高收入者多负税，低收入者少负税，具有较高消费需求能力的人比具有一般消费需求能力的人要多负税，比如使用高档进口车的纳税人要比使用国产普通车的纳税人缴纳的车辆购置税税额多。

（4）有利于打击走私，保护民族工业，维护国家权益。首先，车辆购置税对同一征税对象的应税车辆不论来源如何，都按同一比例税率征收，具有同样的应税车辆税负相同的特性，因此它可以平衡进口车辆与国产车辆的税收负担，体现国民待遇原则。其次，车辆购置税在车辆上牌使用前征收，具有源泉控管的特点，它可以协助有关部门在打击走私、惩治犯罪方面起到积极的作用。最后，对进口自用的应税车辆以含关税、消费税的组成计税价格为计税依据。对进口应税车辆征收较高的税收，可以限制其进口，有利于保护国内汽车工业的发展。

二、纳税人

车辆购置税的纳税人是指在中华人民共和国境内购置汽车、排气量超过 150 毫升的摩托车、有轨电车、挂车（以下统称“应税车辆”）的单位和个人。

（一）车辆购置税纳税人的具体范围

车辆购置税纳税人的范围包括单位和个人，具体为：

（1）单位是指国有企业、集体企业、私营企业、股份制企业、外商投资企业、外国企业以及其他企业、事业单位、社会团体、国家机关、部队以及其他单位。

（2）个人是指个体工商户及其他个人，泛指具有民事权利能力、依法享有民事权利、承担民事义务的自然人，包括中华人民共和国公民和外国公民。

（二）车辆购置税的应税行为

车辆购置税的应税行为是指在中华人民共和国境内购置应税车辆的行为。具体说来，这种应税行为包括以下几种情况：

（1）购买使用行为，包括购买使用国产应税车辆和购买使用进口应税车辆。当纳税人购置应税车辆时，他就发生了应税行为，就要依法纳税。

(2) 进口使用行为，是指直接进口使用应税车辆的行为。

(3) 受赠使用行为，是指接受他人馈赠。对馈赠人来说，在发生财产所有权转移后，应税行为一同转移，此时的馈赠人已不再是纳税人；而受赠人在接受使用（包括接受免税车辆）后，就发生了应税行为，就要承担纳税义务。

(4) 自产自用行为，是指纳税人将自己生产的应税车辆作为最终消费品用于自己消费使用，其消费行为已构成了应税行为。

(5) 获奖使用行为，包括从各种奖励形式中取得并使用应税车辆的行为。

(6) 其他使用行为，是指以其他方式取得并使用应税车辆的行为，比如以拍卖、抵债、走私、罚没等方式取得并自用的应税车辆。

三、征税对象和征税范围

（一）车辆购置税的征税对象

车辆购置税以列举产品（商品）为征税对象。列举产品是指《中华人民共和国车辆购置税法》规定的应税车辆，因此应税车辆是车辆购置税的征税对象。

（二）车辆购置税的征税范围

车辆购置税的征税范围包括汽车、排气量超过 150 毫升的摩托车、有轨电车、挂车。其中，有轨电车是以电能为动力，在轨道上行驶的公共车辆。挂车包括全挂车和半挂车：全挂车是无动力设备，独立承载，由牵引车辆牵引行驶的车辆；半挂车是无动力设备，与牵引车共同承载，由牵引车牵引行驶的车辆。

[注意] 为了体现税法的统一性、固定性、强制性和法律的严肃性特征，车辆购置税征税范围的调整由国务院决定，其他任何部门、单位和个人无权擅自扩大或缩小车辆购置税的征税范围。

四 、税率与计税依据

（一）车辆购置税的税率

我国车辆购置税实行统一比例税率，税率为10%。

（二）车辆购置税的计税依据

车辆购置税以应税车辆为征税对象，考虑到我国车辆市场供求的矛盾、价格的差异变化、计量单位的不规范以及原先征收车辆购置附加费时的做法，实行从价定率、价外征收的方法计算应纳税额，因此应税车辆的价格（即计税价格）就成为车辆购置税的计税依据。但是，由于应税车辆购置的来源不同、应税行为的发生不同、计税价格的组成不同，因此车辆购置税计税依据的构成也不同。

1. 购买自用应税车辆计税依据的确定

纳税人购买自用的应税车辆以计税价格为计税依据。计税价格为纳税人实际支付给销售者的全部价款，不包括增值税税款。也就是说，计税价格是由销售者销售应税车辆而向购买者收取的、除增值税税款以外的全部价款。全部价款就是销售发票上注明的不含增值税税款的实际销售价格，但计税价格不包括价外费用。

[**注意**] 购买自用的应税车辆包括购买自用的国产应税车辆和购买自用的进口应税车辆，比如从国内汽车市场、汽车贸易公司购买自用的进口应税车辆等。

价外费用是指销售者价外向购买者收取的手续费、基金、违约金、包装费、运输费、运输装卸费、保管费和其他各种性质的价外收费，但不包括销售者代办保险等而向购买者收取的保险费，以及向购买者收取的代购买者缴纳的车辆购置税、车辆牌照费。此处计算车辆购置税时不应包括价外费用。

2. 进口自用应税车辆计税依据的确定

纳税人进口自用的应税车辆以组成计税价格为计税依据。组成计税价格的计算公式为：

组成计税价格＝关税完税价格＋关税＋消费税

进口自用的应税车辆是指纳税人直接从境外进口或委托代理进口自用的应税车辆，即通过非贸易方式进口自用的应税车辆。

关税完税价格是指海关核定的关税计税价格。

关税是指由海关征收的进口车辆的关税。具体计算公式为：

应纳关税＝关税完税价格×关税税率

消费税是指进口车辆应由海关代征的消费税。具体计算公式为：

应纳消费税＝组成计税价格×消费税税率

组成计税价格＝(关税完税价格＋关税)÷(1－消费税税率)

进口自用应税车辆的计税价格应根据纳税人提供的、经海关审查确认的有关完税证明资料确定。

纳税人购买自用或者进口自用应税车辆，申报的计税价格低于同类型应税车辆的最低计税价格且无正当理由的，应税车辆的计税价格为国家税务总局核定的最低计税价格。

3. 自产自用及其他自用应税车辆计税依据的确定

按最新政策规定，纳税人自产自用应税车辆的计税价格，按照纳税人生产的同类应税车辆的销售价格确定，不包括增值税税款。

纳税人以受赠、获奖或者其他方式取得自用应税车辆的计税价格，按照购置应税车辆时相关凭证载明的价格确定，不包括增值税税款。

4. 以最低计税价格为计税依据的确定

纳税人申报的应税车辆计税价格明显偏低且无正当理由的，由税务机关依照《税收征管法》的规定核定其应纳税额。

5. 车辆购置税的计税依据使用统一货币单位计算

通过不同来源取得并自用的应税车辆的价款，有按人民币结算的，也有按外汇结算的。车辆购置税的计税依据和应纳税款应以人民币计算。根据现行政策规定，纳税人以外汇结算应税车辆价款的，应按照申报纳税之日中国人民银行公布的人民币汇率中间价折合成人民币计算缴纳税款。

五、税收优惠

（一）车辆购置税减免税的具体规定

我国车辆购置税实行法定减免税。减免税范围的具体规定是：

（1）外国驻华使馆、领事馆和国际组织驻华机构及其有关人员的自用车辆。

（2）中国人民解放军和中国人民武装警察部队列入装备订货计划的车辆。

（3）悬挂应急救援专用号牌的国家综合性消防救援车辆。

（4）设有固定装置的非运输专用作业车辆。

（5）城市公交企业购置的公共汽电车辆。

（6）有国务院规定予以免税或者减税的其他情形的，按照规定免税或者减税。

（二）车辆购置税的退税

纳税人将已征车辆购置税的车辆退回车辆生产企业或者销售企业的，可以向主管税务机关申请退还车辆购置税。退税额以已缴税款为基准，自缴纳税款之日至申请退税之日，每满一年扣减10%。

[注意] 免税、减税车辆因转让、改变用途等原因不再属于免税、减税范围的，纳税人应当在办理车辆转移登记或者变更登记前缴纳车辆购置税。该车辆的计税价格以初次办理纳税申报时确定的计税价格为基准，每满一年扣减10%。

六、应纳税额的计算

车辆购置税实行从价定率办法计算应纳税额。应纳税额的计算公式为：

应纳税额＝计税价格×税率

[例8-9] 2019年7月，李某从某销售公司（增值税一般纳税人）购买轿车一辆供自己使用，支付含增值税价款226 000元；另支付工具件和零配件含税价款1 000元，车辆装饰费4 000元。购车款由销售公司开具机动车统一销售发票，其他费用由销售公司开具增值税普通发票。计算李某应缴纳的车辆购置税。

解：

应缴纳的车辆购置税＝226 000÷(1＋13%)×10%＝20 000(元)

七、征收管理

1. 车辆购置税的纳税环节

车辆购置税是对应税车辆的购置行为课征，因此车辆购置税的征税环节应选择在使用环节（即最终消费环节）。现行政策规定，纳税人应当在向公安机关等车辆管理机构办理车辆登记注册手续前缴纳车辆购置税，即车辆购置税是在应税车辆上牌、登记、注册前的使用环节征收。

车辆购置税选择单一环节，实行一次征收制度。因此，购置已征车辆购置税的车辆，不再缴纳车辆购置税，但减税、免税条件消失的车辆应按规定缴纳车辆购置税。

2. 车辆购置税的纳税地点

纳税人购置应税车辆，应当向车辆登记注册地的主管税务机关申报纳税；购置无须办理车辆登记注册手续的应税车辆，应当向纳税人所在地的主管税务机关申报纳税。车辆登记注册地是指车辆的上牌落籍地或落户地。概括地讲，车辆购置税的纳税地点为应税车辆登记注册地（即上牌照落户地）或居住地。需要办理牌照的应税车辆在哪里注册上牌落户，纳税人就向那里的主管税务机关申报纳税；无须注册上牌的应税车辆（如民航机场的专用车辆、矿山专用车辆等），就地向主管税务机关申报纳税。

3. 车辆购置税的纳税期限

车辆购置税的纳税义务发生时间为纳税人购置应税车辆的当日。纳税人购买自用的应税车辆，自购买之日起 60 日内申报纳税；进口自用的应税车辆，应当自进口之日起 60 日内申报纳税；自产、受赠、获奖和以其他方式取得并自用应税车辆的，应当自取得之日起 60 日内申报纳税。

车辆购置税税款于纳税人办理纳税申报时一次缴清。购买之日是指纳税人购车发票上注明的销售日期。进口之日是指纳税人报关进口的当天。

4. 车辆购置税的缴税管理

车辆购置税缴纳税款的方法主要有以下几种：

(1) 自报核缴。

(2) 集中征收缴纳。

(3) 代征、代扣、代收。

【本节习题】

1. 车辆购置税的应税行为有哪些？

2. 车辆购置税的计税依据是如何规定的？

3. 车辆购置税的退税是如何规定的？

4. 2018 年 10 月，某汽车贸易公司进口 2 辆小轿车自用，海关审定的关税完税价格为 30 万元/辆。小轿车的关税税率为 15%，消费税税率为 9%。计算该公司应缴纳的车辆购置税。

第八节　车船税

一、车船税概述

1. 车船税的概念

车船税是以车船为征税对象，向拥有车船的单位和个人征收的一种税。我国对车船征税的历史悠久。早在公元前129年（汉武帝元光六年），我国就开征了算商车。1945年6月，国民党政府公布了《使用牌照税法》，在全国统一开征车船使用牌照税。在中华人民共和国成立后，政务院于1951年9月颁布了《车船使用牌照税暂行条例》，在全国部分地区开征。1973年，我国在简化税制、合并税种时，把对国营企业和集体企业征收的车船使用牌照税并入工商税。从那时起，车船使用牌照税只对不缴纳工商税的单位、个人和外侨征收，因而征税范围大大缩小。1984年10月，国务院决定恢复对车船征税，因原税名“车船使用牌照税”不太确定，在实际工作中往往误认为是对牌照征税，因此改名为车船使用税。1986年9月15日，国务院发布了《中华人民共和国车船使用税暂行条例》（以下简称《车船使用税暂行条例》），决定从1986年10月1日起在全国施行。各省、自治区、直辖市人民政府根据《车船使用税暂行条例》的规定，先后制定了施行细则。现行车船税法的基本规范是2011年2月25日由中华人民共和国第十一届全国人民代表大会常务委员会第十九次会议通过的《中华人民共和国车船税法》（以下简称《车船税法》），并于2012年1月1日起实施。

2. 车船税的特点

(1) 具有单项财产税的特点。从财产税的角度看，车船税属于单项财产税。不仅车船税的征税对象仅限于车船类运输工具，而且对不同的车、船还规定了不同的征税标准。

(2) 实行分类、分级（项）定额税率。车船税首先划分车辆与船舶，规定了它们各自的定额税率。定额税率又称固定税额，是税率的一种特殊形式。定额税率计算简便，适于从量计征的税种。车船税的适用税额依照《车船使用税暂行条例》所附的《车船税税目税额表》执行。车辆税采用分类、分项幅度税额，即对不同类别和不同项目的车辆规定了最高年税额和最低年税额，以适应我国各地经济发展不平衡，车辆种类繁多、大小不同的实际情况。船舶税实行分类、分级固定税额，即对不同类别、不同吨位的船舶，规定全国统一的固定税额，以适应船舶航程长、流动大的特点，保持全国税负的大体均衡。

3. 车船税的作用

(1) 筹集地方财政资金，支持交通运输事业发展。自改革开放以来，我国的交通业发展迅速，运输紧张状况大力缓解，但矛盾依然存在。开征车船税，能够将分散在车船使用人手中的部分资金集中起来，可以增加地方财源，增加对交通运输建设的财政投入，加快交通运输业的发展。

（2）加强对车船使用的管理，促进车船的合理配置。随着经济的发展，社会拥有车船的数量急剧增加，在开征车船税后，购置、使用的车船越多，应缴纳的车船税越多，可以促使纳税人加强对已使用车船的管理与核算，从而合理使用车船，提高车船的利用效率。

（3）调节财富分配，体现社会公平。在国外，车船税属于对动产征税的范围。这类税收除了筹集地方财政收入外，另一个重要功能是对个人拥有的财产或财富（如轿车、游艇等）进行调节，缓解财富分配不公。随着我国经济的增长，部分先富起来的个人拥有私人轿车、游艇及其他车船的情况将会日益增加，征收车船税的财富再分配作用亦会显得更加重要。

二、纳税人与征税范围

车船税的纳税人是指在中华人民共和国境内的车辆、船舶（以下简称“车船”）的所有人或者管理人。

车船税的征税范围是指在中华人民共和国境内属于《车船税法》所附的《车船税税目税额表》规定的车辆、船舶。车辆、船舶具体包括：依法应当在车船管理部门登记的机动车辆和船舶以及依法不需要在车船管理部门登记、在单位内部场所行驶或者作业的机动车辆和船舶。

［注意］在现实中，车辆分为机动车辆和非机动车辆；船舶分为机动船舶和非机动船舶。车船税的征收范围包括机动车辆和船舶，不包括非机动车辆和非机动船舶（但非机动驳船需要缴纳车船税）。由于将车船税定性为财产税，因此无论机动车辆和船舶是否在车船管理部门登记，都属于车船税的征税范围。

三、适用税目与税额

车船税实行定额税率，即对征税的车船规定单位固定税额。车船税的计税单位包括“每辆”“整备质量每吨”“净吨位每吨”“艇身长度每米”。车辆的具体适用税额由省、自治区、直辖市人民政府依照《车船税税目税额表》规定的税额幅度和国务院的规定确定。船舶的具体适用税额由国务院在《车船税税目税额表》规定的税额幅度内确定。自 2017 年 7 月 1 日起，各类车辆的税额上限普遍上涨。大型客车每年的税额标准为 480 元至 660 元，中型客车为 420 元至 660 元，小型客车为 360 元至 660 元，微型客车为 60 元至 480 元。

以普通家庭轿车为例，在 2017 年 7 月 1 日之后每年至少需要缴纳 360 元，比此前上涨了一倍，此前只需缴纳 180 元；与此同时，《车船税法》对征税对象也做了调整，原先享有免税“特权”的各类公车，也要与私车相同，都根据同一标准交税。

总之，车船税确定税额的总原则是：非机动车船的税负轻于机动车船；人力车的税负轻于畜力车；小吨位船舶的税负轻于大吨位船舶。

四、计税依据及税额的计算

纳税人应按照纳税地点所在的省、自治区、直辖市人民政府确定的具体使用税额缴纳车船税并由地方税务机关征收。

1. 购置新车船的税额计算

对于购置的新车船来说，购置当年的应纳税额自纳税义务发生的当月起按月计算。具体计算公式为：

应纳税额=年应纳税额÷12×应纳税月份数

应纳税月份数=12-纳税义务发生时间(取月份)+1

［例8-10］ 2018年4月3日，某单位购买奥迪轿车一辆。该省规定该排量乘用车每辆适用的车船税年税额为960元。计算该单位这辆轿车2018年应缴纳的车船税。

解：

该单位这辆轿车2018年的应纳税月份数=12-4+1=9

该轿车当年应缴纳的车船税=960÷12×9=720(元)

2. 被盗抢、报废、灭失的车船的税额计算

(1) 在一个纳税年度内，已完税的车船被盗抢、报废、灭失的，纳税人可以凭有关管理机关出具的证明和完税证明，向纳税所在地的主管税务机关申请退还自被盗抢、报废、灭失月份起至该纳税年度终了期间的税款。

(2) 已办理退税的被盗抢车船失而复得的，纳税人应当从公安机关出具相关证明的当月起计算缴纳车船税。

(3) 已缴纳车船税的车船在同一纳税年度内办理转让过户的，不另纳税，也不退税。

［例8-11］ 2018年1月，某企业缴纳了5辆客车的车船税，其中一辆客车在9月被盗，已办理车船税退还手续；11月，该客车由公安机关找回并出具证明，该企业补缴了车船税。假定此类客车的年基准税额为480元/辆，计算该企业2018年实际缴纳的车船税。

解：

2018年实际缴纳的车船税总计=4×480+480÷12×10=2 320(元)

五、车船税的减免优惠

1. 法定减免

(1) 捕捞、养殖渔船，是指在渔业船舶管理部门登记为捕捞船或者养殖船的船舶。

(2) 军队、武装警察部队专用的车船，是指按照规定在军队、武装警察部队车船管理部门登记，并领取军队、武警牌照的车船。

(3) 警用车船，是指公安机关、国家安全机关、监狱、劳动教养管理机关和人民法院、人民检察院领取警用牌照的车辆和执行警务的专用船舶。

(4) 依照法律规定应当予以免税的外国驻华使领馆、国际组织驻华代表机构及其有关人员的车船。

(5) 对节约能源的车船，减半征收车船税；对使用新能源的车船，免征车船税。减半征收车船税的节约能源乘用车和商用车、免征车船税的新能源汽车，均应符合规定的标准。

1) 纯电动汽车、燃料电池汽车和混合动力汽车免征车船税。

2）其他混合动力汽车按照同类车辆适用税额减半征税。

（6）省、自治区、直辖市人民政府根据当地实际情况，可以对公共交通车船，农村居民拥有并主要在农村地区使用的摩托车、三轮汽车和低速载货汽车定期减征或者免征车船税。

2. 特定减免

（1）经批准临时入境的外国车船和香港特别行政区、澳门特别行政区、台湾地区的车船，不征收车船税。

（2）按照规定缴纳船舶吨税的机动船舶，自《车船税法》实施之日起 5 年内免征车船税。

（3）机场、港口内部行驶或作业的车船，自《车船税法》实施之日起 5 年内免征车船税。

《车船税法》自 2012 年 1 月 1 日开始实施，按照时间计算，上述两条优惠期截至 2017 年 1 月 1 日。

六、车船税的申报缴纳

1. 纳税义务发生时间

车船税的纳税义务发生时间为取得车船所有权或者管理权的当月。取得车船所有权或者管理权的当月，应当以购买车船的发票或者其他证明文件所载日期的当月为准。

2. 车船税的纳税期限

车船税按年申报，分月计算，一次性缴纳。车船税的纳税年度为公历 1 月 1 日至 12 月 31 日。

3. 车船税的纳税申报

车船税的纳税人应根据税法的要求，将现有车船的数量、种类、吨位和用途等情况，据实向当地税务机关办理纳税申报登记，经审核后办理纳税手续。

纳税人在住址变更、使用车船的数量和吨位等发生变化时，应按规定及时向税务机关申报。

4. 车船税的纳税地点

车船税由地方税务机关负责征收；从事机动车第三者责任强制保险业务的保险机构为机动车车船税的扣缴义务人，应当在收取保险费时依法代收车船税，并出具代收税款凭证。

纳税人自行申报缴纳车船税的，纳税地点为车船登记地的主管税务机关所在地；扣缴义务人代收代缴车船税的，纳税地点为扣缴义务人所在地；依法不需要办理登记的车船，纳税地点为车船的所有人或者管理人的主管税务机关所在地。

【本节习题】

1. 车船税的征税范围是如何规定的？

2. 车船税的计税依据是什么?
3. 车船税的税收优惠政策有哪些?
4. 2018 年，某运输公司拥有载客人数 9 人以下的小汽车 20 辆，载客人数 9 人以上的客车 40 辆，载货汽车 20 辆（每辆整备质量为 8 吨）。小汽车适用的车船税年税额为每辆 800 元，客车适用的车船税税额为每辆 1 200 元，货车适用的车船税年税额为整备质量每吨 60 元。计算该公司 2018 年应缴纳的车船税。

第九节 船舶吨税

船舶吨税简称吨税，是海关对自中华人民共和国境外港口进入境内港口的船舶（以下简称“应税船舶”）征收的一种税。其征收的税款主要用于港口建设维护及海上干线公用航标的建设维护。此前，我国开征船舶吨税的基本法律依据是自 2012 年 1 月 1 日起施行的《中华人民共和国船舶吨税暂行条例》(国务院令第 610 号)。然而，在 2017 年 12 月 27 日，第十二届全国人民代表大会常务委员会第三十一次会议表决通过了《中华人民共和国船舶吨税法》(以下简称《船舶吨税法》)，该法自 2018 年 7 月 1 日起施行。在《船舶吨税法》施行后，2011 年 12 月 5 日国务院公布的《中华人民共和国船舶吨税暂行条例》同时废止。早在党的十八届三中全会上已经提出落实税收法定原则，此次将船舶吨税立法，不仅提高了船舶吨税法律制度的科学性、稳定性、权威性，更重要的是在落实税收法定原则方面迈出了坚定的步伐。与此同时，这也是加强国家治理体系和治理能力现代化进程中的一个重要举措。

一、船舶吨税的征税范围、税率

1. 船舶吨税的征税范围

自中华人民共和国境外港口进入境内港口的船舶，应当缴纳船舶吨税。船舶吨税的税目、税率依照《船舶吨税法》所附的《吨税税目税率表》执行。

2. 船舶吨税的税率

船舶吨税设置了优惠税率和普通税率。中华人民共和国籍的应税船舶，与中华人民共和国签订了含有相互给予船舶税费最惠国待遇条款的条约或者协定的船籍国（地区）的应税船舶，适用优惠税率。除了适用优惠税率的船舶之外的其他应税船舶，适用普通税率。

二、应纳税额的计算

船舶吨税按照船舶净吨位和吨税执照的期限征收。应税船舶的负责人在每次申报纳税时，可以按照《吨税税目税率表》选择申领一种期限的吨税执照。

船舶吨税的应纳税额按照船舶净吨位乘以适用税率计算。净吨位是指由船籍国（地区）政府授权签发的船舶吨位证明书上标明的净吨位。具体计算公式为：

应纳税额＝船舶净吨位×定额税率

［注意］应税船舶在进入港口办理入境手续时，应当向海关申报纳税并领取吨税执照，或者交验吨税执照。应税船舶在离开港口办理出境手续时，应当交验吨税执照。船舶吨税由海关负责征收。海关征收船舶吨税应当制发缴款凭证。应税船舶的负责人在缴纳船舶吨税或者提供担保后，海关按照其申领的执照期限填发吨税执照。

应税船舶的负责人在申领吨税执照时，应当向海关提供下列文件：

（1）船舶国籍证书或者海事部门签发的船舶国籍证书收存证明。

（2）船舶吨位证明。

应税船舶因不可抗力在未设立海关的地点停泊的，船舶负责人应当立即向附近海关报告，并在不可抗力原因消除后，依照《船舶吨税法》的规定向海关申报纳税。

［例 8－12］ 净吨位为 9 000 吨的某国货轮维多利亚号停靠在我国天津新港装卸货物。纳税人自行选择了 30 天期的船舶吨税。该国与我国签订有船舶税费优惠条款。计算应征的船舶吨税。

解：首先确定适用税率，净吨位为 9 000 吨的轮船 30 天期的优惠税率为 2.9 元/净吨位；其次，计算应纳税额。船舶吨税的计算公式为：

吨税应纳税额＝船舶净吨位×定额税率＝9 000×2.9＝26 100(元)

三、税收优惠

1．直接优惠

下列船舶免征船舶吨税：

（1）应纳税额在人民币 50 元以下的船舶。

（2）自境外以购买、受赠、继承等方式取得船舶所有权的初次进口到港的空载船舶。

（3）吨税执照期满后 24 小时内不上下客货的船舶。

（4）非机动船舶（不包括非机动驳船）。

（5）捕捞、养殖渔船。

（6）避难、防疫隔离、修理、改造、终止运营或者拆解，并不上下客货的船舶。

（7）军队、武装警察部队专用或者征用的船舶。

（8）警用船舶。

（9）依照法律规定应当予以免税的外国驻华使领馆、国际组织驻华代表机构及其有关人员的船舶。

（10）国务院规定的其他船舶。

前款第（10）项免税规定，由国务院报全国人民代表大会常务委员会备案。

上述第（5）项至第（9）项优惠，应当提供海事部门、渔业船舶管理部门或者卫生检疫部门等部门、机构出具的具有法律效力的证明文件或者使用关系证明文件，申明免税理由。

2. 延期优惠

应税船舶在进入港口办理入境手续时，应当向海关申报纳税并领取吨税执照，或者交验吨税执照。在吨税执照期限内，应税船舶发生下列情形之一的，海关按照实际发生的天数批注延长吨税执照期限：

（1）避难、防疫隔离、修理、改造，并不上下客货。

（2）军队、武装警察部队征用。

（3）应税船舶因不可抗力在未设立海关的地点停泊的，船舶负责人应当立即向附近海关报告，并在不可抗力原因消除后，向海关申报纳税。

上述船舶应当提供海事部门、渔业船舶管理部门或者卫生检疫部门等部门、机构出具的具有法律效力的证明文件或者使用关系证明文件，申明延长吨税执照期限的依据和理由。

四、征收管理

1. 征收机关

船舶吨税由海关负责征收。海关征收船舶吨税应制发缴款凭证。

2. 纳税期限

船舶吨税的纳税义务发生时间为应税船舶进入港口的当日。

应税船舶在吨税执照期满后尚未离开港口的，应当申领新的吨税执照，自上一次执照期满的次日起续缴船舶吨税。

应税船舶负责人应当自海关填发船舶吨税缴款凭证之日起 15 日内缴清税款。未按期缴清税款的，自滞纳税款之日起至缴清税款之日止，按日加收滞纳税款 0.5‰的税款滞纳金。

3. 领取吨税执照后船舶变化的处理

应税船舶在吨税执照期限内，因修理、改造导致净吨位变化的，吨税执照继续有效。应税船舶办理出入境手续时，应当提供船舶经过修理、改造的证明文件。

应税船舶在吨税执照期限内，因税目、税率调整或者船籍改变而导致适用税率变化的，吨税执照继续有效。

因船籍改变而导致适用税率变化的，应税船舶在办理出入境手续时，应当提供船籍改变的证明文件。

4. 吨税执照毁损或遗失的处理

吨税执照在期满前毁损或者遗失的，应当向原发照海关书面申请核发吨税执照副本，不再补税。

5. 纳税担保

应税船舶在到达港口前，经海关核准先行申报并办结出入境手续的，应税船舶的负责人应当向海关提供与其依法履行船舶吨税缴纳义务相适应的担保；应税船舶到达港口后，依照《船舶吨税法》的规定向海关申报纳税。下列财产、权利可以用于担保：

（1）人民币、可自由兑换货币。

（2）汇票、本票、支票、债券、存单。

(3) 银行、非银行金融机构的保函。

(4) 海关依法认可的其他财产、权利。

【本节习题】

1. 简述船舶吨税的征税范围。
2. 简述船舶吨税的税收优惠。
3. 有一艘泰国国籍净吨位为 1 800 吨的非机动驳船，停靠在我国某港口装卸货物。该驳船的负责人已向我国海关领取了吨税执照，在港口的停留期限为 30 天。泰国已与我国签订含有相互给予船舶税费最惠国待遇条款的条约。假定 2 000 吨以下的船舶 30 天期的普通税率为 2.1 元/净吨，优惠税率为 1.5 元/净吨。计算该驳船应缴纳的船舶吨税。

第十节　印花税

一、印花税概述

(一) 印花税的概念

印花税是以经济活动和经济交往中书立、领受应税凭证的行为为征税对象征收的一种税。因纳税人主要是通过在应税凭证上粘贴印花税票来完成纳税义务，故名印花税。

印花税是世界各国普遍征收的一个税种。它的历史悠久，最早始于 1624 年的荷兰。旧中国的北洋军阀政府曾颁布《印花税法》，并于 1913 年正式开征印花税。在中华人民共和国成立后，政务院于 1950 年 1 月发布《全国税政实施要则》，规定印花税为全国统一开征的 14 个税种之一。1958 年，我国在简化税制时，将印花税并入工商统一税，从而印花税不再单独征收。

从党的十一届三中全会以来，随着改革开放政策的贯彻实施，我国的国民经济得到迅速发展，经济活动中依法书立各种凭证已成为普遍现象。根据经济发展和建立社会主义经济法制的需要，国家相继颁布了《中华人民共和国经济合同法》《中华人民共和国商标法》《工商企业登记管理条例》等一系列经济法规。为了在税收上适应变化了的客观经济情况，广泛筹集财政资金，维护经济凭证书立、领受人的合法权益，1988 年 8 月国务院公布了《中华人民共和国印花税暂行条例》（以下简称《印花税暂行条例》），自同年 10 月 1 日起恢复征收印花税。国家税务总局监制发行了新中国第三套印花税票，图案表现了宇航、钻井、海陆空交通、炼钢、收割机、大学等，该套印花税票被称为“建设图”。2001 年，中国印制发行了《税收与社会主义现代化建设图》一套九枚的印花税票，还印制了小型张一枚。

2003 年，中国又印制发行了恢复印花税后的第三套印花税票《中国世界文化遗产图》一套九枚，同时印制了小型张一枚、六连张一枚、小全张一枚、小本票一种，并制作了纪念册。

(二) 印花税的特点

印花税不论是在性质方面，还是在征税方法方面，都具有不同于其他税种的特点。这些特点是：

1. 兼有凭证税和行为税的性质

印花税是对单位和个人书立、领受的应税凭证征收的一种税，具有凭证税的性质。此外，任何一种应税经济凭证反映的都是某种特定的经济行为，因此对凭证征税实质上是对经济行为征税。

2. 征税范围广泛

印花税的征税对象包括了经济活动和经济交往中的各种应税凭证，凡书立和领受这些凭证的单位和个人都要缴纳印花税，其征税范围是极其广泛的。此外，随着市场经济的发展和经济法制的逐步健全，依法书立经济凭证的现象将会愈来愈普遍。因此，印花税的征收面将更加广阔。

3. 税收负担比较轻

印花税与其他税种相比，其税率要低得多，因而税负较轻，具有广集资金、积少成多的财政效应。

4. 由纳税人自行完成纳税义务

纳税人通过自行计算、购买并粘贴印花税票的方式完成纳税义务，并在印花税票和凭证的骑缝处自行盖戳注销或画销。这也与其他税种的缴纳方法存在较大区别。

(三) 印花税的作用

自 1624 年印花税产生后，很快风靡全世界。之所以如此，是因为它具有一般税收所具有的许多共同特点和功能。现阶段，我国开征印花税仍有十分重要的作用，主要表现在以下五个方面：

1. 聚集财政收入

印花税的税负虽轻，但征税面广，可以积少成多、集腋成裘，为国家建设积累财政资金。与此同时，印花税还有利于完善地方税体系和分税制财政体制。

2. 促进我国经济的法制化建设

在各种应税经济凭证上粘贴印花税票，是完善应税经济凭证法律手续的重要方面。另外，根据《印花税暂行条例》的规定，发放或办理各种应纳印花税凭证的单位负有监督纳税的义务。这样，可以配合各种经济法规的实施，逐步提高经济合同的兑现率，促使经济交往中的各方依法办事，推进我国的经济法制建设。

3. 培养公民的依法纳税观念

印花税实行由纳税人自行完税、税务机关检查的征纳方法，并采取了轻税重罚的措施，可以督促纳税人养成自觉纳税的习惯。

4. 维护我国涉外经济权益

印花税是国际通行的税种。随着我国对外经济交往的日益频繁，开征印花税有利于在对外经济交往中贯彻税收对等互惠原则，维护国家的经济权益，促进对外经济关系的发展。

5. 加强对其他税种的监督管理

经济单位或个人的应税凭证是该单位或个人经济活动的反映，通过对各种应税凭证的贴花和检查，税务机关可以掌握经济活动中的真实情况，进行印花税与其他税种的交叉稽核稽查，有利于加强对其他税种的监督管理。

二、征税范围

我国经济活动中的经济凭证种类繁多、数量巨大，现行印花税只对《印花税暂行条例》列举的凭证征收，没有列举的凭证不征税。《印花税暂行条例》列举的正式凭证分为五类，即合同，产权转移书据，营业账簿，权利、许可证照和经财政部门确定征税的其他凭证。具体征税范围如下：

1. 合　同

合同是指根据原《中华人民共和国经济合同法》、《中华人民共和国涉外经济合同法》和其他有关合同法规订立的合同。具有合同性质的凭证是指具有合同效力的协议、契约、合约、单据、确认书及其他名称的凭证。

《中华人民共和国合同法》自 1999 年 10 月 1 日起实施，《中华人民共和国经济合同法》《中华人民共和国涉外经济合同法》《中华人民共和国技术合同法》同时废止。有关合同的法律依据可参考《中华人民共和国合同法》的规定。

经济合同的依法订立，是在经济交往中确定、变更或终止当事人之间的权利和义务关系的合同法律行为，其书面形式就是经济合同书。我国的印花税只对依法订立的经济合同征收。印花税税目中的合同比照《中华人民共和国经济合同法》对经济合同的分类，在税目税率表中列举了 10 大类合同。

(1) 购销合同，包括供应、预购、采购、购销结合及协作、调剂、补偿、贸易等合同；此外，还包括各出版单位与发行单位（不包括订阅单位和个人）之间订立的图书、报刊和音像制品的应税凭证，如订购单、订数单。对于工业、商业、物资外贸等部门经销和调拨商品、物资适用的调拨单（或其他名称的单、卡、书、表等），应当区分其性质和用途，即看其是作为部门内执行计划使用的，还是代替合同使用的，以确定是否贴花。凡属于明确双方供需关系、据以供货和结算、具有合同性质的凭证，应按规定缴纳印花税。但是，电网与用户之间签订的供电合同不属于印花税列举征税的凭证，不征收印花税。

(2) 加工承揽合同，包括加工、定做、修缮、修理、印刷、广告、测绘、测试等合同。

(3) 建设工程勘察设计合同，包括勘察、设计合同的总包合同、分包合同和转包合同。

(4) 建筑安装工程承包合同，包括建筑、安装工程承包合同的总包合同、分包合同和转包合同。

(5) 财产租赁合同，不仅包括租赁房屋、船舶、飞机、机动车辆、机械、器具、设备等合同，还包括企业、个人出租门店、柜台等所签订的合同，但不包括企业与主管部门签订的租赁承包合同。

(6) 货物运输合同，包括民用航空运输、铁路运输、海上运输、内河运输、公路运输和联运合同，以及作为合同使用的单据。

(7) 仓储保管合同，包括仓储、保管合同或作为合同使用的仓单、栈单（或称入库单）。对某些使用不规范的凭证不便计税的，可就其结算单据作为计税贴花的凭证。

(8) 借款合同，包括银行及其他金融组织和借款人（不包括银行同业拆借）所签订的借款合同，以及只填开借据并作为合同使用、取得银行借款的借据。银行及其他金融机构经营的融资租赁业务，是一种以融物方式达到融资目的的业务，实际上是分期偿还的固定资金借款，因此融资租赁合同也属于借款合同。

(9) 财产保险合同，包括财产、责任、保证、信用等保险合同，以及作为合同使用的单据。财产保险合同分为企业财产保险、机动车辆保险、货物运输保险、家庭财产保险和农牧业保险五大类。家庭财产两全保险属于家庭财产保险性质，其合同在财产保险合同之列，应照章纳税。

(10) 技术合同，包括技术开发、转让、咨询、服务等合同，以及作为合同使用的单据。

技术转让合同包括专利申请权转让、非专利技术转让所书立的合同，但不包括专利权转让、专利实施许可和转让专有技术使用权所书立的合同，后者用于产权转移书据合同。

[注意] 技术咨询合同是合同当事人就有关项目的分析、论证、评价、预测和调查签订的技术合同。一般的法律、会计、审计等方面的咨询不属于技术咨询，其所立合同不贴印花。技术服务合同的征税范围包括技术服务合同、技术培训合同和技术中介合同，但不包括以常规手段或者为生产经营目的进行一般加工、修理、修缮、广告、印刷、测绘、标准化测试，以及勘察、设计等所书立的合同。

此外，在确定应税经济合同的范围时，需要注意以下三个问题：

(1) 具有合同性质的凭证应视同合同征税。具有合同性质的凭证是指具有合同效力的协议、契约、合约、单据、确认书及其他名称的凭证，它们从属于以上 10 个合同税目的分类，而非独立列举的征税类别。这类凭证具有与上述 10 类合同大致相同的内容、形式和作用，虽未采用规范的合同名称，但对当事人各方仍具有特定的民事法律约束力。因为这些凭证一经凭证当事人书立，双方（或多方）信守、付诸实施（履行），就发挥着规范合同的作用，而不一定具有合同法规要求的完备条款和规范的行为约定。但是，就其书立行为和实施行为而言，显然属于具有民事法律意义、发生法律后果并且涉及权利与义务关系的行为。因此，鉴于这类凭证的上述性质和特点，印花税除对依法成立的具有规范内容和名称的 10 类合同征税外，还规定具有合同性质的凭证亦应纳税。

(2) 未按期兑现合同亦应贴花。印花税既是凭证税，又具有行为税的性质。纳税人签订应税合同，就发生了应税经济行为，必须依法贴花、履行完税手续。所以，不论合同是否兑现或能否按期兑现，都应当缴纳印花税。

(3) 同时书立合同和开立单据的贴花方法。办理一项业务（如货物运输、仓储保管、财产保险、银行借款等），如果既书立合同，又开立单据，只就合同贴花；凡不书立合同，只开立单据，以单据作为合同使用的，其使用的单据应按规定贴花。

2. 产权转移书据

产权转移（即财产权利关系的变更行为）表现为产权主体发生变更。产权转移书据是指单位和个人产权的买卖、继承、赠予、交换、分割等产权主体变更的过程中，由产权出让人与受让人之间所订立的民事法律文书。

我国印花税税目中的产权转移书据包括财产所有权、版权、商标专用权、专利权、专有技术使用权共5项产权的转移书据。其中，财产所有权转移书据是指经政府管理机关登记注册的不动产、动产的所有权转移所书立的书据，以及企业股权转让所书立的书据，并包括个人无偿赠送不动产所签订的《个人无偿赠予不动产登记表》。当纳税人完税后，税务机关（或其他征税机关）应在纳税人印花税完税凭证上加盖“个人无偿赠予”印章。其他4项则属于无形资产的产权转移书据。

3. 营业账簿

印花税税目中的营业账簿归属于财务会计账簿，是按照财务会计制度的要求设置的，反映生产经营活动的账册。按照营业账簿反映的内容不同，在税目中分为记载资金的账簿（以下简称“资金账簿”）和其他营业账簿两类，分别适用按金额计税和按件计税两种计税方法。

（1）资金账簿，是反映生产经营单位资本金（“实收资本”和“资本公积”）金额增减变化的账簿。

（2）其他营业账簿，是反映除上述账簿以外的其他生产经营活动内容的账簿，即除资金账簿以外的归属于财务会计体系的生产经营用账册。

（3）有关营业账簿征免范围应明确的若干个问题：

1）纳入征税范围的营业账簿，不按立账簿人是否属于经济组织（工商企业单位、工商业户）来划定范围，而是按账簿的经济用途来确定征免界限。例如，一些事业单位实行企业化管理，从事生产经营活动，其账簿就视同企业账簿，应纳印花税；而一些企业单位内的职工食堂、工会组织以及自办的学校、托儿所、幼儿园设置的经费收支账簿，不反映生产经营活动，就不属于“营业账簿”税目的适用范围。

2）其他营业账簿包括日记账簿和各明细分类账簿。

3）对采用一级核算形式的单位，只就财会部门设置的账簿贴花；采用分级核算形式的单位，除财会部门的账簿应贴花之外，财会部门设置在其他部门和车间的明细分类账，亦应按规定贴花。

4）车间、门市部、仓库设置的不属于会计核算范围或虽属于会计核算范围，但不记载金额的登记簿、统计簿、台账等，不贴印花。

5）对会计核算采用单页表式记载资金活动情况、以表代账的，在形成账簿（账册）前，暂不贴花，待装订成册时，按册贴花。

6）对有经营收入的事业单位，凡属由国家财政部门拨付事业经费、实行差额预算管理的单位，其记载经营业务的账簿按其他账簿定额贴花，不记载经营业务的账簿不贴花；凡属经费来源实行自收自支的单位，对其营业账簿应就记载资金的账簿和其他账簿分别按规定贴花。

7）跨地区经营的分支机构使用的营业账簿，应由各分支机构在其所在地缴纳印花税。对上级单位核拨资金的分支机构，其记载资金的账簿按核拨的账面资金数额计税贴花；对上级单位不核拨资金的分支机构，只就其他账簿按定额贴花。

8）兼并国有、集体企业单位的，对并入单位的资产，凡已按资金总额贴花的，接收单位对并入的资金可不再贴花。

9）企业发生分立、合并和联营等变更后，凡按规定办理法人登记的新企业所设立的资金账簿，应于启用时按规定贴花；凡不需要重新进行法人登记的企业，其原有资金账簿已贴印花继续有效。

4. 权利、许可证照

权利、许可证照是政府授予单位、个人某种法定权利和准予从事特定经济活动的各种证照的统称，包括政府部门发给的房屋产权证、工商营业执照、商标注册证、专利证、土地使用证等。

5. 经财政部门确定征税的其他凭证

经财政部门确定征税的其他凭证是指不在上述范围内，由财政部确定征收印花税的相关凭证。比如证券（股票）交易印花税，经国务院批准及财政部决定，对A股、B股股权转让的卖出方按成交金额的0.1%征收证券（股票）交易印花税。

除了税法列举的以上五大类应税经济凭证之外，在确定经济凭证的征免税范围时，需要注意以下三点：

（1）由于目前同一性质的凭证名称各异、不够统一，因此各类凭证不论以何种形式或名称书立，只要其性质属于《印花税暂行条例》中列举的征税凭证，均应照章征税。

（2）应税凭证是指在中国境内具有法律效力，受中国法律保护的凭证。

（3）适用于中国境内并在中国境内具备法律效力的应税凭证，无论在中国境内或者境外书立，均应依照印花税的规定贴花。

三、纳税人

印花税的纳税人是指在中国境内书立、使用、领受《印花税暂行条例》所列举的凭证，并应依法履行纳税义务的单位和个人，包括国内各类企业、事业单位、机关、团体、部队，以及中外合资企业、中外合作企业、外资企业、外国公司和其他经济组织及其在华机构等单位和个人。按照征税项目分为立合同人、立账簿人、立据人、领受人、使用人和各类电子应税凭证的签订人。

1. 立合同人

书立各类合同的，以立合同人为纳税人。这是指各类合同的当事人，即对凭证有直接权利与义务关系的单位和个人，但不包括合同的担保人、证人、鉴定人。当事人的代理人有代理纳税的义务，他与纳税人负有同等的税收法律义务和责任。当事人有两方或两方以上的，各方均为纳税人。

2. 立账簿人

设立并使用营业账簿的，以立账簿人为纳税人。

3. 立据人

订立各种财产转移书据的，以立据人为纳税人。如果立据人未贴印花或少贴印花，书据的持有人应负责补贴印花。所立书据以合同方式签订的，应由持有书据的各方分别按全额贴花。

4. 领受人

领取或接受并持有权利、许可证照的单位和个人，以领受人为纳税人。例如，某人因其发明创造，经申请依法取得国家专利机关颁发的专利证书，该人就是纳税人。

5. 使用人

在国外书立、领受，但在国内使用的应税凭证，其使用人为纳税人。

6. 各类电子应税凭证的签订人

各类电子应税凭证的签订人就是以电子形式签订各类应税凭证的当事人。

需要注意的是，对于应税凭证，凡由两方或两方以上当事人共同书立的，其当事人各方都是印花税的纳税人，应就其所持凭证的计税金额履行纳税义务。

四、计税依据

印花税的计税依据是指各种应税凭证上所记载的计税金额。根据不同征税项目，印花税分别实行从价计征和从量计征两种征收方法。

（一）在从价计征情况下计税依据的确定

实行从价计征的凭证，以凭证所载金额为计税依据。具体规定如下：

（1）各类合同以合同上所记载的金额、收入或费用为计税依据。

1）购销合同的计税依据为合同记载的购销金额，不得做任何扣除，特别是调剂合同和易货合同，均应包括调剂、易货的全额。

在商品购销活动中，采用以货易货方式进行商品交易签订的合同，是反映既购又销双重经济行为的合同。对此，应按合同所载的购、销金额合计数计税贴花。合同未列明金额的，应按合同所载购、销数量，依照国家牌价或市场价格计算应纳税额。

2）加工承揽合同的计税依据是加工或承揽收入的金额。对于由受托方提供原材料的加工、定做合同，凡在合同中分别记载加工费金额和原材料金额的，应分别按“加工承揽合同”“购销合同”计税，两项税额之和就是合同应贴印花；若合同中未分别记载，则应就全部金额依照加工承揽合同计税贴花。

对于由委托方提供主要材料或原料，受托方只提供辅助材料的加工合同，无论加工费和辅助材料金额是否分别记载，均以辅助材料与加工费的合计数，依照加工承揽合同计税贴花。对委托方提供的主要材料或原料的金额不计税贴花。

3）建设工程勘察设计合同的计税依据为勘察、设计收取的费用。

4）建筑安装工程承包合同的计税依据为承包金额，不得剔除任何费用。如果施工单位将自己承包的建设项目再分包或转包给其他施工单位，其签订的分包或转包合同仍应按所载金额另行贴花。

5）财产租赁合同的计税依据为租赁金额；经过计算，税额不足 1 元的，按 1 元进行贴花。

6）货物运输合同的计税依据为取得的运输费金额（即运费收入），不包括所运货物的金额、装卸费和保险费等。

对于国内各种形式的货物联运，凡在起运地统一结算全程运费的，应以全程运费为计税依据，由起运地运费结算双方缴纳印花税；凡分程结算运费的，应以分程的运费作为计税依据，分别由办理运费结算的各方缴纳印花税。

对于国际货运，凡由我国运输企业运输的，运输企业所持的运费结算凭证以本程运费为计税依据计算应纳税额；托运方所持的运费结算凭证以全程运费为计税依据计算应纳税额。由外国运输企业运输进出口货物的，运输企业所持的运费结算凭证免纳印花税，托运方所持的运费结算凭证应以运费金额为计税依据缴纳印花税。

7）仓储保管合同的计税依据为仓储保管费用。

8）借款合同的计税依据为借款金额。

针对实际借贷活动中的不同借款形式，税法规定了不同的计税方法：

①凡是一项信贷业务既签订借款合同，又一次或分次填开借据的，只以借款合同所载的金额为计税依据计税贴花；凡是只填开借据并作为合同使用的，应以借据所载的金额为计税依据计税贴花。

②借贷双方签订的流动资金周转性借款合同，一般按年（期）签订，规定最高限额，借款人在规定的期限和最高限额内随借随还。为了避免加重借贷双方的负担，对这类合同只以其规定的最高限额为计税依据，在签订时贴花一次，在限额内随借随还不签订新合同的，不再另贴印花。

③对借款方以财产作抵押，从贷款方取得一定数量抵押贷款的合同，应按借款合同贴花；在借款方因无力偿还借款而将抵押财产转移给贷款方时，应再就双方书立的产权书据，按产权转移书据的有关规定计税贴花。

④对银行及其他金融组织开展融资租赁业务签订的融资租赁合同，应按合同所载租金总额，暂按借款合同计税。

⑤在贷款业务中，如果贷款方是由若干银行组成的银团，银团各方均承担一定的贷款数额，并且借款合同由借款方与银团各方共同书立、各执一份合同正本，那么对于这类合同，借款方与银团各方应分别在所执的合同正本上，按各自的借款金额计税贴花。

⑥在基本建设贷款中，如果按年度用款计划分年签订借款合同，在最后一年按总概算签订借款总合同，且总合同的借款金额包括各个分合同借款金额的，对这类基建借款合同，应按分合同分别贴花，最后签订的总合同只就借款总额扣除分合同借款金额后的余额计税贴花。

9）财产保险合同的计税依据为支付（收取）的保险费金额，不包括所保财产的金额。

10）技术合同的计税依据为合同所载的价款、报酬或使用费。为了鼓励技术研发，对于技术研发合同，只就合同所载的报酬金额计税，研发经费不作为计税依据。但是，对合同约定按研发经费的一定比例作为报酬的，应按一定比例的报酬金额贴花。

（2）产权转移书据以书据中所载的金额为计税依据。

（3）记载资金的营业账簿，以实收资本和资本公积的合计金额为计税依据。

跨地区经营的分支机构的营业账簿在计税贴花时，为了避免对同一资金重复计税，规定上级单位记载资金的账簿，应按扣除拨给下属机构资金数额后的部分计税贴花。

企业执行《企业财务通则》和《企业会计准则》并启用新账簿后，其实收资本和资本公积的合计金额大于原已贴印花资金的，就增加的部分补贴印花，在次年的实收资本和资本公积未增加的，对其不再计税贴花。

（4）在确定合同计税依据时需要注意的一个问题是，有些合同在签订时无法确定计税金额。例如，技术转让合同中的转让收入是按销售收入的一定比例收取或是按实现利润分成的，财产租赁合同只是规定了月（天）租金标准而无期限的。对于这类合同，可以在签订时先按定额5元贴花，而后在结算时再按实际金额计税，并补贴印花。

（二）在从量计征情况下计税依据的确定

实行从量计征的其他营业账簿和权利、许可证照，以计税数量为计税依据。

五、税　率

现行印花税采用比例税率和定额税率两种税率。

1. 比例税率

印花税的比例税率分为五档，即1‰、0、5‰、0.3‰和0.05‰。按比例税率征收印花税的应税项目包括各种合同及具有合同性质的凭证、记载资金的账簿和产权转移书据等。这些凭证一般都载有金额，按比例税率纳税——金额多的多纳税，金额少的少纳税。这样既能增加收入，又可以体现合理负担原则。具体规定是：

（1）财产租赁合同、仓储保管合同、财产保险合同的税率为1‰。

（2）加工承揽合同、建设工程勘察设计合同、货物运输合同、产权转移书据、营业账簿中记载资金的账簿，其税率为0.5‰。

（3）购销合同、建筑安装工程承包合同、技术合同的规定税率为0.3‰。这类合同从低规定税率的主要考虑是：企业的购销量大，从购到销要签两次合同；建筑安装工程承包合同要按承包总金额计税。因此，为了照顾企业的实际承受能力，并鼓励企业进行技术研发、转让和服务，宜规定较低税率。

（4）借款合同的税率为0.05‰。因为借款合同的税基较大，从平衡各类合同的税负考虑，需要从低设计税率.

此外，从2008年9月19日起，对证券交易印花税政策进行调整，由双边征收改为单边征收，即只对卖出方（或继承、赠予A股、B股股权的出让方）征收证券交易印花税，对买入方（受让方）不再征税。证券交易印花税的税率仍保持1‰，具体规定为：

（1）在上海证券交易所、深圳证券交易所买卖、继承、赠予优先股所书立的股权转让书据，均依书立时的实际成交金额，由出让方按1‰的税率计算缴纳证券交易印花税。

（2）在全国中小企业股份转让系统买卖、继承、赠予优先股所书立的股权转让书据，均依书立时的实际成交金额，由出让方按1‰的税率计算缴纳证券交易印花税。

2. 定额税率

其他营业账簿和权利、许可证照采取按件规定固定税额。由于这类凭证没有金额记载，因而规定按件定额征税，这样可以方便征纳、简化手续。

在印花税的13个税目中，使用定额税率的应税凭证是权利、许可证照和营业账簿中的其他账簿，单位税额均为每件5元。

［注意］在确定适用税率时，如果发生载有一个经济事项的应税凭证可以同时适用两个或两个以上税率，且属于同一笔金额的，应按较高的税率计算纳税，而不是分别按两种税率贴花。该规定主要是为了避免以低税率凭证代替高税率凭证纳税，从而逃避纳税义务。

六、应纳税额的计算

1. 计算公式

(1) 按比例税率计算应纳税额的方法：

应纳税额＝计税金额×适用税率

(2) 按定额税率计算应纳税额的方法：

应纳税额＝凭证数量×单位税额

2. 需要注意的问题

(1) 按金额比例贴花的应税凭证，未标明金额的，应按照凭证所载数量及国家牌价计算金额；没有国家牌价的，按市场价格计算金额，依适用税率贴足印花。

(2) 应税凭证所载金额为外国货币的，按凭证书立当日的国家外汇管理局公布的外汇牌价折合成人民币，计算应纳税额。

(3) 同一凭证由两方或者两方以上当事人签订并各执一份的，应当由各方分别全额贴花。

(4) 同一凭证因载有两个或两个以上经济事项而适用不同的税率，若分别载有金额的，应分别计算应纳税额，在相加后按合计税额贴花；若未分别记载金额的，按税率高的计税贴花。

(5) 已贴花的凭证在修改后所载金额增加的，其增加部分应当补贴印花。

(6) 按比例税率计算纳税而应纳税额不足 1 角的，免纳印花税；应纳税额在 1 角以上的，其税额尾数不满 5 分的不计，满 5 分的按 1 角计算贴花。对财产租赁合同的应纳税额超过 1 角但不足 1 元的，按 1 元贴花。

(7) 对于已经履行并贴花的合同，所载金额与合同履行后实际结算金额不一致的，只要双方未修改合同金额，一般不再办理完税手续。

(8) 财政部、税务总局发布的《关于对营业账簿减免印花税的通知》(财税［2018］50 号) 规定，自 2018 年 5 月 1 日起，对按 0.5‰税率贴花的资金账簿减半征收印花税，对按件贴花 5 元的其他账簿免征印花税。

［例 8－13］ 2018 年 2 月某企业开业，领受房产权证、工商营业执照、土地使用证各一件，与其他企业订立转让专用技术使用权书据一件，所载金额为 80 万元；订立产品购销合同两份，所载金额为 150 万元；订立借款合同一份，所载金额为 40 万元；此外，在该企业的营业账簿中，"实收资本"科目载有资金 600 万元，其他营业账簿有 20 本。2018 年 12 月，该企业"实收资本"科目所载的资金增加为 800 万元。计算该企业 2018 年 2 月应缴纳的印花税和 12 月应补缴的印花税。

解：(1) 企业领受权利、许可证照的应纳税额：

应纳税额＝3×5＝15(元)

(2) 企业订立产权转移书据的应纳税额：

应纳税额＝800 000×0.5‰＝400(元)

（3）企业订立购销合同的应纳税额：

应纳税额＝1 500 000×0.3‰＝450（元）

（4）企业订立借款合同的应纳税额：

应纳税额＝400 000×0.05‰＝20（元）

（5）企业营业账簿中“实收资本”科目所载资金的应纳税额：

应纳税额＝6 000 000×0.5‰＝3 000（元）

（6）企业其他营业账册应纳税额：

应纳税额＝20×5＝100（元）

（7）2018 年 2 月企业应缴纳的印花税为：

应纳税额＝15＋400＋450＋20＋3 000＋100＝3 985（元）

（8）2018 年 12 月资金账簿应补缴税额为：

应补纳税额＝(8 000 000－6 000 000)×0.5‰÷2＝500（元）

七、税收优惠和征收管理

（一）税收优惠

根据《印花税暂行条例》及其实施细则和其他有关税法的规定，下列凭证免纳印花税：

（1）在应税合同的正本贴花后，副本、抄本不再贴花（将副本、抄本视为正本使用的除外）。因为凭证的正式签署本已按规定缴纳了印花税，其副本或者抄本对外不发生权利与义务关系，只是留存备查。但是，将副本或者抄本视同正本使用的，应另行贴花。

（2）对无息、贴息贷款合同免税。无息、贴息贷款合同是指我国的各专业银行按照国家金融政策发放的无息贷款及通过各专业银行发放并按有关规定由财政部门或中国人民银行给予贴息的贷款项目所签订的贷款合同。在一般情况下，无息、贴息贷款体现国家政策，满足特定时期的某种需要，其利息全部或部分是由国家财政负担的，对这类合同征收印花税没有财政意义。

（3）对房地产管理部门与个人签订的用于生活居住的租赁合同免税。

（4）对农牧业保险合同免税。这样做是为了支持农村保险事业的发展，减轻农牧业生产的负担。在商品住房等开发项目中配套建造住房的，依据政府部门出具的相关材料、房屋征收（拆迁）补偿协议或棚户区改造合同（协议），按照改造安置住房建筑面积占总建筑面积的比例免征印花税。

（5）对与高校学生签订的高校学生公寓租赁合同免征印花税。

(6) 对公租房经营管理单位建造管理公租房涉及的印花税予以免征。

对公租房经营管理单位购买住房作为公租房，免征印花税；对公租房租赁双方签订租赁协议涉及的印花税予以免征；也就是说，购买和出租环节均免税。

在其他住房项目中配套建设公租房，根据政府部门提供的相关材料，可以按照公租房建筑面积占总建筑面积的比例免征建造、管理公租房涉及的印花税。

(7) 为了贯彻落实《国务院关于加快棚户区改造工作的意见》，对改造安置住房经营管理单位、开发商与改造安置住房相关的印花税及购买安置住房的个人涉及的印花税，自2013年7月4日起予以免征。

(二) 征收管理

1. 缴纳方法

印花税的纳税方法与其他税种不同，其特点是由纳税人根据税法规定，自行计算应纳税额，自行购买印花税票，自行完成纳税义务；同时，对特殊情形采取特定的纳税贴花方法。

(1) 自行贴花方法。该方法一般适用于应税凭证较少或者贴花次数较少的纳税人。印花税通常由纳税人根据规定自行计算应纳税额，购买并一次贴足印花税票，从而完成缴纳税款。纳税人向税务机关或指定的代售单位购买印花税票，对税务机关来说，印花税票一经售出，国家就取得了印花税收入。但就纳税人来说，购买了印花税票，不等于履行了纳税义务。因此，纳税人将印花税票粘贴在应税凭证上后应即行注销，注销标记应与骑缝处相交。骑缝处是指粘贴的印花税票与凭证之间的交接处。

(2) 简化纳税方法。为了简化贴花手续，对于那些应纳税额较大或者贴花次数频繁的，税法规定了以下三种简化的缴纳方法：

1) 以缴款书或完税凭证代替贴花的方法。如果某些应税凭证（如资金账簿、大宗货物的购销合同、建筑工程承包合同等）的应纳税额数量较大，超过500元，粘贴印花税票不方便，可向当地税务机关申请填写缴款书或者完税凭证，并将其中一联粘贴在凭证上或者由税务机关在凭证上加注完税标记，代替贴花。这就是通常所说的“汇贴”办法。

2) 按期汇总缴纳印花税的方法。如果同一种类应税凭证需要频繁贴花，纳税人可向当地税务机关申请按期汇总缴纳印花税。经税务机关核准并发放许可证后，按税务机关确定的限期（最长不超过1个月）汇总计算纳税。应纳税凭证在加注税务机关指定的汇缴戳记、编号并装订成册后，纳税人应将缴款书的一联粘附册后，而后盖章注销、保存备查。对于采用按期汇总缴纳方式缴纳印花税的纳税人，税务机关应加强日常监督、检查。

3) 委托代征的方法。该方法主要是通过税务机关的委托，经由发放或者办理应税凭证的单位代为征收印花税。税务机关应与代征单位签订代征委托书。发放或者办理应税凭证的单位是指发放权利、许可证照的单位和办理凭证的鉴证、公证以及其他有关事项的单位。此外，印花税法规定，发放或者办理应税凭证的单位，负有监督纳税人依法纳税的义务，具体是指对以下纳税事项实施监督：

①应税凭证是否已经粘贴印花。

②粘贴的印花是否足额。

③粘贴的印花是否按规定注销。

对于未完成以上纳税手续的，应督促纳税人当场完成。

2. 纳税贴花的其他具体规定

纳税人在贴花时，必须遵照以下规定办理纳税事宜：

(1) 在应税凭证书立或领受时即行贴花完税，不得延至凭证生效日期贴花。

(2) 印花税票应粘贴在应税凭证上，并由纳税人在每枚税票的骑缝处盖戳注销或画销，严禁揭下重用。

(3) 对于已经贴花的凭证，修改后所载金额增加的部分应补贴印花。

(4) 对于已贴花的各类应税凭证，纳税人须按规定期限保管，不得私自销毁，以备纳税检查。

(5) 凡多贴印花税票者，不得申请退税或者抵扣。

(6) 纳税人对凭证不能确定是否应当纳税的，应及时携带凭证，到当地税务机关鉴别。

(7) 纳税人与税务机关对凭证的性质发生争议的，应检附该凭证并报请上一级税务机关核定。

(8) 纳税人对纳税凭证应妥善保存。对于凭证的保存期限，凡国家已有明确规定的，按规定办理；其他凭证均应在履行纳税义务后保存1年。

八、纳税环节和纳税地点

1. 纳税环节

印花税应当在书立或领受时贴花。具体说来，纳税人应在合同签订、账簿启用和证照领受时贴花。如果合同是在国外签订，并且不便在国外贴花的，应在合同带入境内时办理贴花纳税手续。

2. 纳税地点

印花税一般实行就地纳税。对于全国性商品物资订货会（包括展销会、交易会等）上所签订合同应缴纳的印花税，由纳税人回其所在地后及时办理贴花完税手续；对地方主办、不涉及省际关系的订货会、展销会上所签合同应缴纳的印花税，其纳税地点由各省、自治区、直辖市人民政府自行确定。

【本节习题】

1. 简述印花税的特点。
2. 印花税的纳税人有哪些？
3. 印花税的税目、税率是如何规定的？
4. 印花税的税收优惠政策有哪些？
5. 对违反印花税法规定的行为如何处罚？

第十一节 契 税

一、契税概述

（一）契税的概念

契税是以中华人民共和国境内转移土地、房屋权属为征税对象，向产权承受人征收的一种财产税。契税是一个古老的税种，最早起源于东晋的“估税”，至今已有1 600多年的历史。新中国成立后颁布的第一个税收法规就是《契税暂行条例》。其基本内容是：凡土地、房屋之买卖、典当、赠予或交换，均应凭土地、房屋所有证，在当事人双方订立契约时，由产权承受人缴纳契税。此时的契税税率分为两种：买卖、赠予的税率为6%，典当的税率为3%；双方交换的房屋价值相等的，免税；不相等的，就其超过价值部分按6%的税率缴纳契税。

1954年，财政部对《契税暂行条例》进行了修订。这次修订的主要内容是：对公有制单位的买卖、典当、承受赠予和交换土地、房屋的行为，免征契税。在社会主义三大改造完成后，国家禁止土地买卖和转让，契税的征税范围只限于非公有制单位的房屋产权转移行为，因而契税收入甚微。在“文化大革命”期间，有的地方甚至明令停止办理契税征收业务。1978年，在《中华人民共和国宪法》公布后，我国逐步落实了房产政策，随着改革开放的不断深入，城乡房屋买卖又重新活跃起来。为此，财政部于1981年和1990年分别发出了《关于改进和加强契税征收管理工作的通知》和《关于加强契税工作的通知》，对契税政策进行了一些补充和调整，契税征收工作全面恢复。

《契税暂行条例》施行四十多年后，在加强土地、房屋权属转移的管理，增加财政收入，调节收入分配等方面发挥了积极作用，但伴随着改革开放，我国的社会经济结构已发生了巨大变化，房地产市场得到了较大发展，交易形式更是多样、灵活，《契税暂行条例》的内容已不能适应新形势的需要，因此，改革契税征税制度、完善征收管理办法势在必行。国务院于1997年7月7日重新颁布了《中华人民共和国契税暂行条例》，并于1997年10月1日施行。

（二）特 点

1. 契税属于财产转移税

契税以发生转移的不动产（即土地和房屋）为征税对象，具有财产转移课税性质。土地、房屋产权未发生转移的，不征契税。

2. 契税由财产承受人缴纳

一般税种都确定销售者为纳税人，即卖方纳税。契税是由承受人纳税，即买方纳税。

对买方征税的主要目的在于承认不动产转移生效，承受人在纳税后，便可拥有转移过来的不动产产权或使用权，同时法律保护纳税人的合法权益。

（三）作　用

1. 广辟财源，增加地方财政收入

契税按财产转移价值征税，因而税源较为充足。契税可以弥补其他财产税的不足，为地方政府增加一部分财政收入。随着市场经济的发展和房地产交易的活跃，契税的财政作用将日益显著。

2. 保护合法产权，避免产权纠纷

不动产所有权和使用权的转移，涉及转让者和承受者双方的利益。此外，由于产权转移的形式多种多样，如果产权的合法性得不到确认，事后必然会出现产权纠纷。契税对承受人征税，有利于通过法律形式确定产权关系，维护公民的合法权益，避免产权纠纷。

3. 调节财富分配，体现社会公平

土地、房屋交易本身就意味着财富的流动或分配，在土地、房屋的交易环节征收契税，可以适当调节财产所有者或财产取得者的收入，缓解社会分配不公的矛盾。

二、征税对象

契税的征税对象是在境内发生土地使用权、房屋所有权权属转移的土地和房屋，具体征税范围包括国有土地使用权出让、土地使用权转让及房屋的买卖、赠予、交换。

（1）国有土地使用权出让，是指国家以土地所有者的身份将土地使用权在一定年限内让予土地使用者，并由土地使用者向国家支付土地出让金的行为。

（2）土地使用权转让，包括出售、赠予和交换，是指土地使用者通过出让等形式取得土地使用权后，将土地使用权出售、交换、赠予等再转让的行为（不包括农村集体土地承包经营权的转移）。

（3）房屋买卖，是指以货币为媒介，出卖者向购买者让渡房产所有权的交易行为。

下述几种特殊情况，视同买卖房屋：

1）以房产抵债或以实物交换房屋。经当地政府和有关部门批准，以房产抵债和以实物交换房屋均视同房屋买卖，应由产权承受人按房屋现值缴纳契税。

例如，甲某因无力偿还乙某债务，而以自有的房产折价抵偿债务。经双方同意、有关部门批准，乙某取得甲某的房屋产权，而后在办理产权过户手续时，按房产折价款缴纳契税。若以实物（金银首饰等等价物品）交换房屋，应视同以货币购买房屋。

2）以房产作投资或作股权转让。这种交易属于房屋产权转移，应根据国家房地产管理的有关规定办理房屋产权交易和产权变更登记手续。这种交易应视同房屋买卖，由产权承受方按买价计算缴纳契税。

例如，甲某以自有房产投资于乙企业。其房屋产权变为乙企业所有，故产权所有人发生变化，因此乙企业在办理产权登记手续后，按甲某入股房产现值（国有企事业房产须经国有资产管理部门评估核价）缴纳契税。若丙某以股份方式购买乙企业的房屋产权，则丙某在办理产权登记后，按取得房产的买价缴纳契税。

[注意] 以自有房产投入本人独资经营的企业，免纳契税。因为以自有房产投入本人独资经营的企业，产权所有人和使用权所有人未发生变化，无须办理房产变更登记手续，也不用办理契税手续。

3）买房拆料或翻建新房，应照章征收契税。例如，甲某购买乙某房产，不论其目的是取得该房产的建筑材料还是翻建新房，实际上都构成了房屋买卖。甲某应先办理房屋产权变更手续，并按买价缴纳契税。

(4) 房屋赠予，是指房屋产权所有人将房屋无偿转让给他人所有。其中，将自己的房屋转让给他人的法人和自然人，称为房屋赠予人，接受他人房屋的法人和自然人，称为受赠人。房屋赠予的前提是产权无纠纷，赠予人和受赠人双方自愿。

[注意] 由于房屋是不动产，价值较大，故法律要求赠予房屋应有书面合同（契约），并到房地产管理机关或农村基层政权机关办理登记过户手续，才能生效。如果房屋赠予行为涉及涉外关系，还需要公证处证明和外事部门认证，才能有效。房屋的受赠人要按规定缴纳契税。

以获奖方式取得房屋产权的，其实质是接受赠予房产，应照章缴纳契税。

(5) 房屋交换，是指房屋住户、用户、所有人为了生活或工作方便，相互之间交换房屋使用权的行为。房屋交换行为的主体有公民、房地产管理机关，以及企业、事业单位、机关团体。房屋交换的标的有公房、私房，标的的种类有住宅、店面及办公用房等。房屋交换行为的内容是经房屋所有人的同意，使用者可以通过变更合同办理过户手续，交换房屋使用权。

[注意] 交换房屋的价值相等的，免征契税；价值不相等的，按超出部分由支付差价方缴纳契税。

三、纳税人

契税的纳税人是指在中华人民共和国境内转移土地、房屋权属，承受产权的单位和个人。境内是指中华人民共和国实际税收行政管辖范围内。土地、房屋权属是指土地使用权和房屋所有权。单位是指企业、事业单位、国家机关、军事单位和社会团体以及其他组织。个人是指个体经营者及其他个人，包括中国公民和外籍人员。

四、税 率

契税实行幅度比例税率，税率幅度为3%～5%。其中，个人购买90平方米及以下普通住房，且该住房属于家庭唯一住房的，契税税率暂统一为1%（全国一致）。具体的契税执行税率，由省、自治区、直辖市人民政府在规定的幅度内，根据本地区的实际情况确定。

五、计税依据

契税的计税依据按照土地、房屋交易的不同情况确定：

（1）国有土地使用权出让、土地使用权出售、房屋买卖的计税依据为成交价格。这样规定的好处：一是与《中华人民共和国城市房地产管理法》和有关房地产法规规定的价格、申报制度相一致；二是在现阶段有利于契税的征收管理。

（2）土地使用权赠予、房屋赠予的计税依据由征收机关参照土地使用权出售、房屋买卖的市场价格核定。这是因为土地使用权赠予、房屋赠予属于特殊的转移形式，无货币支付，在计征税额时只能参照市场上同类土地、房屋的价格计算应纳税额。

（3）土地使用权交换、房屋交换的计税依据是所交换的土地使用权、房屋的价格差额。其中，等价交换免征契税。对于成交价格明显低于市场价格且无正当理由的，或者所交换的土地使用权、房屋的价格差额明显不合理且无正当理由的，由征收机关参照市场价格核定。其目的是为了防止纳税人隐瞒、虚报成交价格。

六、契税应纳税额的计算

应纳税额的计算公式为：

应纳税额＝计税依据×税率

应纳税额以人民币计算。转移土地、房屋权属以外汇结算的，按照纳税义务发生之日中国人民银行公布的人民币市场汇率中间价折合成人民币计算。

［例 8-14］ 居民甲共有两套住房，他将一套住房出售给居民乙，成交价格为 100 000 元；将另一套两室住房与居民丙交换成两处一居室住房，并支付换房差价款 40 000 元。计算甲、乙、丙的行为应缴纳的契税（假定税率为 5%）。

解：

甲应缴纳的契税＝40 000×5%＝2 000(元)

乙应缴纳的契税＝100 000×5%＝5 000(元)

丙不缴纳契税。

七、减免税优惠

（1）国家机关、事业单位、社会团体、军事单位承受土地、房屋用于办公、教学、医疗、科研和军事设施的，免征契税。

（2）城镇职工按规定第一次购买公有住房的，免征契税。此外，财政部、国家税务总局规定，从 2000 年 11 月 29 日起，对各类公有制单位为解决职工住房而采取集资建房方式建成的普通住房，或由单位购买的普通商品住房，经当地县以上人民政府房改部门批准，按照国家房改政策出售给本单位职工的，如属职工首次购买住房，免征契税。

（3）因不可抗力丧失住房而重新购买住房的，酌情予以减征或者免征契税。

（4）财政部规定的其他减征、免征契税的项目。税法规定，凡经批准减征、免征契税的纳税人，改变有关土地、房屋的用途，不再属于减免税的范围，应当补缴已经减征、免征的税款。

八、申报缴纳

(1) 纳税义务发生时间。契税的纳税义务发生时间是纳税人签订土地、房屋权属转移合同的当天，或者纳税人取得其他具有土地、房屋权属转移合同性质凭证的当天。

(2) 纳税期限。纳税人应当自纳税义务发生之日起 10 日内，向土地、房屋所在地的契税征收机关办理纳税申报，并在契税征收机关核定的期限内缴纳税款。

(3) 纳税地点。契税在土地、房屋所在地的征收机关缴纳。

(4) 征收管理。纳税人在办理纳税事宜后，征收机关应向纳税人开具契税完税凭证。纳税人应持契税完税凭证和其他规定的文件材料，依法向土地管理部门、房产管理部门办理有关土地、房屋的权属变更登记手续。土地管理部门和房产管理部门应向契税征收机关提供有关资料，并协助契税征收机关依法征收契税。

【本节习题】

1. 契税的征税对象有哪些？
2. 契税的计税依据是什么？如何确定？
3. 契税有哪些税收优惠政策？
4. 居民甲有两套住房，他将一套住房出售给居民乙，成交价格为 10 万元；将另一套价值 15 万元的两居室住房与居民丙交换成两套一居室住房，并支付换房差价款 4 万元。居民丙将取得的房屋与居民丁的住房进行等价交换。计算甲、乙、丙、丁应缴纳的契税。(假定契税的税率为 5%。)

第十二节 环境保护税

一、环境保护税概述

(一) 环境保护税的概念

环境保护税是以应税污染物为征税对象，按一定标准向在中华人民共和国领域和中华人民共和国管辖的其他海域，直接向环境排放应税污染物的企业、事业单位和其他生产经营者征收的一种税。

早在 1991 年，瑞典就颁布了世界上第一个环境保护税收法案。该法案将总所得税削减了 16.5 亿美元——占全国总税收的 1.4%，同时对排放 SO_2、CO_2 征税，并对其他破坏环境的活动征税，以补贴对总税收的削减。该制度仅实施了 1 年，SO_2 的排放就降低了。1993 年，丹麦政府采取了相应的措施。1995 年，荷兰、奥地利和挪威政府采取了同样的税制调整，并且取得了较好的结果。西欧国家普遍认为环境保护税比排污交易更可行，因此几乎所有的国家都不同程度地先后实施了环境保护税。

一直以来，我国的环境保护和生态形势非常严峻，最突出的问题就是污染，具体包括水污染（工业污水和生活污水）、大气污染、固体废弃物污染、海洋污染和矿山环境污染。我国对于污染治理从未松懈，1979 年公布的《中华人民共和国环境保护法（试行）》正式确立了排污费制度，以排污费形式专门进行制约和调控企业的污染行为，并于 1982 年在我国开始全面推行排污费制度。2003 年，国务院公布的《排污费征收使用管理条例》对排污费征收、使用的管理做了规定。2014 年 11 月 3 日，从全国人民代表大会财经委员会获悉，财政部会同环境保护部、国家税务总局积极推进环境保护税的立法工作，已形成《中华人民共和国环境保护税法（草案稿）》并报送国务院。这是备受关注的环境保护税立法的新动向。2015 年 8 月 5 日，《中华人民共和国环境保护税法》被补充进第十二届全国人民代表大会常务委员会立法规划。2016 年 12 月 25 日第十二届全国人民代表大会常务委员会第二十五次会议通过了《中华人民共和国环境保护税法》（以下简称《环境保护税法》），并于 2018 年 1 月 1 日起正式实施。自《环境保护税法》施行之日起，依照《环境保护税法》的规定征收环境保护税，不再征收排污费。

（二）环境保护税的意义

1. 使得税负平移，并非增加企业负担

此次环境保护税立法，一个重要原则是将排污费制度向环境保护税制度“平移”，以实现平稳转换。“平移”原则主要表现在：把原来排污费的缴纳人作为环境保护税的纳税人；根据现行排污费项目来设置环境保护税的税目；根据现行排污费的计费办法来设置环境保护税的计税依据；以现行排污费的收费标准为基础，设置环境保护税的税额标准。《环境保护税法》将部分排污费的收费标准作为环境保护税的税额下限。实现收费与征税制度的平稳转换，若企业履行了环境保护责任，减少了污染物排放，就可以少缴税。

2. 消除排污费制度存在的执法刚性不足、地方政府干预等问题

虽然排污费可以对空气污染、水污染、噪声污染、固体废弃物排放等进行末端约束，但由于排污费的征收标准偏低，其收费标准低于污染防治费用，致使环境污染单位宁愿缴纳排污费也不愿花钱去防治污染。另外，与税收制度相比，排污费制度的立法层次较低，导致其征收方式不规范、征收力度不够、面临着很大的阻力，而且收缴上来的排污费由于缺乏预算约束和有力的监督考评制度，致使这部分资金的使用效果也不太理想。所以，环境保护由“费改税”后的立法级次提高、执法刚性加强、征管效率提高，以前企业不交费是不守规矩，今后不交税就是不守法，因而违法减征、免征的现象将得以杜绝。

3. 有利于提高纳税人的环境保护意识和遵从度，强化企业治污减排的责任

开征环境保护税，有利于调节环境污染行为，让环境污染者承担相应的税收，把环境污染的外部成本内部化，迫使企业负担环境污染造成的外部成本。这样，对污染重的企业

多征收，对污染轻的企业少征收，对没有污染的企业不征收。也就是说，企业的总成本随环境污染程度的增加而增加，在价格不变的情况下，企业的利润相对减少；企业要获得最大利润，就必须设法减少污染，从而促使企业通过改进生产技术和流程、采用预防性措施来减少污染物排放，同时发展环境保护技术，以适应时代的要求。总之，开征环境保护税可以提高纳税人的成本节约意识，从而提高其环境保护意识，强化企业治污减排的责任。

4. 通过“清费立税”，激励企业治污积极性，优化财政收入结构

此前的收费制度对企业的治污积极性缺乏激励作用，而且收费成本高，加之征收工作随意性强、征收管理不到位，导致有法不依、执法不严的现象普遍存在，使得企业对环境污染收费的态度往往是想办法采取不正当方式达到少交或不交。这样不仅使收费的激励作用基本丧失，而且加大了收费的行政成本支出，大大降低了其应该发挥的调节作用。环境保护税可以形成有效的约束和激励机制，因为税收的征管交费更为严格，这样可以增强执法的刚性，减少地方政府和部门的干预，有效解决企业欠缴排污费的问题。与此同时，对主动采取措施降低污染物排放浓度的企业，给予税收减免优惠，激励企业改进工艺，减少污染物排放。另外，为促进各地保护和改善环境、增加环境保护投入，国务院决定，将环境保护税全部作为地方收入。从环境保护部门征收环境保护费改为税务部门征收环境保护税，提高了执法刚性，释放出国家保护和改善生态环境的信号。环境保护税全部作为地方收入，有利于地方政府更好地履行环境保护职责，增强环境治理能力，落实“绿水青山就是金山银山”的发展理念。

5. 这是实现我国可持续发展经济的保障，也是促进生态环境保护的重要经济手段

环境保护税的征收，在一定程度上增加了企业的成本，影响了企业的利润。这在一定时期、一定程度上可能会影响、制约一些企业的生产，但从整个社会范围看，生态环境问题不仅关系到人们生活质量的提高，也逐渐成为制约经济发展的重要因素。因此，从人类的整体利益出发，环境保护税促进了资源的合理利用，解决了政府收支问题，促进了贸易与环境的协调发展，是保障全球获得环境、经济、资源、社会综合效益，确保经济可持续发展的重要条件。此外，环境保护税是我国落实税收法定原则后的第一部“绿色税法”。它是推进生态文明建设的单行税法，在构建促进经济结构调整、发展方式转变的绿色税制体系，强化税收调控方面起到了积极作用；与此同时，环境保护税也在保护和改善环境、促进社会节能减排、推进生态文明建设、提高全社会环境保护意识、推进生态文明建设和绿色发展方面发挥着不可忽略的作用。

6. 构建环境保护税制能有效筹集环境保护资金，促进我国环境保护事业稳定健康地发展

我国财政资金一直比较紧张，能用于环境保护方面的资金极其有限，而且一直实行的是征收排污费的方法。由于该方法存在诸多缺陷，不能有效、及时地筹集到环境保护资金，也不能保证环境保护资金的使用方向和效果。随着我国改革进程的加深，生态环境污染程度必然加剧，污染范围也会扩大，因而治理和改善生态环境的任务更为艰巨，这就要求我们必须有相应的财力和规范的制度作后盾。环境保护税制的建立，不仅能够规范企业的环境保护行为，而且能筹集到稳定可靠的资金，在政府的直接干预下，可使我国的环境保护事业向着稳定健康的方向发展。

二、环境保护税的纳税人和征税范围

1. 纳税人

在中华人民共和国领域和中华人民共和国管辖的其他海域，直接向环境排放应税污染物的企业、事业单位和其他生产经营者为环境保护税的纳税人，应当依照《环境保护税法》的规定缴纳环境保护税。具体说来，包括以下几种：

(1) 直接向环境排放应税污染物的企业、事业单位和其他生产经营者为环境保护税的纳税人，应当缴纳环境保护税，并对所造成的损害依法承担责任。

(2) 依法设立的城乡污水集中处理、生活垃圾集中处理场所超过国家和地方规定的排放标准向环境排放应税污染物的，应当缴纳环境保护税。

(3) 企业、事业单位和其他生产经营者贮存或者处置固体废物不符合国家和地方环境保护标准的，应当缴纳环境保护税。

[**注意**] 有下列情形之一的，不属于直接向环境排放污染物，不缴纳相应污染物的环境保护税：

(1) 企业、事业单位和其他生产经营者向依法设立的污水集中处理、生活垃圾集中处理场所排放应税污染物的。

(2) 企业、事业单位和其他生产经营者在符合国家和地方环境保护标准的设施、场所贮存或者处置固体废物的。

2. 征税范围

《环境保护税法》所称的应税污染物，是指《环境保护税法》所附的《环境保护税税目税额表》《应税污染物和当量值表》规定的大气污染物、水污染物、固体废物和噪声（工业噪声）。

三、环境保护税的计税依据、税额和应纳税额

1. 计税依据

环境保护税的计税依据是其应纳税额的计税基础，应纳税额要在计税依据和税额的基础上得出，故计税依据是计算应纳税额的重要基础。具体说来，环境保护税的计税依据如下：

(1) 应税大气污染物的计税依据是按照污染物排放量折合的污染当量数确定的。

(2) 应税水污染物的计税依据是按照污染物排放量折合的污染当量数确定的。

(3) 应税固体废物的计税依据是按照固体废物的排放量确定的。

(4) 应税噪声的计税依据是按照超过国家规定标准的分贝数确定的。

污染当量是指根据污染物或者污染排放活动对环境的有害程度以及处理的技术经济性，衡量不同污染物对环境污染的综合性指标或者计量单位。同一介质相同污染当量的不同污染物，其污染程度基本相当。应税大气污染物、水污染物的污染当量数是以该污染物的排放量除以该污染物的污染当量值计算的。具体污染当量数的计算公式为：

$$\text{应税大气污染物、水污染物的污染当量数}=\text{该污染物的排放量}\div\text{该污染物的污染当量值}$$

[注意] 每种应税大气污染物、水污染物的具体污染当量值，可根据《环境保护税法》所附的《应税污染物和当量值表》确定。更进一步的理解，就是每一排放口或者没有排放口的应税大气污染物，按照污染当量数从大到小排序，对前三项污染物征收环境保护税。每一排放口的应税水污染物可按照《环境保护税法》所附的《应税污染物和当量值表》，区分第一类水污染物和其他类水污染物，按照污染当量数从大到小排序，对第一类水污染物按照前五项征收环境保护税，对其他类水污染物按照前三项征收环境保护税。省、自治区、直辖市人民政府根据本地区污染物减排的特殊需要，可以增加同一排放口征收环境保护税的应税污染物项目数，报同级人民代表大会常务委员会决定，并报全国人民代表大会常务委员会和国务院备案。

应税大气污染物、水污染物、固体废物的排放量和噪声的分贝数，按照下列方法和顺序计算：

(1) 纳税人安装使用符合国家规定和监测规范的污染物自动监测设备的，按照污染物自动监测数据计算。

(2) 纳税人未安装使用污染物自动监测设备的，按照监测机构出具的符合国家有关规定和监测规范的监测数据计算。

(3) 因排放污染物种类多等原因不具备监测条件的，按照国务院环境保护主管部门规定的排污系数、物料衡算方法计算。

(4) 不能按照上述第 (1) 项至第 (3) 项规定方法计算的，按照省、自治区、直辖市人民政府环境保护主管部门规定的抽样测算方法核定计算，并由税务机关会同环境保护主管部门核定污染物的排放种类、数量和应纳税额。

排污系数是指在正常技术、经济和管理条件下，生产单位产品所排放的污染物量的统计平均值。物料衡算是指根据物质质量守恒原理对生产过程中使用的原料、生产的产品和产生的废物等进行测算的一种方法。

2. 税额和应纳税额

环境保护税的税目有四种，即大气污染物、水污染物、固体废物和噪声。每一种税目均对应不同的税额标准，具体如下：

(1) 大气污染物，每污染当量是 1.2～12 元。

(2) 水污染物，每污染当量是 1.4～14 元。

(3) 固体废物，包括煤矸石是每吨 5 元；尾矿是每吨 15 元；危险废物是每吨 1 000 元；冶炼渣、粉煤炉渣、其他固体废物（含半固态、液态废物）是每吨 25 元。

(4) 噪声，主要是指工业噪声，超标 1～3 分贝是每月 350 元；超标 4～6 分贝是每月 700 元；超标 7～9 分贝是每月 1 400 元；超标 10～12 分贝是每月 2 800 元；超标 13～15 分贝是每月 5 600 元；超标 16 分贝及以上是每月 11 200 元。

1) 对于一个单位边界上有多处噪声超标，根据最高一处超标声级计算应纳税额；当沿边界长度超过 100 米有两处以上噪声超标时，按照两个单位计算应纳税额。

2) 对于一个单位有不同作业场所的，应当分别计算应纳税额，合并计征。

3) 对于昼、夜均超标的环境噪声，昼、夜分别计算应纳税额，累计计征。

4) 对于声源一个月内超标不足 15 天的，减半计算应纳税额。

5) 对于夜间频繁突发和夜间偶然突发厂界超标噪声，按等效声级和峰值噪声两种指标中超标分贝值高的一项计算应纳税额。

总体说来，环境保护税应纳税额的计算方法就是其计税依据乘以税额的结果，具体按照下列方法计算：

①应税大气污染物的应纳税额为污染当量数乘以具体适用税额。

②应税水污染物的应纳税额为污染当量数乘以具体适用税额。

③应税固体废物的应纳税额为固体废物排放量乘以具体适用税额。

④应税噪声的应纳税额为超过国家规定标准的分贝数对应的具体适用税额。

[例 8-15] 8月，某企业向大气直接排放二氧化硫、氟化物各10千克，一氧化碳、氯化氢各100千克。假设大气污染物每污染当量税额按《环境保护税税目税额表》最低标准1.2元计算，该企业只有一个排放口。计算该企业8月大气污染物应缴纳的环境保护税（结果保留两位小数）。

解：（1）计算各污染物的污染当量数：

二氧化硫的污染当量数＝10/0.95＝10.53

氟化物的污染当量数＝10/0.87＝11.49

一氧化碳的污染当量数＝100/16.7＝5.99

氯化氢的污染当量数＝100/10.75＝9.30

（2）按污染物的污染当量数排序（每一排放口或者没有排放口的应税大气污染物，按照污染当量数从大到小排序，对前三项污染物征收环境保护税）：

氟化物(11.49)＞二氧化硫(10.53)＞氯化氢(9.30)＞一氧化碳(5.99)

（3）选取前三项污染物计算应纳税额：

氟化物的应纳税额＝11.49×1.2＝13.79(元)

二氧化硫的应纳税额＝10.53×1.2＝12.64(元)

氯化氢的应纳税额＝9.30×1.2＝11.16(元)

四、环境保护税的减免优惠

（1）对于下列情形，暂予免征环境保护税：

1）农业生产（不包括规模化养殖）排放应税污染物的。

2）机动车、铁路机车、非道路移动机械、船舶和航空器等流动污染源排放应税污染物的。

3）依法设立的城乡污水集中处理、生活垃圾集中处理场所排放相应应税污染物，不超过国家和地方规定的排放标准的。

4）纳税人综合利用的固体废物，符合国家和地方环境保护标准的。

5）国务院批准免税的其他情形。该项规定由国务院报全国人民代表大会常务委员会备案。

（2）对于下列情形，暂予减征环境保护税：

1）纳税人排放应税大气污染物或者水污染物的浓度值低于国家和地方规定的污染物

排放标准30%的，减按75%征收环境保护税。

2）纳税人排放应税大气污染物或者水污染物的浓度值低于国家和地方规定的污染物排放标准50%的，减按50%征收环境保护税。

五、环境保护税的征收管理

1. 征税机构

环境保护税是由税务机关依照《税收征管法》和《环境保护税法》的有关规定征收管理的。但是，环境保护税与其他各税种不一样的是，对环境保护税的征收需要环境保护主管部门和税务机关密切配合。具体说来，就是环境保护主管部门要先依照《环境保护税法》和有关环境保护法律法规的规定负责对污染物进行监测管理，再由县级以上地方人民政府建立税务机关、环境保护主管部门和其他相关单位分工协作的工作机制，用以加强环境保护税的征收管理，保障税款及时足额入库。

也就是说，环境保护主管部门和税务机关应当建立涉税信息共享平台和工作配合机制。环境保护主管部门应当将排污单位的排污许可、污染物排放数据、环境违法和受行政处罚情况等环境保护相关信息，定期交送税务机关。税务机关应当将纳税人的纳税申报、税款入库、减免税额、欠缴税款以及风险疑点等环境保护税涉税信息，定期交送环境保护主管部门。环境保护主管部门和税务机关是不可分割的两个主体，缺少任何一方的配合都会使环境保护税的征收出现障碍。

2. 纳税义务发生时间

环境保护税的纳税义务发生时间为纳税人排放应税污染物的当日。

3. 纳税地点

纳税人应当向应税污染物排放地的税务机关申报缴纳环境保护税。

4. 纳税期限与申报缴纳

环境保护税按月计算，按季申报缴纳。不能按固定期限计算缴纳的，可以按次申报缴纳。纳税人按季申报缴纳的，应当自季度终了之日起15日内，向税务机关办理纳税申报并缴纳税款。纳税人按次申报缴纳的，应当自纳税义务发生之日起15日内，向税务机关办理纳税申报并缴纳税款。纳税人在申报缴纳时，应当向税务机关报送所排放应税污染物的种类、数量，大气污染物、水污染物的浓度值，以及税务机关根据实际需要要求纳税人报送的其他纳税资料。纳税人应当依法如实办理纳税申报，对申报的真实性和完整性承担责任。

纳税人从事海洋工程，向中华人民共和国管辖海域排放应税大气污染物、水污染物或者固体废物，其申报缴纳环境保护税的具体办法，由国务院税务主管部门会同国务院海洋主管部门规定。

5. 违章处理

税务机关应当将纳税人的纳税申报数据资料与环境保护主管部门交送的相关数据资料进行比对。税务机关发现纳税人的纳税申报数据资料异常或者纳税人未按照规定期限办理纳税申报的，可以提请环境保护主管部门进行复核。环境保护主管部门应当自收到税务机关的数据资料之日起15日内向税务机关出具复核意见。税务机关应当按照环境保护主管部门复核的数据资料调整纳税人的应纳税额。

纳税人和税务机关、环境保护主管部门及其工作人员违反《环境保护税法》规定的，依照《税收征管法》、《环境保护税法》和有关法律法规的规定追究法律责任。

【本节习题】

1. 简述环境保护税的意义。
2. 环境保护税的计税依据及应纳税额是怎么计算的？
3. 与环境保护税征税相关的机构有哪些？它们分别发挥着怎样的作用？
4. 假设8月某企业产生尾矿1 000吨，其中综合利用尾矿300吨（符合国家和地方环境保护标准），在符合国家和地方环境保护标准的设施内贮存200吨。计算该企业8月尾矿应缴纳的环境保护税。

第九章

税收征收管理法

［内容简介］　本章的主要内容为《税收征管法》中涉及的税务管理的概念、范围和税收征管一般程序的概念、范围、具体要求等。本章的重点是对税务登记管理、账簿和凭证管理、发票管理等税收征管一般程序的理解。此外，学生还应了解税款征收、税务检查和法律责任等方面的内容。

第一节　税务管理

从狭义上讲，税务管理是税务机关依据国家税收政策法规所进行的税款征收活动。从广义上讲，税务管理是国家及税务机关依据客观经济规律和税收分配的特点，对税收分配的全过程进行决策、计划、组织、监督和协调，以保证税收职能得以实现的一种管理活动，也是政府通过税收满足自身需求、促进经济结构合理化的一种活动。这里主要采用广义的概念。税务管理可分为两个层次：一是税收政策、法令、制度的制定，即税收立法；二是税收政策、法令、制度的执行，也就是税收的征收管理，即税收执法。了解和掌握上述两个问题，对于维护国家税法尊严和纳税人及其他税务当事人的合法权益，具有重要的现实意义。

目前，我国在税收征收管理中的主要法律依据是《税收征管法》。《税收征管法》是有关税收征收管理法律规范的总称，包括《税收征管法》及税收征收管理的有关法律、法规和规章。2001 年 4 月 28 日，第九届全国人民代表大会常务委员会第二十一次会议通过了修订后的《税收征管法》，并自 2001 年 5 月 1 日起施行。2013 年和 2015 年全国人民代表大会常务委员会对《税收征管法》又进行了两次修订。

2013 年 6 月 7 日，国务院法制办公室公布《中华人民共和国税收征收管理法修正案（征求意见稿）》（以下简称《征求意见稿》）向各界征求意见。2015 年 1 月，国务院将国家税务总局、财政部起草的《征求意见稿》及其说明再次公开征求意见，在国务院法制办层面两次向社会公开征求意见。对比原《税收征管法》，此《征求意见稿》对税收征、纳的权利与义务做了大幅修订，既加强了税务机关对信息获取和税款征收的权力条款，也增加了对纳税人权利保护的程序性条款，并对自然人纳税做了完善性规定，目前该修正案尚未实施。

一、税务管理体制

（一）税务管理体制的概念

税务管理体制是指在中央与地方以及地方各级政府之间划分税收管理权限的一种制度，是税收管理制度的重要组成部分。税收管理权限包括税收立法权和税收管理权两个方面。

1. 税收立法权

税收立法权是指国家最高权力机关依据法定程序赋予税收法律效力时所具有的权力。税收立法权包括税法制定权、审议权、表决权和公布权。在税收立法和税收政策制定方面，我国一直强调税权集中、税政统一。目前，有权制定税法或者税收政策的国家机关有全国人民代表大会及其常务委员会、国务院、财政部、国家税务总局、海关总署、国务院关税税则委员会等。

税收法律由全国人民代表大会及其常务委员会制定；有关税收的行政法规由国务院制定；有关税收的部门规章由财政部、国家税务总局、海关总署、国务院关税税则委员会等部门制定。此外，根据我国法律的规定，省、自治区、直辖市人民代表大会及其常务委员会、民族自治地方的人民代表大会和省级人民政府，在不与国家的税收法律、法规相抵触的前提下，可以制定某些地方性的税收法规和规章。

《税收征管法》把税收征纳双方在税收管理过程中享有的权利、义务和应遵循的制度，以法律形式固定下来，对于纳税人依法纳税、打击偷税和抗税等不法行为、整顿纳税秩序以及规范税务人员依法征税、不断提高政策水平都有重要的作用。

2. 税收管理权

税收管理权是指贯彻执行税法所拥有的权限，即税收执法权。税收管理权实质上是一种行政权力，属于政府及其职能部门的职权范围。税收管理权包括税种的开征与停征权、税法的解释权、税目的增减与税率的调整权、减免税的审批权。目前，我国的税收管理机构主要有财政部、国家税务总局、海关总署等。

财政部是国务院主管财务收支、财税政策和国有资本金基础工作的宏观调控部门。该部门的主要职责与税收直接相关的内容包括：拟订、执行税收的发展战略、方针政策、中长期规划、改革方案和其他有关政策；提出运用财税政策实施宏观调控和综合平衡社会财力的建议；提出税收立法计划，与国家税务总局共同审议、上报税法和税收条例草案；根据国家预算安排，确定财政收入计划；提出税种增减，税目、税率调整，减免税和对中央财政影响较大的临时特案减免税的建议；参加涉外税收和国际关税谈判，签订涉外税收协议、协定草案；制定国际税收协议、协定范本；承办国务院关税税则委员会的日常工作；

监督财税方针、政策、法规的执行情况。

国家税务总局是国家的最高税务机构，也是国务院主管税收工作的部级直属机构，其职责如下：拟订有关的税收法律、法规草案，制定实施细则；提出税收政策建议，并与财政部共同审议、上报、制定贯彻落实的措施；参与研究宏观税收政策，中央与地方的税权划分；研究税负总水平，提出运用税收手段进行税收宏观调控的建议；制定并监督执行税收业务的规章制度；指导地方税收征管业务，组织实施税收征管改革；制定税收征管制度；监督税收法律法规、方针政策的贯彻执行；组织实施中央税、中央与地方共享税、农业税和国家指定基金的征收管理；编制税收计划；对税法执行过程中的征管问题和一般性税收问题进行解释；组织办理有关减免税事宜；开展税收领域的国际交流与合作；参加涉外税收的国际谈判，草签和执行有关的协定及协议；办理进出口商品的增值税、消费税的征收和出口退税业务；组织实施注册税务师的管理；规范税务代理行为。

海关总署是国务院部级直属机构，也是主管全国海关工作的行政执法机构。海关总署的主要职责之一是研究制定关税征收管理条例及其实施细则，组织实施进出口关税和其他税费的征收管理，依法执行反倾销、反补贴措施。

（二）分税制下的税务管理体制

分税制是指 1994 年在划分中央政府与地方政府事权的基础上，按照税种划分中央与地方财政收入的一种财政管理体制。分税制不仅是财政管理体制的目标模式，同时也是税务管理体制改革的重要内容。实行分税制有利于进一步理顺中央与地方的财政分配关系，更好地发挥国家财政的职能作用，增强中央的宏观调控能力，促进社会主义市场经济体制的建立和国民经济持续、快速、健康发展。

1. 1994 年分税制的内容

（1）合理划分中央政府和地方政府的事权范围。中央政府主要负责承担国防、外交、武警、国家重点建设、中央国家机关经费以及实施宏观调控所必需的支出；地方政府主要承担地区政权机关经费及本地区经济和各种事业发展所需支出。

（2）合理划分税种，按税种划分中央收入与地方收入。将国家开征的全部税种划分为中央税、中央与地方共享税和地方税。属于维护国家权益、实施宏观调控所必需的税种划为中央税；属于与经济发展密切相关的主要税种划为中央与地方共享税；属于适合地方征管，有利于调动地方积极性的税种划为地方税。

（3）分设国家税务局和地方税务局两套税务机构。为了保证分税制的顺利实施，我国将原来的一套税务机构分设为国家税务局和地方税务局两套机构。国家税务局直属中央政府，负责中央税、中央与地方共享税的征收和管理；地方税务局隶属于地方各级政府，负责地方税的征收和管理。

2. 2018 年国税与地税合并

2018 年 3 月，第十三届全国人民代表大会第一次会议通过了国务院机构改革方案，该方案提出：改革国税、地税征管体制，将省级和省级以下国税、地税机构合并，具体承担所辖区域内各项税收、非税收入征管等职责。国税、地税机构合并后，实行以国家税务总局为主与省（区、市）人民政府双重领导管理体制。

第二节 税务登记管理

税务登记是税务机关对纳税人的生产经营活动进行登记并据此对纳税人实施税务管理的一种法定制度。税务登记又称纳税登记，既是税务机关对纳税人实施税收管理的首要环节和基础工作，也是征纳双方法律关系成立的依据和证明，还是纳税人必须依法履行的义务。纳税人必须按照税法规定的期限办理开业税务登记、变更税务登记或注销税务登记、停业或复业登记、外出经营报验登记。

根据《税收征管法》和国家税务总局2018年修订印发的《税务登记管理办法》，我国税务登记制度大体包括以下内容。

一、开业税务登记

1. 开业税务登记的对象

企业、企业在外地设立的分支机构和从事生产经营的场所，个体工商户和从事生产经营的事业单位（以下统称“从事生产经营的纳税人”），以及上述规定以外的纳税人，均需办理开业税务登记。但是，国家机关、个人和无固定生产经营场所的流动性农村小商贩不必办理税务登记。

2. 开业税务登记的时限要求

从事生产经营的纳税人领取营业执照的，应当自领取营业执照之日起30日内，持有关证件向税务机关申报办理税务登记，由税务机关审核后发给税务登记证及副本。从事生产经营的纳税人未办理营业执照但经有关部门批准设立的，应当自有关部门批准设立之日起30日内，申报办理税务登记，由税务机关审核后发给税务登记证及副本。从事生产经营的纳税人未办理营业执照也未经有关部门批准设立的，应当自纳税义务发生之日起30日内，申报办理税务登记，由税务机关审核后发给临时税务登记证及副本。有独立的生产经营权、在财务上独立核算并定期向发包人或者出租人上交承包费或租金的承包、承租人，应当自承包、承租合同签订之日起30日内，向其承包、承租业务发生地税务机关申报办理税务登记，税务机关发放临时税务登记证及副本。境外企业在中国境内承包建筑、安装、装配、勘探工程和提供劳务的，应当自项目合同或协议签订之日起30日内，向项目所在地税务机关申报办理税务登记，税务机关发放临时税务登记证及副本。

上述规定以外的其他纳税人，除国家机关、个人和无固定生产经营场所的流动性农村小商贩外，均应自纳税义务发生之日起30日内，向纳税义务发生地税务机关申报办理税务登记，税务机关发放税务登记证及副本。

3. 税务登记证的核发

对纳税人填报的税务登记表、提供的证件和资料，税务机关应当日审核完毕，符合规定的予以登记办理并发放税务登记证；对不符合规定的，应当场通知其补正或重新填报。

根据 2015 年国家税务总局发布的《关于落实“三证合一”登记制度改革的通知》，自 2015 年 10 月 1 日起，新设立企业、农民专业合作社领取由工商行政管理部门核发加载法人和其他组织统一社会信用代码的营业执照后，无须再次进行税务登记，不再领取税务登记证。根据 2016 年国家税务总局发布的《关于明确社会组织等纳税人使用统一社会信用代码及办理税务登记有关问题的通知》，对于 2016 年 1 月 1 日后在机构编制、民政部门登记设立并取得统一社会信用代码的纳税人，以 18 位统一社会信用代码为其纳税人识别号，按照现行规定办理税务登记，发放税务登记证。

二、变更、注销税务登记

变更税务登记是指在纳税人的税务登记内容发生重要变化时向税务机关申报办理的税务登记手续；注销税务登记是指在纳税人的税务登记内容发生了根本性变化，需要终止履行纳税义务时向税务机关申报办理的税务登记手续。

1. 变更税务登记

(1) 变更税务登记的适用范围（发生以下情形之一的）：

1) 改变纳税人名称、法定代表人的。

2) 改变住所、经营地点的（不含改变主管税务机关的）。

3) 改变经济性质或经济类型的。

4) 改变生产经营范围、经营方式的。

5) 增减注册资金（资本）的。

6) 改变隶属关系的。

7) 改变生产经营期限的。

8) 改变或增减银行账号的。

9) 改变生产经营权属的。

10) 改变其他税务登记内容的。

(2) 变更税务登记的时限要求。税务登记的内容发生变化，纳税人按规定需要在工商行政管理机关办理注册登记的，应自工商行政管理机关或其他机关办理变更登记之日起 30 日内，持有关证件向原税务登记机关申报办理变更税务登记。

税务登记的内容发生变化，纳税人按规定无须在工商行政管理机关或其他机关办理变更登记的，应当自发生变化之日起 30 日内，持有关证件向原税务登记机关申报办理变更税务登记。

2. 注销税务登记

(1) 注销税务登记的适用范围：

1) 纳税人发生解散、破产、撤销的。

2) 纳税人被工商行政管理机关吊销营业执照的。

3) 纳税人因住所、经营地点或产权关系变更而涉及改变原主管税务机关的。

4) 纳税人发生的其他应办理注销税务登记情况的。

(2) 注销税务登记的时限要求。纳税人发生解散、破产、撤销以及其他情形，依法终止纳税义务的，应在向工商行政管理机关办理注销登记前，持有关证件向原主管税务机关申报办理注销税务登记。纳税人按规定不需要在工商行政管理机关办理注销登记的，应当自有关机关批准或者宣告终止之日起 15 日内，持有关证件向原主管税务机关申报办理注销税务登记。纳税人被工商行政管理机关吊销营业执照的，应自营业执照被吊销之日起 15 日内，向主管税务机关申报办理注销税务登记。纳税人因住所、生产经营场所变动而涉及改变主管税务登记机关的，应在向工商行政管理机关申请办理变更或注销登记前，或者住所、生产经营场所变动前，持有关证件向原主管税务机关申报办理注销税务登记，并在 30 日内向迁入地主管税务机关申报办理税务登记。

（3）根据 2015 年国家税务总局发布的《关于落实“三证合一”登记制度改革的通知》，已实行“三证合一，一照一码”登记模式的企业、农民专业合作社办理注销登记，须先向主管税务机关申报清税，填写《清税申报表》。在清税完毕后，由受理税务机关根据清税结果向纳税人统一出具《清税证明》。

三、停业、复业登记

采用定期定额征收方式的纳税人，在营业执照核准的经营期限内需要停业的，应当向税务机关提出停业申请，经税务机关审核后进行停业税务登记。纳税人的停业期限不得超过一年。税务机关经过审核（必要时可实地审查），应当责成申请停业的纳税人结清税款并收回税务登记证、发票领购簿和发票，办理停业登记。纳税人在停业期间发生纳税义务的，应当按照税收法律、行政法规的规定及时向主管税务机关申报，依法补缴应纳税款。

纳税人应当于恢复生产经营前，向税务机关提出复业登记申请，经确认后，办理复业登记，领回或启用税务登记证、发票领购簿和领购的发票，纳入正常管理。若停业期满不能及时恢复生产经营的，应在停业期满前向税务机关办理延长停业登记申请，并如实填写《停业复业报告书》，否则税务机关视为已复业并进行征税和管理。

四、外出经营报验登记

1. 领证的纳税人

纳税人外出临时从事生产经营的，在外出生产经营前，持税务登记证向主管税务机关申请报验登记，并开具《外出经营活动税收管理证明》（以下简称《外管证》）。根据 2016 年国家税务总局发布的《关于优化〈外出经营活动税收管理证明〉相关制度和办理程序的意见》，纳税人在省税务机关管辖区域内跨县（市）经营的，是否开具《外管证》由省税务机关自行确定。

2. 登记时限

税务机关按照“一地一证”的原则发放《外管证》，《外管证》的有效期限一般为 30 日，最长不得超过 180 天。但建筑安装行业的纳税人项目合同期限超过 180 天的，按照合同期限确定有效期限。

3. 缴销管理

纳税人外出经营活动结束，应当向经营地税务机关填报《外出经营活动情况申报表》，并结清税款、缴销发票。纳税人应当在《外管证》有效期届满后 10 日内，持《外管证》回原税务登记地税务机关办理《外管证》缴销手续。

五、税务登记证的管理

（1）税务机关对税务登记证实行定期验证和换证制度。纳税人应当在规定的期限内持有关证件到主管税务机关办理验证或换证手续。

（2）纳税人应当将税务登记证正本在其生产经营场所或者办公场所公开悬挂，接受税务机关检查。

（3）纳税人遗失税务登记证的，应在 15 日内书面报告主管税务机关，并登报申明作废。与此同时，纳税人凭报刊上刊登的遗失声明向主管税务机关申请补办税务登记证。

六、违法处理

已办理税务登记的纳税人未按规定期限申报纳税，在税务机关责令其限期改正后，逾期不改正的，税务机关应当派员实地检查，查无下落并且无法强制其履行纳税义务的，由检查人员制作非正常户认定书，存入纳税人档案，税务机关暂停其税务登记证、发票领购簿和发票的使用。纳税人被列入非正常户超过 3 个月的，税务机关可以宣布其税务登记证失效，其应纳税额的追征按《税收征管法》及其实施细则的规定执行。

第三节　账簿、凭证管理

账簿是纳税人、扣缴义务人连续记录其各种经济业务的账册或簿籍。凭证是纳税人用来记录经济业务，明确经济责任，并据以登记账簿的书面证明。账簿、凭证管理是继税务登记后税收征管的又一重要环节，在税收征管中占有重要的地位。

1. 设置账簿的范围包括以下三点：

（1）从事生产经营的纳税人应自其领取营业执照之日或发生纳税义务之日起 15 日内按照国务院财政、税务部门的规定设置账簿。账簿是指总账、明细账、日记账以及其他辅助性账簿。

（2）扣缴义务人应当自税收法律、行政法规规定的扣缴义务发生之日起 10 日内，按照所代扣、代收的税种，分别设置代扣代缴、代收代缴税款账簿。

（3）生产经营规模小、确无建账能力的纳税人，可以聘请经批准从事会计代理记账业务的专业机构或者经税务机关认可的财会人员代为建账和办理账务；聘请上述机构或人员有实际困难的，经县以上税务机关批准，可按税务机关的规定，建立收支凭证粘贴簿、进货销货登记簿或使用税控装置等。

2. 对纳税人财务会计制度及其处理办法的管理

从事生产经营的纳税人的财务、会计制度或者具体的财务、会计处理办法，按税务机关的规定，应当自领取税务登记证之日起15日内，及时报送主管税务机关备案。

若从事生产经营的纳税人、扣缴义务人所使用的财务、会计制度或者财务、会计处理办法与国务院或者财政部、国家税务总局有关税收的规定抵触，应当依照国务院或者财政部、国家税务总局制定的有关税收规定计算应纳税款、代扣代缴税款和代收代缴税款。

3. 账簿、凭证的保存和管理

从事生产经营的纳税人、扣缴义务人必须按照国务院财政、税务主管部门规定的保管期限保管账簿、记账凭证、完税凭证及其他有关资料。除法律、行政法规另有规定外，账簿、会计凭证、报表、完税凭证及其他有关资料应当保存10年。账簿、记账凭证、完税凭证及其他有关资料不得伪造、变造或者擅自损毁。

第四节 发票管理

发票是在购销商品、提供或者接受劳务和其他经济活动中开具的收付款凭证，在经济活动中具有重要的作用。根据《税收征管法》的规定：税务机关是发票的主管机关，负责发票的印制、领购、开具、取得、保管、缴销的管理和监督。

1. 发票印制的管理

增值税专用发票由国务院税务主管部门指定的企业印制；其他发票按照国务院税务主管部门的规定，分别由省、自治区、直辖市国家税务机关、地方税务机关指定企业印制。未经规定的税务机关指定，不得印制发票。

2. 发票领购的管理

依法办理税务登记的单位和个人，在领取税务登记证后，向主管税务机关申请领购发票。

对于无固定经营场地或者财务制度不健全的纳税人申请领购发票，主管税务机关有权要求其提供担保人，不能提供担保人的，可以视情况要求其提供保证金，并限期缴销发票。对发票保证金应设专户储存，不得挪作他用。纳税人可以根据自己的需要申领普通发票。增值税专用发票只限于增值税一般纳税人领购使用。

3. 发票开具、使用、取得的管理

根据《税收征管法》的规定，单位、个人在购销商品、提供或者接受经营服务以及从事其他经营活动的过程中，应当按照规定开具、使用、取得发票。普通发票的开具、使用、取得，应注意以下几点（增值税专用发票的管理，按增值税有关规定办理）：

（1）销货方按规定填开发票。

（2）购买方按规定索取发票。

（3）纳税人从事电子商务必须开具或取得发票。

（4）发票要全联一次填写。

（5）发票不得跨省、直辖市、自治区使用。发票限于领购单位和个人在本省、自治区、直辖市内开具。发票领购单位未经批准，不得跨规定使用区域携带、邮寄、运输空白发票，禁止携带、邮寄或者运输空白发票出入境。

（6）开具发票要加盖财务印章或发票专用章。

（7）在开具发票后，若发生销货退回需要开具红字发票的，必须收回原发票并注明“作废”字样或取得对方有效证明；发生销售折让的，在收回原发票并注明“作废”后，重新开具发票。

4. 发票保管的管理

根据发票管理的要求，发票保管分为税务机关保管和用票单位、个人保管两个层次。这两种保管方式都必须建立严格的发票保管制度，主要包括专人保管制度、专库保管制度、专账登记制度、保管交接制度、定期盘点制度。

5. 发票缴销的管理

发票缴销包括发票收缴和发票销毁。发票收缴是指用票单位和个人按照规定向税务机关上缴已经使用或者未使用的发票。发票销毁是指由税务机关统一将自己或者他人已使用或者未使用的发票销毁。发票收缴与发票销毁既有联系又有区别，发票销毁首先必须收缴，但收缴的发票不一定都要销毁，一般都要按照法律法规保存一定时期后才能销毁。

6. 服务与监管的新要求

2014 年，国家税务总局发布的《关于创新税收服务和管理的意见》对发票发放、领用的服务与监管提出了新的要求：

（1）及时为纳税人提供清晰的发票领用指南。通过印发提示卡或涉税事项告知卡，引导纳税人快速办理发票领用手续。推行免填单、预填单、勾选等方式，补充采集国标行业、登记注册类型等税务机关所需的数据，以核定应纳税种、适用的发票票种、版别及数量，让纳税人切实感受到税务机关的优质服务。

（2）简化发票申领程序。税务机关应根据实际情况，设定统一、规范的发票申领程序，并将发票申领程序公开。申领普通发票原则上取消实地核查，统一在办税服务厅即时办结。一般纳税人申请增值税专用发票（包括增值税专用发票和货物运输业增值税专用发票），最高开票限额不超过 10 万元的，主管税务机关无须事前进行实地查验。税务机关可在此基础上适当扩大无须事前实地查验的范围，实地查验的范围和方法由各省税务机关确定。

（3）不断提高发票管理的信息化水平。积极探索建立风险监控指标，通过比对分析纳税人的开票信息，及时调整纳税人申领发票的版别和数量。做好网络发票应用工作，推动网络发票数据分析利用，完善网络发票平台实时查询和日常监控管理功能，为社会提供便捷的网络发票信息查询服务。与此同时，探索电子发票的推广与应用。

7. 增值税电子普通发票的推广与应用

2015 年 11 月 26 日，国家税务总局发布了《关于推行通过增值税电子发票系统开具的增值税电子普通发票有关问题的公告》，对增值税电子发票的开具和使用提出了具体规定。

（1）规定了增值税电子发票系统开具的增值税电子普通发票票样。

（2）增值税电子普通发票的开票方和受票方需要纸质发票的，可以自行打印增值税电子普通发票的版式文件，其法律效力、基本用途、基本使用规定等与税务机关监制的增值税普通发票相同。

(3) 增值税电子普通发票的发票代码为12位，编码规则：第1位为0，第2～5位代表省、自治区、直辖市和计划单列市，第6～7位代表年度，第8～10位代表批次，第11～12位代表票种（11代表增值税电子普通发票）。发票号码为8位，按年度、分批次编制。

(4) 除北京市、上海市、浙江省、深圳市外，其他地区已使用电子发票的增值税纳税人，应于2015年12月31日前完成相关系统对接技术改造，从2016年1月1日起使用增值税电子发票系统开具增值税电子普通发票，其他开具电子发票的系统同时停止使用。

8. 税控管理

税控管理是税收征收管理的一个重要组成部分，也是近期提出的一个崭新概念。税控管理是指税务机关利用税控装置对纳税人的生产经营情况进行监督与管理，用以保障国家税收收入、防止税款流失、提高税收征收管理工作效率、降低征收成本的各项活动的总称。

国家根据税收征收管理的需要，积极推广使用税控装置。纳税人应当按照规定安装、使用税控装置，不得损毁或者擅自改动税控装置。未按照规定安装、使用税控装置，或者损毁或擅自改动税控装置的，由税务机关责令限期改正，可以处2 000元以下的罚款；情节严重的，处2 000元以上10 000元以下的罚款。这样不仅使得推广税控装置有法可依，还可以惩罚在推广过程中出现的各种违法犯罪活动。

第五节　纳税申报管理

一、纳税申报的概念

纳税申报是指纳税人按照税法规定的期限和内容，定期就计算缴纳税款的有关事项向税务机关提出书面报告的法律行为，也是纳税人履行纳税义务、界定纳税人法律责任的主要依据，还是税务机关获得税收管理信息的主要来源和进行税务管理的重要制度。

二、纳税申报的对象和内容

《税收征管法》第二十五条规定：“纳税人必须依照法律、行政法规规定或者税务机关依照法律、行政法规的规定确定的申报期限、申报内容如实办理纳税申报，报送纳税申报表、财务会计报表以及税务机关根据实际需要要求纳税人报送的其他纳税资料。扣缴义务人必须依照法律、行政法规规定或者税务机关依照法律、行政法规的规定确定的申报期限、申报内容如实报送代扣代缴、代收代缴税款报告表以及税务机关根据实际需要要求扣缴义务人报送的其他有关资料。”所以，纳税人和扣缴义务人都是纳税申报的对象，而且在纳税期内纳税人没有应纳税款的，也应当按照规定办理纳税申报；对于享受减税、免税待遇的纳税人，在减税、免税期间应当按照规定办理纳税申报。

纳税申报的内容主要是在各税种的纳税申报表和代扣代缴、代收代缴税款报告表中体现的，还可以在随纳税申报表附报的财务报表和有关纳税资料中体现。纳税人、扣缴义务人的纳税申报和代扣代缴、代收代缴税款报告的主要内容包括：税种，税目，应税项目或应代扣代缴、代收代缴税款项目，计税依据，扣除项目及标准，适用税率或单位税额，应退税项目及税额，应减免税项目及税额，应纳税额或应代扣代缴、代收代缴税额，以及税款所属期限、延期缴纳税款、欠税、滞纳金等。

三、纳税申报的方式

《税收征管法》第二十六条规定："纳税人、扣缴义务人可以直接到税务机关办理纳税申报或者报送代扣代缴、代收代缴税款报告表，也可以按照规定采取邮寄、数据电文或者其他方式办理上述申报、报送事项。"所以，纳税申报的方式主要有以下三种：

1. 直接申报

纳税人、扣缴义务人按照规定的期限自行到主管税务机关办理纳税申报手续。这是一种传统的申报方式。

2. 邮寄申报

经税务机关批准，纳税人、扣缴义务人可以采取邮寄申报的方式，将纳税申报表及有关的纳税资料通过邮局寄送主管税务机关，并向邮政部门索取收据作为申报凭据的方式。其中，应当使用统一的纳税申报专用信封，并以邮政部门收据作为申报凭据，邮寄申报以寄出的邮戳日期为实际申报日期。

3. 数据电文

纳税人、扣缴义务人可以通过经税务机关确定的电话语音、电子数据交换和网络传输等电子方式进行纳税申报。例如，现在的网上申报就是数据电文申报方式的一种形式。

除了上述三种方式外，实行定期定额缴纳税款的纳税人可以实行简易申报、简并征期等申报方式。简易申报是指实行定期定额缴纳税款的纳税人在法律、行政法规规定的期限内或税务机关依据法规规定确定的期限内缴纳税款的，税务机关可以视同申报。简并征期是指实行定期定额缴纳税款的纳税人，经税务机关批准，可以采取将纳税期限合并为按季、半年、年的方式缴纳税款。

四、纳税申报的具体要求

（1）对于纳税人、扣缴义务人来说，不论当期是否发生纳税义务，除经税务机关批准外，均应按规定办理纳税申报或者报送代扣代缴、代收代缴税款报告表。

（2）纳税人享受减税、免税待遇的，在减税、免税期间应当按照规定办理纳税申报。

（3）纳税人、扣缴义务人按照规定期限办理纳税申报或者报送代扣代缴、代收代缴税款报告表确有困难、需要延期的，应当在规定的期限内向税务机关提出书面延期申请，经税务机关批准，在核准的期限内办理。

（4）纳税人、扣缴义务人因不可抗力不能按期办理纳税申报或者报送代扣代缴、代收代缴税款报告表的，可以延期办理，但应当在不可抗力情形消除后立即向税务机关报告，税务机关应当查明事实，予以核准。

（5）经核准延期办理纳税申报的，应当在纳税期内按照上期实际缴纳的税额或者税务机关核定的税额预缴税款，并在核准的延期内办理纳税结算。

第六节 税款征收

一、税款征收的概念

税款征收是指税务机关依照法律、行政法规的规定，将纳税人的应纳税款组织入库的一系列活动的总称。税款征收既是税收征收管理工作中的中心环节，也是全部税收征收管理工作的目的和归宿，在整个税收征收管理工作中占有极其重要的地位。

二、税款征收方式

1. 查账征收

查账征收是指税务机关对账务健全的纳税人，依据其报送的纳税申报表、财务会计报表和其他有关纳税资料所反映的经营情况及适用税率计算应纳税款，填写缴款书或完税证的征收方式。

2. 查定征收

查定征收是指对账务不全，但能控制其材料、产量或进销货物的纳税单位或个人，由税务机关依据正常条件下的从业人员、生产设备、采用原材料等因素，对其生产的应税产品查定产量、销售额并据以征收税款的征收方式。

3. 查验征收

查验征收是指税务机关对纳税人的应税产品，通过查验数量，按市场一般销售单价计算其销售收入，并据以计算应纳税款的一种征收方式。这种方式一般适用于经营品种比较单一，经营地点、时间和产品来源不固定的纳税单位。

4. 定期定额征收

定期定额征收是指对无完整考核依据的小型纳税单位进行典型调查，逐户确定营业额和所得额并据以征税的方式。

5. 委托代征税款

委托代征税款是指受委托的有关单位按照税务机关核发的代征证书的要求，以税务机关的名义向纳税人征收小额、零散税款的一种征收方式。

6. 邮寄纳税

这是一种新的纳税方式，主要适用于那些有能力按期纳税，但采用其他纳税方式又不方便的纳税人。

7. 其他方式

例如，网络申报、用IC卡纳税等方式。

三、税款征收措施

1. 由主管税务机关核定应纳税额

纳税人有下列情形之一的，税务机关有权核定其应纳税额：

1）依法可以不设置账簿的。

2）依法应当设置但未设置账簿的。

3）虽设置账簿，但账目混乱或者成本资料、收入凭证、费用凭证残缺不全，难以查账的。

4）发生纳税义务，未按照规定的期限办理纳税申报，经税务机关责令限期申报，逾期仍不申报的。

5）擅自销毁账簿或拒不提供纳税资料的。

6）纳税人申报的计税依据明显偏低且无正当理由的。

2. 责令缴纳

对有些未取得营业执照而从事经营的单位或个人，除由工商行政管理机关依法处理外，由主管税务机关核定其应纳税额，责令缴纳。

3. 责令提供纳税担保

税务机关有根据认为从事生产经营的纳税人有逃避纳税义务行为的，可以在规定的纳税期前责令纳税人限期缴纳应纳税额，在限期内发现纳税人有明显的转移、隐匿其应税产品、货物以及其他财产或者应税收入迹象的，税务机关可责成纳税人提供纳税担保。

4. 采取税收保全措施

税务机关责令纳税人提供纳税担保而纳税人拒绝提供纳税担保或无力提供纳税担保的，经县以上税务局（分局）局长批准，税务机关可以书面通知纳税人开户银行或其他金融机构冻结支付纳税人相当于应纳税额的存款，查封、扣押其价值相当于应纳税款的产品、货物或其他财产（其他财产包括纳税人的房地产、现金、有价证券等不动产和动产），责令纳税人限期缴纳。纳税人在规定的期限内缴纳税款，税务机关应当立即解除税收保全措施。若税收保全措施使纳税人的合法利益遭受损失，税务机关应当承担赔偿责任。

5. 采取强制执行措施

对从事生产经营的纳税人、扣缴义务人未按照规定的期限缴纳或解缴税款，纳税担保人未按照规定的期限缴纳所担保的税款，由税务机关责令限期缴纳；逾期仍未缴税的，税务机关可以采取强制执行措施，即经县以上税务局（分局）局长批准，可以书面通知其开户银行或者其他金融机构从其存款中扣缴税款，扣押、查封、依法拍卖其价值相当于应纳税款的产品、货物或者其他财产，以拍卖或变卖所得抵缴税款。

6. 欠税清缴制度

欠税是指纳税人未按照规定期限缴纳税款，扣缴义务人未按照规定期限解缴税款的行为。《税收征管法》在欠税清缴方面主要采取了以下措施：

（1）严格控制欠税清缴的审批权限。根据《税收征管法》的规定：纳税人因有特殊困难，不能按期缴纳税款的，经省、自治区、直辖市税务机关批准，可以延期缴纳税款，但是最长不得超过三个月。由此看出，缓缴税款的审批权限集中在省、自治区、直辖市税务机关。这样一来，一方面能够帮助纳税人渡过暂时的难关，另一方面也体现了严格控制欠税的精神，保证国家税收免遭损失。

（2）限期缴税。由上述规定可见，从事生产经营的纳税人、扣缴义务人未按照规定的期限缴纳或者解缴税款的，纳税担保人未按照规定的期限缴纳所担保税款的，由税务机关发出限期缴纳税款通知书，责令缴纳或者解缴税款的最长期限不得超过15日。

（3）建立欠税清缴制度。

1）扩大了阻止出境对象的范围。《税收征管法》规定："欠缴税款的纳税人或者他的法定代表人需要出境的，应当在出境前向税务机关结清应纳税款、滞纳金或者提供担保。未结清税款、滞纳金，又不提供担保的，税务机关可以通知出境管理机关阻止其出境。"需要阻止出境的，税务机关应当书面通知出入境管理机关执行。

2）建立改制纳税人欠税的清缴制度。《税收征管法》第四十八条规定："纳税人有合并、分立情形的，应当向税务机关报告，并依法缴清税款。纳税人合并时未缴清税款的，应当由合并后的纳税人继续履行未履行的纳税义务；纳税人分立时未缴清税款的，分立后的纳税人对未履行的纳税义务应当承担连带责任。"

3）大额欠税处分财产报告制度。《税收征管法》及实施细则规定：欠缴税款数额在5万元以上的纳税人，在处分其不动产或者大额资产之前，应当向税务机关报告。

4）税务机关可以对欠缴税款的纳税人行使代位权、撤销权，也就是对纳税人的到期债权等财产权利，税务机关可以依法向第三者追索以抵缴税款。

5）建立欠税公告制度。

四、税款的退还和追征制度

1. 税款的退还

纳税人超过应纳税额缴纳的税款，税务机关发现后应当立即退还；纳税人自结算缴纳税款之日起三年内发现的，可以向税务机关要求退还多缴的税款并加算银行同期存款利息，税务机关及时查实后应当立即退还；涉及从国库中退库的，依照法律、行政法规有关国库管理的规定退还。退还的时限有以下三种：

（1）纳税人发现的，可以自结算缴纳税款之日起3年内要求退还。

（2）税务机关发现的多缴税款，《税收征管法》没有规定多长时间内可以退还。法律没有规定期限的，推定为无限期。

（3）对纳税人超过应纳税额缴纳的税款，无论是税务机关发现的，还是纳税人发现后提出退还申请的，税务机关经核实后都应当立即办理退还手续，不应当拖延。

2. 税款的追征

因税务机关的责任，致使纳税人、扣缴义务人未缴或者少缴税款的，税务机关在3年内可以要求纳税人、扣缴义务人补缴税款，但不得加收滞纳金。

因纳税人、扣缴义务人计算错误等失误，未缴或者少缴税款的，税务机关在3年内可以追征税款、滞纳金；有特殊情况的，追征期可以延长到5年。

对偷税、抗税、骗税的，税务机关追征其未缴或者少缴的税款、滞纳金或者所骗取的税款，不受前款规定期限的限制。

第七节 税务检查

一、税务检查的概念

税务检查是指税务机关依照税收法律、行政法规的规定，对纳税人、扣缴义务人履行纳税义务或者扣缴义务及其他有关税务事项进行审查、核实、监督活动的总称。税务检查既是税收征收管理工作的一项重要内容，也是确保国家财政收入和税收法律法规贯彻落实的重要手段。

二、税务检查的范围

（1）检查纳税人的账簿、记账凭证、报表和有关资料；检查扣缴义务人代扣代缴、代收代缴税款账簿、记账凭证和有关资料。

（2）到纳税人的生产经营场所和货物存放地检查纳税人应纳税的产品、货物或者其他财产；检查扣缴义务人与代扣代缴、代收代缴税款有关的经营情况。

（3）责成纳税人、扣缴义务人提供与纳税或者代扣代缴、代收代缴税款有关的文件、证明材料和有关资料。

（4）询问纳税人、扣缴义务人与纳税或者代扣代缴、代收代缴税款有关的问题和情况。

（5）到车站、码头、机场、邮政企业及其分支机构检查纳税人托运、邮寄应税产品、货物或者其他财产的有关单据、凭证和有关资料。

（6）经县以上税务局（分局）局长批准，凭全国统一格式的检查存款账户许可证明，查核从事生产经营的纳税人、扣缴义务人在银行或者其他金融机构的存款账户；查核从事生产经营的纳税人的储蓄存款，须经银行县、市支行或者市分行的区办事处核对，指定所属储蓄所提供资料。税务机关在行使这一职权时，应当指定专人负责，凭全国统一格式的检查存款账户许可证明进行，并有责任为被检查人保守秘密。

三、在税务检查时应注意的问题

（1）税务机关派出人员进行税务检查时，若发现纳税人有逃避纳税义务的行为，并有明显的转移、隐匿其应税产品、货物、其他财产或者应税收入的迹象，可按照批准权限采取税收保全措施或税收强制措施。批准权限是指县级以上税务局（分局）局长批准。税务机关采取税收保全措施的期限一般不得超过 6 个月；重大案件需要延长的，应当报国家税务总局批准。

(2) 当税务机关派出人员进行税务检查时，应当出示税务检查证件；无税务检查证件，纳税人、扣缴义务人及其他当事人有权拒绝检查。与此同时，被检查的纳税人、扣缴义务人及其他当事人应如实反映情况、提供资料，不得拒绝、隐瞒。

第八节 法律责任

一、纳税人、扣缴义务人的法律责任

1. 违反税务管理的行为及处罚

(1) 纳税人有下列行为之一的，由税务机关责令限期改正；逾期不改正的，可以处 2 000 元以下的罚款；情节严重的，处 2 000 元以上 10 000 元以下的罚款。

1) 未按照规定的期限申报办理税务登记、变更或注销登记的。

2) 未按照规定设置、保管账簿或者记账凭证和有关资料的。

3) 未按照规定将财务、会计制度或财务、会计处理办法和会计核算软件报送税务机关备案的。

4) 未按照规定将其全部银行账号向税务机关报告的。

5) 未按照规定安装、使用税控装置，或者损毁或擅自改动税控装置的。

6) 未按照规定办理税务登记证验证或换证手续的。

(2) 扣缴义务人未按照规定办理扣缴税款登记的，税务机关应当自发现之日起 3 日内责令其限期改正，并可处 1 000 元以下的罚款。

(3) 扣缴义务人未按规定设置、保管代扣代缴、代收代缴税款账簿或者保管代扣代缴、代收代缴税款记账凭证及有关资料的，由税务机关责令改正；逾期不改正的，可以处 2 000 元以下的罚款；情节严重的，处 2 000 元以上 5 000 元以下的罚款。

(4) 纳税人不办理税务登记的，由税务机关责令限期改正；逾期不改正的，经税务机关提请，由工商行政管理机关吊销其营业执照。纳税人通过提供虚假的证明资料等手段，骗取税务登记证的，可以处 2 000 元以下的罚款；情节严重的，处 2 000 元以上 10 000 元以下的罚款。纳税人涉嫌其他违法行为的，按有关法律、行政法规的规定处理。

(5) 纳税人、扣缴义务人未按规定的期限办理纳税申报，未向税务机关报送代扣代缴、代收代缴税款报告表和有关资料的，由税务机关责令限期改正，并可处 2 000 元以下的罚款；情节严重的，处 2 000 元以上 10 000 元以下的罚款。

(6) 纳税人、扣缴义务人编造虚假计税依据的，由税务机关责令限期改正，并处 50 000 元以下的罚款。纳税人不进行纳税申报，不缴或者少缴应纳税款的，由税务机关追缴其不缴或者少缴的税款、滞纳金，并处不缴或者少缴的税款 50%以上 5 倍以下的罚款。

2. 偷税行为及处罚

偷税是指纳税人采取伪造、变造、隐匿、擅自销毁账簿、记账凭证，在账簿上多列支出或者不列、少列收入，或者进行虚假纳税申报的手段，不缴或者少缴应纳税款的行为。

[注意] 从2009年2月28日起，“偷税”将不再作为一个刑法概念存在，第十一届全国人民代表大会常务委员会第七次会议表决通过了《刑法修正案（七）》，修订后的《刑法》对第二百零一条关于不履行纳税义务的定罪量刑标准和法律规定中的相关表述方式进行了修改。用“逃避缴纳税款”取代了“偷税”。但是，目前我国的《税收征管法》中并没有做出相应的修改。

依照《税收征管法》及《刑法》有关条款的规定，对纳税人偷税的，由税务机关追缴其不缴或者少缴的税款、滞纳金，并处不缴或者少缴的税款50%以上5倍以下的罚款；构成逃税罪的，即逃避缴纳税款数额占应纳税额10%以上的，处3年以下有期徒刑或者拘役，并处逃避缴纳税款数额1倍以上5倍以下的罚金；逃避缴纳税款数额占应纳税额30%以上的，处3年以上7年以下有期徒刑，并处逃避缴纳税款数额1倍以上5倍以下罚金。扣缴义务人采取前款所列手段，不缴或者少缴已扣、已收税款数额较大的，依照前款的规定处罚。

3. 欠税行为及处罚

欠税是指纳税人、扣缴义务人逾期未缴纳税款的行为。依照《税收征管法》及《刑法》有关条款的规定，对未构成欠税罪的，即纳税人欠缴应纳税款，采取转移或者隐匿财产的手段，妨碍税务机关追缴欠缴税款的，由税务机关追缴欠缴的税款、滞纳金，并处欠缴税款50%以上5倍以下的罚款；对构成欠税罪的，即纳税人欠缴应纳税款，采取转移或者隐匿财产的手段，致使税务机关无法追缴欠缴的税款，数额在10 000元以上不满100 000元的，处3年以下有期徒刑或者拘役，并处或单处欠缴税款1倍以上5倍以下罚金；数额在100 000元以上的，处3年以上7年以下有期徒刑，并处欠缴税款1倍以上5倍以下罚金。

4. 抗税行为及处罚

抗税是指纳税人、扣缴义务人以暴力、威胁方法拒绝缴纳税款的行为。依照《税收征管法》及《刑法》有关条款的规定，未构成犯罪的，由税务机关追缴其拒缴的税款、滞纳金，并处拒缴税款1倍以上5倍以下的罚款。以暴力、威胁方法拒不缴纳税款的，处3年以下有期徒刑或者拘役，并处拒缴税款1倍以上5倍以下罚金；情节严重的，处3年以上7年以下有期徒刑，并处拒缴税款1倍以上5倍以下罚金。

5. 骗税行为及处罚

骗税是指纳税人以假报出口或者其他欺骗手段，骗取国家出口退税款的行为。依照《税收征管法》及《刑法》有关条款的规定，未构成犯罪的，由税务机关追缴其骗取的出口退税款，并处骗取税款1倍以上5倍以下的罚款。对骗取国家出口退税的，税务机关可以在规定期间内停止为其办理出口退税；构成犯罪的，即以假报出口或者其他欺骗手段，骗取国家出口退税款，数额较大的，处5年以下有期徒刑或者拘役，并处骗取税款1倍以上5倍以下罚金；数额巨大或者有其他严重情节的，处5年以上10年以下有期徒刑，并处骗取税款1倍以上5倍以下罚金；数额特别巨大或者有其他特别严重情节的，处10年以上有期徒刑或者无期徒刑，并处骗取税款1倍以上5倍以下罚金或者没收财产。

二、非法印制发票的法律责任

对于违反《税收征管法》第二十二条规定，非法印制发票的，由税务机关销毁非法印制的发票，没收违法所得和作案工具，并处 10 000 元以上 50 000 元以下的罚款；构成犯罪的，依法追究刑事责任。《刑法》对此也有相应规定：伪造或者出售伪造的增值税专用发票的，处 3 年以下有期徒刑、拘役或者管制，并处 20 000 元以上 200 000 元以下罚金；数量较大或者有其他严重情节的，处 3 年以上 10 年以下有期徒刑，并处 50 000 元以上 500 000 元以下罚金；数量巨大或者有其他特别严重情节的，处 10 年以上有期徒刑或者无期徒刑，并处 50 000 元以上 500 000 元以下罚金或者没收财产。单位犯本条规定之罪的，对单位判处罚金，并对其直接负责的主管人员和其他直接责任人员，处 3 年以下有期徒刑、拘役或者管制；数量较大或者有其他严重情节的，处 3 年以上 10 年以下有期徒刑；数量巨大或者有其他特别严重情节的，处 10 年以上有期徒刑或者无期徒刑。

伪造、擅自制造或者出售伪造、擅自制造的可以用于骗取出口退税、抵扣税款的其他发票的，处 3 年以下有期徒刑、拘役或者管制，并处 20 000 元以上 200 000 元以下罚金；数量巨大的，处 3 年以上 7 年以下有期徒刑，并处 50 000 元以上 500 000 元以下罚金；数量特别巨大的，处 7 年以上有期徒刑，并处 50 000 元以上 500 000 元以下罚金或者没收财产。

伪造、擅自制造或者出售伪造、擅自制造的前款规定以外的其他发票的，处 2 年以下有期徒刑、拘役或者管制，并处或者单处 10 000 元以上 50 000 元以下罚金；情节严重的，处 2 年以上 7 年以下有期徒刑，并处 50 000 元以上 500 000 元以下罚金。

【本章习题】

1. 简述税务征收管理的主要内容。
2. 简述《税收征管法》对发票使用和管理的要求。
3. 简述税款征收的主要方式。
4. 纳税人违反税法要受到哪些处罚？

参考书目

1. 中国注册会计师协会. 税法. 北京：中国财政经济出版社，2018.
2. 中国注册会计师协会. 税法. 北京：中国财政经济出版社，2017.
3. 全国税务师职业资格考试教材编写组. 税法（Ⅰ）. 北京：中国税务出版社，2017.
4. 全国税务师职业资格考试教材编写组. 税法（Ⅱ）. 北京：中国税务出版社，2017.
5. 王政，姜凌. 税收学概论. 北京：对外经济贸易大学出版社，2009.